前沿研究丛书

产业政策变革：
中国与世界

主　编　郑永年

副主编　袁冉东

深圳出版社

图书在版编目（CIP）数据

产业政策变革 : 中国与世界 / 郑永年主编 ; 袁冉
东副主编 . -- 深圳 : 深圳出版社 , 2023.4
（IIA 前沿研究丛书）
ISBN 978-7-5507-3774-7

Ⅰ . ①产… Ⅱ . ①郑… ②袁… Ⅲ . ①产业政策—研
究—中国 Ⅳ . ① F269.22

中国国家版本馆 CIP 数据核字 (2023) 第 033971 号

产业政策变革：中国与世界

CHANYE ZHENGCE BIANGE: ZHONGGUO YU SHIJIE

出 品 人	聂雄前
策划创意	张晶莹
特约统筹	王心言
特约策划	冯箫凝
责任编辑	许　超　　侯天伦
责任校对	万妮霞
责任技编	梁立新
封面设计	新亿锦

出版发行	深圳出版社
地　　址	深圳市彩田南路海天综合大厦（518033）
网　　址	www.htph.com.cn
订购电话	0755-83460239（邮购、团购）
排版制作	深圳市今视品牌策划设计有限公司
印　　刷	深圳市汇亿丰印刷科技有限公司
开　　本	889mm×1194mm　1/32
印　　张	13.5
字　　数	290 千字
版　　次	2023 年 4 月第 1 版
印　　次	2023 年 4 月第 1 次
定　　价	88.00 元

序言

改革开放以来，我国社会经济发展取得了巨大的成就，我们走出了一条与西方和苏联及东欧社会主义阵营国家都迥然不同的发展道路。我们的发展模式也和之前的"东亚模式"有很大的不同。因此，我们的成功不能被简单地解释为因为"抄了谁的作业"。过去四十多年来，中国从计划经济向社会主义市场经济的转变是渐进式的。中国的产业政策在这个转变过程中起了非常重要的作用。特别是在改革开放初期，由于产业政策的本质是政府对市场的调控或干预，因此它在许多领域中的推行比较容易被各方接受，从而也使得它成为中国经济管理的重要工具。

近年来，学术界对我国产业政策的功过得失展开了广泛讨论，对产业政策的作用方式和效果进行了反思。随着改革开放的深入和国民经济的发展，我国的发展已经由高速增长阶段转向高质量发展阶段。未来中国产业政策转型的方向在哪里？如何使产业政策跟上新形势，使中国经济实现创新驱动型的可持续和包容性的高质量发展？是否应该在某些产业领域延续以往选择性、差异化政策为主的体系，还是应该尽快地实行全方位的功能性、普惠化的产业政策？

这些重要的问题，需要我们以科学理性的思考来寻求正确的答案。在学术界，产业政策始终是个充满争论的议题，其中也包含了如何处理市场和政府在不同产业中的关系的命题。在哪些领域市场应居于主导地位，在哪些领域政府应扮演更为关键的角色？这些问题从经济学理论的角度来看似乎都有了比较明确的答案。然而在现实中，产业政策的制定和执行，特别是对像中国这样的超大型发展中国家而言，面对的各种不确定因素往往比课本里的理论模型所描述的要多得多。除了学习西方发达国家和二战后成功突破"中等收入陷阱"成为发达经济体的国家和地区的历史经验，我们还应该结合中国实际，总结中国产业政策的经验和教训。我国现在已经进入新发展阶段。未来的三十年是中国从社会主义初级阶段向现代化强国迈进的冲刺阶段，如何因势利导地推进产业政策改革，使其更好地发挥应有的积极作用，是这个阶段的一大关键。为此，我们至少要考虑解决以下五个方面的问题。

第一，就国内环境而言，在产业政策的制定和执行上，除了要把握好市场与政府的关系，如何处理好政府不同部门之间以及不同层级之间的关系，如何构建规则一致的全国统一大市场，如何处理好企业界的"国民"（国有企业与民营企业）关系，都是我们必须思考的重要问题。例如，中国行政体系的条块管理模式，其存在有一定的合理性，理论上是为了保障中央和地方、上级和下级管理的分工协作、协调一致，但在现实中也造成了"条块分割"的现象。产业政策制定与执行过程是由政府的相关职能部门来主导的，如何通过政策制定和执行程序以及行政体制的改革来避免"条块分割"造成的各部门之间的利益竞争、讨价还价、协调困难等问题，从而使产业政策的制定和执行更具系统性和透明性，就是一个亟须解决的问题。再者，地方保护主义盛行，各地方政府通过各种优惠政策过度扶持本地特定产业企业，导致不公平竞争，是我国产能过剩问题较为严重的主要原因，也进一步增加了全国统一大市场形成的难度。而中央与地方财政关系及地方政府收入来源失衡，又是导致这一系列问题的根本原因。为实现产业政策成功转型，这些我国特有的问题都是我们需要考虑和研究解决的。

第二，缺少成熟和发达的金融市场是许多发展中国家共同面临的问题。改革开放四十多年来，我国的金融业取得了巨大的进步，建立起了规模庞大的金融体系。然而，我国目前的金融系统需要完善改进的方面还有很多，具有政府管制和直接干预多而能有效控制金融风险的监管又不足的结构性矛盾，其中几个突出的缺陷还对产业升级、促进创新形成制约，对产业政策的成功转型形成掣肘。例如，我国的中小企业，特别是民营企业普遍受到融资难的困扰，很难从银行正规渠道筹集到发展所需的贷款支持，许多企业不得不从所谓"影子银行"或地下金融融资，导致资金成本高昂，迫使很多企业在求生模式下经营，短视化趋势严重，研发和创新既无动力也无能力。此外，在直接融资方面，以股票市场为例，近年来推行的一系列改革举措，包括注册制、科创板和北交所的推出，都是为了让创新型中小企业能更容易地在资本市场融资，具有重大的积极意义。但是，中国上市企业退市比例与国际上成熟市场相比仍然过低，不少经营不善、缺少发展前景的公司长期占有上市资源，一些地方政府也通过补贴等形式为本地企业"保壳"，这些都降低了资本市场的有效性，使市场经济难以通过优胜劣汰发挥其"创造性毁灭"的功能，挤占了创新型中小企业发展所需的空间和资源。金融业目前还是我们的软肋，但也是潜力所在。金融政策一般被认为是独立于产业政策的一大政策领域。但在我国，这两者间有着较大的交集和很强的关联性。如何通过金融领域的系统性改革来配合产业政策转型，从而促进企业创新和产业升级，也是产业政策研究需要考虑的一个重要角度。

第三，进入 21 世纪以来，新一轮的科技和产业革命正在重塑全球创新和经济版图。以太阳能、风能、燃料电池和电动汽车为代表的新能源革命，以基因编辑、脑（意识）科学、合成生物学等为代表的生命科学，以人工智能、量子计算、物联网、区块链为代表的新一代信息技术，以机器人、数字化、新材料为代表的先进制造技术，以及不断发展的空间和海洋技术，这些前沿领域的原创性、突破性和颠覆性的进展将全球科技创新带入又一个密集活跃的时期，科学技术对国家前途命运和人民生活福祉的影响日益深刻，为中国等发展中国家带来了重大的发展机遇，但同时也为我国产业政策改革提出了新的问题。在新一轮科技和产业革命背景下，学科之间、技术之间、科学和技术之间、自然科学和人文社会科学之间日益呈现交叉融合趋势，产业变革与科技革命的互动更为复杂。如何深入把握产业变革的特征，处理好传统产业与战略性新兴产业、科技政策与产业政策的关系，是实现我国产业政策成功转型的关键。

第四，研究发展中国家如何逃避或者进入"中等收入陷阱"的经验固然重要，但发达国家的经济发展水平的"稳定性"更需要借鉴。在推动产业政策转型过程中，我们同样应该深入系统地学习西方发达国家的经验。二战以来，大多数发达国家都经历了不同的经济和政治危机，例如20世纪70年代的能源危机、1997—1998年的亚洲金融危机、2007—2008年的全球金融危机等。近年来，多数发达国家也在经历具有民粹主义性质的政治危机。但不管如何，西方发达国家的经济发展波动比较平稳，没有像发展中国家这样大起大落。那么，发达国家是如何维持其经济在创造财富方面的先进性的呢？我们认为，具有数个大规模"地域嵌入型"经济平台的经济发展空间格局是像美国这样的大型发达国家保持其经济先进性和竞争力的关键。比如美国硅谷，从创新思想的诞生到技术研发再到关键零部件的设计、生产，都是在美国硅谷完成的，这就是"地域嵌入型"经济平台的一个典型例子。欧洲也是如此，很多企业及其科技研发都离不开那块土地、那个平台，它们已经完全嵌入这个地区的生产链，离开这里就无法运作。发达国家为资本和技术创造良好"地域性条件"，使得资本成为"嵌入地域的资本"。在产业政策方面，我们应该学习借鉴美国等发达国家的成功经验，特别是其从科研、教育、培训到企业和产业链的全链条系统性的以服务企业实际需求为抓手的产业政策——这些产业政策在促进"地域嵌入型"经济平台形成过程中发挥的重要作用，尽快在我国的粤港澳大湾区、杭州湾、长江经济带和京津冀等区域建立起几个嵌入地域的超大型经济平台。

第五，当今正处于百年未有之大变局，国际政治、经济等各领域的合作与竞争关系对各国产业政策的影响更是我们无法回避的问题。我们不但需要对中国内部社会经济环境进行深入考察，同时也要全面系统地评估国际环境及世界主要经济体在产业政策方面的重大变化，从而为我们确定中国未来产业政策的战略方向提供依据。我国综合国力的增长和近年来在科创领域的快速发展，已经引发了一些发达国家的"竞争力焦虑"。这些国家开始频繁出台针对中国的产业政策，给我国带来巨大的外部竞争压力。例如，美国为打压我国通信企业，已要求美国农村地区运营商移除华为、中兴等公司生产的设备并为此支付了近20亿美元的补偿，还计划为其他拒绝华为5G设备的国家提供网络建设补贴。欧盟也多次明确指出中国是其"制度性竞争对手"，强调要通过"供应链多元化"摆脱对中国的依赖。日本、印度和澳大利亚启动了所谓"供应链弹性倡议"，旨在推动绕开中国的产业转移，并呼吁东盟十国等域内国家积极参与，以抱团的方式来排挤中国。未来一段时间内，发达国家可能将推出更多类似的对华竞争性产业政策，对此我们需要做好长期准备。值得注意的是，美国及欧盟诸国出台上述意在打压中国企业和供应链的产业政策，是建立在其智库等专业研究机构对我国产业政策的长期深入研究的基础之上而出台的针对性政策，而我国过去强调行政主导的选择性产业政策，由于其具有保护和扶持国有企业的倾向性以及对市场进行干预等特征，也常被这些西方国家揪住不放，作为其启动对华打压政策的借口。而反观我们自身，对世界各大经济体产业政策的跟踪性和系统性的研究还十分缺乏，这种政策研究领域的短板需要尽快补齐。

2021年10月24日，香港中文大学（深圳）前海国际事务研究院在深圳主办了"百川论坛——当代世界产业政策2021研讨会"。本次为期两天的研讨会是研究院系列研讨会其中的一个。截至2022年底，我们还举办了"外部环境评估""双碳"等主题研讨会。以后，还会有更多的研讨系列。这些系列研讨会，我们把它们放到了"百川论坛"这个大框架下。"百川论坛"取名自"海纳百川，有容乃大"，就是希望各种思想、各种方法，不管是古代的、外来的，还是现代的、本土的，都可以在这里有一席之地，通过集思广益、思想交锋、积厚流广，慢慢在这里孕育万顷凝聚各方智慧的海洋。希望借此契机，将国内外的思想力量联合起来，对当前国际环境及各国产业政策领域的重大变化作出全面系统的评估，为中国制定相应的战略和政策提供理论和现实依据。我们已经有了一个非常好的开端。长远来看，我国已经在经济发展的实践上走出了一条属于自己的道路，而在政治经济学的构建方面也应该跟上，建立自己的理论体系，对于产业政策的深入研究和梳理也将对我们建立中国社会主义政治经济学产生非常积极的作用。

近年来，国际形势风云变幻，西方主导的国际自由经济秩序面临各种挑战，全球化的方向开始发生变化；同时新冠肺炎疫情的持续给很多国家的社会经济带来巨大的困难，并对国际供应链布局和物流业运转造成重大的影响；中美贸易摩擦和在高科技领域的竞争还在继续。这些因素都会对我们具体产业政策的执行效果产生影响，是我们在制定和调整相关政策时需要全面考虑的。而这些因素又都处于不断的变化之中。因此，我们希望把"百川论坛——当代世界产业政策研讨会"办成一个周期性研讨会，定期邀请国内外学者和政策研究人员对各主要国家产业政策的最新动态和趋势作全面而系统的评估。

本次首轮产业政策研讨会汇聚了近百位不同领域的专家、企业家，并邀请到中国社会科学院、中国国际经济交流中心、上海社会科学院和北京大学、清华大学、复旦大学、浙江大学、中国人民大学、武汉大学、吉林大学、山东大学、北京师范大学、对外经济贸易大学等国内高校（排名不分先后）的专家学者，以及来自其他领域的专家与会。嘉宾们带来了精彩而深刻的主题演讲，并围绕当前世界主要经济体产业政策的重大变化及相关问题展开了多方面的探讨。本次研讨会既是不同见解的发表平台，也促成了不少共识的形成，同时还为充满思想碰撞火花、富有启发性的讨论提供了一个论坛平台。这些见解、共识和讨论，对于思考与探讨如何推动中国产业政策的成功转型这一问题，无疑将起到推进和深化的作用，具有积极的意义。

我们希望能以论坛研讨和本书的出版为契机，引发学术和政策研究界对产业政策及相关问题的进一步关注，从而为我国产业政策的成功转型奠定更坚实的思想基础。

在本书编写完成之际，我们对参与研讨的各位学者和嘉宾以及长期支持和关注研究院的政府与社会各界友人表示由衷的感谢。我们也对王心言和她的研究院行政团队付出的辛劳表示感谢。深圳市委市政府对"百川论坛"给予了很大的资助和支持，我们在此一并致谢。

郑永年　袁冉东

2022 年 6 月

目 录 INDUSTRIAL POLICY TRANSFORMATION CHINA AND THE WORLD

第一篇 产业中国

1

第二篇　变化世界

PART ONE

第一篇

产业中国

第一章

改善中国国民经济结构和提升国际竞争力①

郑永年②

以中小企业为主体的民营企业在任何一个国家都是国家经济发展的重要力量。当今世界，几乎所有强健的经济体都拥有庞大的中小企业群体，因此中小企业发展也成为衡量国民经济健康的重要指标。本章内容从当前我国中小企业面临的困境、中美全面竞争背景下中国中小企业的角色、中小企业在担心什么等问题视角来进行分析，希望对重振中小企业提供更多可行性的政策建议。

① 本文完成于 2022 年 6 月。
② 郑永年：香港中文大学（深圳）教授、前海国际事务研究院院长。

一、中小企业发展是国民经济健康的重要指标

以中小企业为主体的民营企业在任何一个国家都是国家经济发展的重要力量。当今世界，几乎所有强健的经济体都拥有一个庞大的中小企业群体。德国是世界制造业大国，并且长盛不衰，但德国的大多数高科技企业都为"小而强"的中小企业。数代人经营同一家企业，生产着同一种产品，始终走在技术前沿，其产品至精至美。美国是世界上拥有最多大型私有企业的经济体，具有强大的经济竞争力。但即使是美国，历届政府也总是强调中小企业的发展，政府的经济政策也向中小型民营企业倾斜。

中小企业对整个国民经济的重要性是不言而喻的。第一，中小企业解决了大部分就业。第二，中小企业为国民经济提供了一个总体经济生态或者说大企业的孵化基地。第三，中小企业为国家提供了庞大的税基。第四，中小企业是技术创新的重要来源。第五，大型企业倾向于资源垄断且比较优势明显，而中小企业之间竞争激烈，必须不断寻求突破，因此也是技术进步的重要来源。

中小企业的重要性不仅仅限于经济面，更重要的在于政治社会面。充分发展中小企业是解决一次分配实现社会公平的最有效方法。在任何社会，就业都是最重要的，没有就业，致富就无从谈起。即使在西方福利国家，光靠来自政府的福利，即二次分配，社会成员也难以维持一种体面的生活方式。而第三次分配，即慈善救济，则只是一种非常有限的补充。不难观察到，越是中小企

业发达的社会就越公平公正。社会的公平公正便是社会稳定的基础。因此，也不难发现，越是中小企业发达的社会，社会也越趋向稳定。一句话，中小企业是国家有效治理的社会基础。

当今世界，地缘政治剧变，新冠肺炎疫情下，各国经济面临巨大的不确定性。越来越多的政府转向内部优先的发展政策，希望在把握不确定的国际环境下实现内部的可持续经济发展，为国家治理与社会稳定提供经济基础。因此，各国政府也在努力改善内部经济环境。在各种政策举措当中，针对中小企业的复兴和帮扶政策尤为显著。以美国为例，其数万亿美元的政府拯救经济的基金投入流向了三大领域：基础设施、中小企业和社会救济。20世纪 80 年代以降，在新自由主义经济学影响下，美国大企业垄断越来越严重。2007—2008 年的世界金融危机彻底表露出美国企业"过大而不能倒"的局面。但之后，这种局面不仅没有得到改善，反而变本加厉。以高科技公司为主体的美国大型企业的垄断程度越来越高。新冠肺炎疫情暴发以来，这些大型企业利用其种种优势进行政策寻租，不仅没有受到实质性影响，反而不断壮大。但同时，美国的中产阶层越来越萎缩。中产阶层的缩小和社会分化的加剧，使得美国民主面临着史无前例的治理危机。拜登政府的上述举措就是为了重新壮大美国的中产阶层。即使是外交，拜登也称其为"中产阶级外交"。

毋庸置疑，今天中国民营企业对于中国国民经济的重要性也是不言自明的。习近平总书记指出，民营经济具有"五六七八九"的特征，即民营经济贡献了中国 50% 以上的税收，60% 以上的国内生产总值，70% 以上的技术创新成果，80% 以上的城镇劳动就业，90% 以上的企业数量 ①。

中国政府历来把经济发展视为政府责任的内在部分。内部可持续发展离不开民营企业（尤其是中小企业）的健康发展。中国从改革开放前的清一色公有制（全民所有制和集体所有制）发展到今天的混合所有制是中国共产党对马克思主义经济学的最大贡献之一。民营企业的发展来之不易。每当民营企业发展遇到困难的时候，国家层面总会出台有效的政策，容许、鼓励和支持民营企业的发展。党的十八大以来，习近平总书记就民营企业的发展做出过很多重要指示。近年来，习近平总书记对中小企业的发展也尤为重视。2018 年 10 月 24 日，习近平总书记视察广州科学城时指出"中小企业能办大事"。② 在高层的带动下，多年来各级政府也意识到民营企业的重要性，致力于改变和改善民营企业的营商环境。

二、目前中小企业面临的困境

不过，近来内外部环境的变化对民营企业产生着越来越大的压力，构成了越来越大的不确定性。在数字上如此重要的民营经济基础似乎仍然极其脆弱，一有风吹草动，民营企业就变得极其焦躁不安。

民营企业近来所面临的巨大不确定性主要来自几个内外因素。

① 中国政府网 . 习近平：在民营企业座谈会上的讲话 [DB/OL]. (2018-11-02)[2021-11-01].http://www.gov.cn/xinwen/2018/11/01/content_5336616.htm.
② 周亚伟 . 打造"中小企业能办大事"创新示范区 [EB/OL]. (2021-10-25)[2021-11-25]. https://www.workercn.cn/c/2021-10-25/6833911.shtml.

首先是外部因素，主要表现为中美之间的对抗。自特朗普政府对华发动贸易战以来，中国的民营企业（尤其是出口导向型民营企业）首当其冲，直接受到负面的影响，其中很多影响是致命的。中国出口美国和西方的大部分商品都来自民营企业，美国和中国搞贸易脱钩，这部分民营企业自然受到最直接的冲击。

但我们应当看到中国出口导向型民营企业的韧性。尽管美国搞脱钩，但中国的出口依然在继续，甚至有增长。出口的主体主要是民营企业。受美国脱钩政策影响最深刻的是包括华为在内的中国高科技企业，因为美国政府以国家安全为由，不惜一切成本来围堵中国高科技企业。但对众多的由中国中小企业承担的民生经济物资的生产，美国有心无力，很难通过财政激励等手段把生产能力转移到美国国内，实现与中国的完全脱钩。这也就是在民生经济领域中国对美国的出口不仅没有下降反而有所增加的原因。

民营企业所面临的来自内部的不确定性似乎要比来自外部的更大。就内部环境而言，主要源于两个因素。

第一，国有企业改革方式的变化。国企从以往的管企业或者管行业逐渐转型到管资本。一些人将此视为新加坡"淡马锡模式"的改革。但这一改革对中国的民营企业产生了深刻的影响，中国国有企业和民营企业的分布也开始出现了"新加坡化"。以往国有企业管理企业或行业表明国有企业是有边界的，即国有企业集中在几个行业，其他的行业则让民营企业占据主导地位。但管资本则不然。管资本的原则就是：国有企业并非一定要限定在几个特定的领域，国有企业的目的是保持国有企业所持资本的增值。在这种改革方式下，国有资本开始到处"乱窜"，哪里可以盈利就往哪里走。在中国的制度背景下，国有资本如果决定要进入民营企业所在领域，后者是没有任何有效的办法加以拒绝的。这样不仅造成国有资本"与民争利"的局面，也很快破坏了原来国有企业和民营企业之间的"分工"和相对均衡的状态。

第二，中国政府近来对高科技、民办学校和房地产等民营企业占据重要地位的领域实施了一系列整顿和反垄断举措，出台了新的监管政策。尽管所有这些举措从长远看是中小民营企业健康成长和发展所必需的，但它们对这些领域的民营企业产生了巨大的负面影响。一些政策执行部门没有尽到应有的责任，他们没有把政策意图讲清楚，即整顿民营企业发展过程中出现的一些乱象，并且对民营企业进行规制，而这些本是为了给民营企业的长远发展提供一个更好的制度环境。更为严重的是，有些部门在政策执行过程中采取过分粗鲁和粗暴的做法，不讲任何道理，强行阻止民营企业的活动。

尽管监管举措从长远看不仅必要，而且更有利于民营企业的健康发展；但从短期来看，在政策实施过程中，中小企业的确遇到了很多痛点和难点，越来越多的民营企业家信心不足，甚至产生动摇。这些基层面的新动向需要各级政府予以高度重视，否则很多中小企业的创新和发展之路就很难走下去，甚至会半途而废，无功而返。再者，如果相关部门不改变政策执行的简单粗暴行为，如果针对企业家的民间民粹主义情绪继续失控，那么民营企业家的积极性必然受挫，这不仅会影响民营企业的发展，甚至可能使其走向对立面，影响社会稳定。

三、中美全面竞争背景下中国中小企业的角色

中小企业的重要性不仅要从内部经济社会发展的角度来思考，更要从中国所面临的国际环境来思考。考虑到急剧变化的国际环境，我们有一万个理由去重视和推动民营企业的发展，没有任何一个理由去反对和限制民营企业的发展。

拜登上台后，美国政府提出了所谓的和中国的体制之争，即"美国民主"与"中国专制"之间的竞争，并扬言无论如何要击败中国。但所谓的制度之争实质上就是经济、技术和军事等方面的竞争。这和以前美苏冷战期间的竞争一样，是在意识形态（制度）之争的表象之下进行经济、技术和军事竞争。

那么，中国如何回应美国的这种竞争方法？我们必须避免与美国进行直接的军事竞争，因为这是美国的强硬派和冷战派所希望看到的。美国强硬派与中国竞争甚至击败中国的战略已经很明确，那就是"三步走"。第一步，"脱钩"，尤其是高科技的脱钩；第二步，促成中国国民经济的"国家化"；第三步，与中国进行一场军事竞赛。很显然，后两步是美国在冷战时期击败苏联的战略。当年美苏之间不存在今天中美之间那样的经贸关系，因此冷战开始就直接走上了第二步。今天，鉴于中美之间存在紧密的经贸关系的现实，美国加上了"脱钩"这一步。特朗普政府发动中美贸易战，开始搞全面脱钩，造成了"伤人一千，自损八百"的局面。因此，拜登上台之后，从特朗普时期盲目的全面脱钩转向"精准脱钩"。较之特朗普政府的盲目脱钩，拜登政府对华的"精准脱钩"对中国企业构成更为严峻的挑战，尤其是对高科技企业。

无疑，不管人们喜欢与否，中美之间的全面竞争不可避免。中国理性的做法是把竞争的焦点置于与美国的经济竞争上，并且努力把军事竞争转化为经济竞争。客观地说，中国的竞争优势在经济领域，没有必要在意识形态或者军事上参与纠缠。中国最大的理性、最优的策略就是把中美竞争从军事领域转移开而进行经济竞争。

正如历史经验告诉我们的，军事竞争是零和博弈，结局往往是战争，而经济竞争则是一场非零和博弈，结局可以是双赢的。我们应当意识到，中美之间不管发生怎样的竞争，其本质都是经济竞争。马克思、恩格斯强调的"经济是基础，政治是上层建筑"的原理迄今仍有效。弱化中国经济、中断中国的经济现代化无疑是美国与中国竞争战略的核心。

我们认为，美国试图通过和中国的经贸"脱钩"把中国引入美苏冷战局面，最终围堵中国。中国经济要防止完全与美国"脱钩"，在实现可持续发展的同时，在与美国的竞争中胜出，中小企业是关键。特朗普执政以来，美国政府（和一些跟随美国的西方政府）花费了那么大的精力和中国搞经贸脱钩，但到现在为止美国在"脱钩"路上非常艰辛。这里主要的贡献来自中国中小企业。在高科技领域，尤其是被美国认为具有军事敏感性的高科技领域，美国对中国的禁止可以说已经是滴水不漏。在国际范围内，美国（及其盟友）对中国国有企业的围堵也不遗余力，导致这类企业将可能很难走向世界，尤其是西方世界。但中国中小企业生产的是大量的民生经济用品，对美国（及其盟友）没有任何威胁。并且，在上一波全球化过程中，美国既然已经把这部分民生经济用品的生产迁移到包括中国在内的国家，现在就没有可能把民生经济的生产全部迁回国内。过去这些年，美国和日本等国家都尝试了这种做法，但没有任何效果。这从另一个角度说明了中国中小企业的竞争能力和国际优势。

民营企业的国际环境正在快速恶化。2020年以来，西方主要媒体都以阿里巴巴和滴滴被立案调查、恒大被约谈、教育培训行业被整顿等事件大做文章，大肆妖魔化中国的民营经济政策。一向公然反对中国的美国"金融大鳄"索罗斯（George Soros）更是在美国主流金融报刊上发表文章，攻击中国领导层。西方媒体这样做，目标只有一个，即通过妖魔化中国，阻止西方资本流入中国民营经济，借此来达到西方和中国脱钩的目的。西方也意识到在中国总体国民经济中占有重要地位的民营经济是中国和西方经济体关联的主体，并且西方市场是高度依赖中国的民营企业的，因此西方希望削弱西方资本对中国民营经济的投资，从而逐渐减少西方市场对中国的依赖。不过，西方也有一些积极的声音，认为中国政府这一波整顿并非要削弱民营经济，而是通过强化监管和反垄断等举措为民营企业营造一个更好的环境。然而，这些声音是很微弱的，并且经常被视为有亲中的倾向。

面对这样的国际环境，下一步，中国的中小企业必须实现大发展。我们的目标应该是产生和培养一大批对全球产业格局具有重要影响的技术型民营企业，鼓励和引导中国民营企业加快转型升级，深化供给侧结构性改革，不断提升技术创新能力和核心竞争力，进而让中国在百年未有之大变局中立于不败之地。

四、中小企业在担心什么

中小企业的创新创业本来就是一个艰难而痛苦的过程，每个创业者都有一部酸甜苦辣的创业史。随着国际国内市场环境的变化，中小企业面临的生产成本上升、融资难融资贵等问题日益突出。

一是成本问题。在创业初期，企业为了活下去，熬过创业严冬，总是想方设法节省成本、降低费用，恨不得一分钱当作两分钱花。在成长阶段，企业在努力降低运营成本，增强市场竞争力。国有企业可以从银行得到融资，大型民营企业也可以，但中小企业要从国有银行融资难上加难。尽管这些年人们也在讨论"竞争中立"，但实际上竞争中立的命题很难成立。这些年政府大力提倡"双创"，尽管在这一过程中出现了大量的企业，但其中大多数企业也在这一阶段夭折。原因有很多，但缺失必要的资金支持无疑是一个重要因素。

二是政商环境，也就是政府为企业办事的效率和便利化程度。政商环境的地方和区域差异巨大。企业，特别是跨国企业，倾向于首选我国东部地区投资落户，其中一个重要原因是政府服务意识强，办事效率高，契约精神好。即使东部地区成本相对高，而中西部地区成本较低，企业也会首选东部。尽管东部成本高，但那是显性的、可预期的和控制的。中国内部不同区域民营企业发展差异存在诸多因素，但政商环境是关键因素。

三是市场环境。习近平总书记在民营企业座谈会上指出，一些民营企业在经营发展中遇到不少困难和问题，有的民营企业家形容遇到了"三座大山":市场的冰山、融资的高山、转型的火山。一方面,市场准入门槛高,许多领域虽然在政策上允许民营企业进入投资,但实际上是"玻璃门""弹簧门""旋转门"。另一方面,民营企业虽然研发、生产了很好的产品,但要进入市场困难重重。[①]

四是"意识形态"风向。在 1992 年中共十四大上确立的"社会主义市场经济",已经赋予民营经济意识形态的合法性和合理性。之后,国家在宪法和法律层面保障民营企业的合法权益。但在一些干部和民众那里,法律竞争不过根深蒂固的"意识形态"观念,所谓不利于民营经济的"意识形态"经常回归经营实际,一些官员在没有充分理解国家政策的前提下粗鲁地执行政策,具有强烈民粹主义情绪的传媒(尤其是社交媒体)对民营企业家进行谩骂、诅咒式的攻击。这些现象都已经导致民营企业的恐慌。从经验来说,中国已经形成名副其实的混合经济体。然而,一旦所谓"被带了节奏"的"意识形态"的"气氛"回归,民营企业就躁动不安。有关方面需要及时给予正确引导,否则必然加剧民营企业和中小企业的恐惧。

五、重振中小企业的政策建议

鉴于民营企业当前所面临的巨大不确定性,我们有必要直面民营企业的生存和发展环境问题,向民营企业释放积极信号。

在现在这个阶段,民营经济尤其是中小企业要健康发展,还

---

① 参见《习近平:在民营企业座谈会上的讲话》,2018 年 11 月 1 日。

必须厘清几个重大的理论和实践问题。

第一，首要的任务是厘清国有企业和民营企业的边界，协调好两者的改革。

国有企业从"管企业"和"管行业"转向"管资本"有其充分的合理性，但必须控制和消除这种转型给民营企业造成的负面影响。历史地看，国有企业主导的行业包括自然垄断行业、国民经济的支柱产业、社会服务行业等。掌握了这些行业，国家就掌握了整个国民经济的结构，也就是保障了国有企业的主导地位。但"管资本"打破了国有企业原有的"领域"（行业）格局，正在形成国有资本"遍地开花"的局面，很容易导致国有企业大而不强、大而不专的局面。再者，国有资本更要节制自身随意侵入民营领域。这种"侵入"方式有两种表现。一是国有资本无论是自发的还是接到政府的指示，救济陷入困难的民营企业。深圳和广州等地"救济"恒大就是典型的例子。二是国有资本扮演"风投"的角色，投资刚刚起步的或者有利可图的民营企业。

"管资本"是新加坡"淡马锡模式"的核心。这些年，有关部门也一直在大力提倡学习新加坡"淡马锡模式"。学习新加坡"淡马锡国有企业"的市场精神是必需的，但照抄照搬"淡马锡模式"会对中国带来致命性的影响。

新加坡国资控制了所有重要的企业，但国资不会保护落后的企业，企业该倒闭的还是要倒闭。这就是市场精神，政府服从市场。李光耀先生称之为"商业的可行性"（commercial viability）。一旦一个国有企业或者国资控股的企业长期不盈利，政府是不会让一个长期亏损的企业存在下去的。中国的国有企业和国资需要学习这种精神，但如果中国的国民经济出现"新加坡化"则是非常危险的一件事情。

新加坡国家主权基金运作有效是有其特殊背景的。新加坡是一个岛国，整个国民经济运作方式类似一个公司。有两个因素促成"淡马锡模式"的有效性。第一，国有资本的"国家化"。国家化表明国有资本控制整个国民经济。新加坡有民营企业部门，但这个部门很弱。大多数民营企业被国有资本控制。对新加坡来说，这是理性的选择。新加坡国土面积小，没有也不可能拥有完整的产业系统或者产业链，只要找到一个产业链中的一个环节或者一个产品，就足够保证新加坡的生产。而要在国际产业链中找到这样一个环节或者产品，新加坡就要动用国家的力量。自其建国以来，新加坡政府在国家的产业升级方面一直扮演着主要的角色，国资很自然地具有替代政府履行和执行政府决策的作用。第二，国有资本的"国际化"。新加坡是城市国家，对其他国家难以构成威胁。这是新加坡国有资本在全世界投资没有受到政治阻力的主要原因。但即使是这样，新加坡还是一直在小心翼翼地塑造国有资本的形象。首先，淡马锡明明是国家主权基金机构，但仍然冠以"私人控股公司"的牌子。其次，传统上，新加坡一直是西方阵营的一部分，其经济是在西方市场上发展起来的。中国改革开放以后，新加坡也开始积极与中国进行经贸交往。到今天，新加坡与中国已经发展出很紧密的经贸投资合作关系。尽管新加坡在经济上越来越依赖中国，但其在安全上越来越依赖美国。新加坡实际上早已经成为美国的"准盟友"。这种在东西方左右逢源的做法为新加坡国有资本进入东西方市场提供了非常有利的政治条件。

但无论是"国家化"还是"国际化"，中国的国有资本都不具备条件。就"国家化"来说，中国的比较优势就是"三层资本"结构的均衡发展，即顶层的国有资本、底层的民营资本以及国有资本和民营资本互动的中间层。其中，国有资本占据主导地位的领域包括自然垄断、国民经济的支柱产业、公共服务领域、基础设施建设领域、国家安全领域等。民营企业占据了民生经济的大多数领域。国有资本和民营资本的这种劳动分工与合作促成了中国改革开放以来方方面面的经济奇迹。新加坡不重视民营企业的主要因素就是国内的市场规模过小，很难发展出具有国际竞争力的民营企业。新加坡的民营企业如果要获得国际竞争力，那么就必须依靠国家的力量。而中国则不一样，过去的经验表明，因为市场的规模，中国民营企业是有能力发展成极具国际竞争力的民营企业的。更重要的是，中国是大国，需要完整的产业系统和产业链来保障国家安全。如果国有资本在所有的领域占据主导地位，那么就很容易出现类似计划经济时代那样的"国有化"。如果那样，国民经济最终就会失去竞争力。一个理性的安排是在一些领域国有资本占据主导地位，而在另一些领域民营企业占据主导地位。

这样一种安排也是因为中国国资"国际化"所面临的困局。因为中国是一个大国，并且已经被美国（和一些西方国家）界定为"竞争者"甚至"敌人"，国有资本"走出去"没有政治条件。一旦"走出去"就被视为"威胁"。在过去数年，西方不断抹黑中国的"一带一路"就已经充分证明了这一点。国有企业和国有资本无疑是"一带一路"的主体。美国、德国等西方主要发达国家从一开始就反对中国的"一带一路"倡议。除了个别资本短缺的国家，西方国家大都拒绝中国的国有企业和国有资本。中国的国有企业和国有资本主要面向广大的发展中国家。但即使在广大的发展中国家，国有企业和国有资本无一不受到来自西方的污蔑甚至抵制。西方国家把中国的"一带一路"视为"新帝国主义""新殖民主义""新债务帝国主义"等。随着中美全面竞争时代的到来，国有企业和国有资本"走出去"的困难不可避免会增加。如果中国要防止和西方经济脱钩，那么就必须依靠民营企业。实际上，正如前面所讨论到的，中美（西方）之间到现在仍维持经贸关系，主要是因为中国的民营企业。民营企业生产的是民生经济物资，尽管具有很强的与西方竞争的能力，但很难被西方视为"威胁"。无论从哪个角度来说，民营企业的作用不仅不能被弱化，而且需要被强化。

国有资本不应当轻易拯救遇到困难的民营企业，因为这会导致保护落后、阻碍创新的后果。根据经济学家熊彼特的"创造性破坏"理论，每一次大规模创新都会淘汰旧的技术和生产体系，并建立起新的生产体系。国有资本应当做的不是去拯救因为创新而趋向被淘汰的民营企业，而是帮助民营企业的雇员和企业重新适应新的经济环境。对民众进行教育和培训、提供适当收入和保险以及把人们重新分配到新的经济活动中，国家应当起重要作用。这样做既让"创造性破坏"发挥作用，同时也避免了"创造性破坏"对社会可能产生的"去稳定"效应。

在这方面，中国可以参照"丹麦模式"或者"斯堪的纳维亚模式"。在丹麦，当一个人失去工作之时，可以得到两年内近90%

的工资。同时，国家负责对此人重新培训以便他找到新工作。这样做，不仅具有经济理性，也具有社会理性。当一个人在丹麦失去工作时，他没有压力，身心健康也不会太受影响，本质上反映的是社会机制的优越性。在亚洲，新加坡也采用类似的方法。无论当国有企业还是民营企业因为改组而需要解雇工人的时候，政府不是像一些西方政府那样发放失业金，而是为失业或者行将失业的工人提供新培训，辅助他们获得新的技能，重新就业。

而在美国，有很多人由于失去工作，生活陷入困境甚至死亡，就是因为美国没有一个好的体制来处理这种破坏性的转型。尽管美国的创新能力很强，拥有一流的创新机制，但美国并没有为民众提供有效保护的机制。这也是美国今天面临治理危机的其中一个制度根源。

中国可以将"斯堪的纳维亚式"国家保护制度和美国式创新模式结合起来，做出一个更优化的制度安排。简单地说，国有资本不是要拯救因产业过时而陷入困难或者因扩张过度而陷入困难的民营企业，因为这样做意味着保护落后或者促成民营企业"过大而不能倒"；相反，国有资本要保护因技术创新而面临就业困难的工人，因为这样做在鼓励创新的同时也保护了社会。

第二，民营企业的阶段目标可以是"精而强"或"专而强"，而不宜"大而强"。德国等一些欧洲发达国家的模式值得借鉴。在这些经济体中，强大的民营企业大都在专业领域。很多民营企业尽管是家族式企业，但数代人一直在同一个领域耕耘，孜孜不倦地追求技术的进步和升级。因此，企业虽小，但技术力量强大，产品的附加值很高。

　　而中国的民营企业则不同。在经营业务方面，中国的民营企业呈现两个特点。第一，空间的无限扩张。这是由中国的市场规模所决定的。中国市场空间大，因此对任何民营企业来说，很难控制面对市场空间的扩张冲动。大部分民营企业的首要目的就是占领市场份额。第二，产品的多元化。很多民营企业一旦有了资本积累，就盲目扩展到其他领域。这两个特点决定了中国民营企业求数量而不求质量，求多样化而不求专业化。中国的很多民营企业往往大而不强、技术含量低、附加值不高，一旦市场环境变化，就显得弱不禁风。

　　就此，政府应加强引导，有关部门应当通过政策和金融等手段引导民营企业往"专而强"的方向发展。这方面，需要比较精准的政策，不是简单粗暴地干预民营企业的发展选择，而是通过诱导进而赋权民营企业。如上所说，德国等国家的经验非常值得借鉴。

　　以上两个大方面需要在宏观政策层面进行调整和改革。但从短期来说，也必须采取一些举措来恢复民营企业家的信心，重振民营企业。如前面所讨论的，西方媒体借此操作、大肆攻击中国的监管行为，在外资中造成了非常恶劣的影响。无论从安抚国内民营资本还是国际资本来说，有关部门都应当光明正大地把国家监管的重要性说清楚。任何国家，无论是出于国家安全还是出于反垄断，都会出台类似的举措。而这样做就是为了给民营企业营造一个有利于长远健康发展的制度环境。

　　我们建议通过领导人讲话、举办论坛，或者以官方主要媒体发文的方式来发出这种积极的信号。同时，有关部门也要节制媒体尤其是社交媒体对民营企业家的无端指责和攻击。这些无端的指责和攻击不仅导致形成对民营企业家非常不利的社会环境，传到海外便变成了中国政府"放纵极端民粹""歧视"甚至"消灭"民营企业的证据，从而毒化中国的国际投资环境。

第二章

中国民营企业国内和国际环境分析①

郑永年　　袁冉东②

　　改革开放以来，民营企业为我国经济发展做出了巨大的贡献。民营企业的数量不断增加，在国民经济中的重要性在过去四十多年中不断提升。本章内容对中国民营企业在国内和国际生存环境的现状和面临的问题做出系统性的梳理和分析，希望对实现营造良好营商环境以帮助民营企业健康成长这一目标提供有效的参考。

---

① 本文完成于 2021 年 10 月。
② 袁冉东：香港中文大学（深圳）前海国际事务研究院副研究员兼助理院长（科研）、经济政策研究中心主任。

一、国内环境分析

改革开放以来，民营企业为我国经济发展做出了巨大的贡献。民营企业的数量不断增加，在国民经济中的重要性在过去四十多年中不断提升。截至 2020 年底，我国有 4000 多万家民营企业，其中的民企 500 强无论从规模还是质量上都已成为推动中国经济增长的中坚力量，数量庞大的中小微民营企业也创造了众多的就业机会，是促进社会经济稳定的重要基础。因此，一个健康成长、具有蓬勃生机、由大量的民营企业所构成的经济生态圈，是中国能顺利实施以"国内大循环"为基础的双循环战略的前提条件。

然而，近年来社会上出现了一些怀疑甚至否定民营企业、民营经济的言论。例如，有些人认为民营经济的作用已经发挥完了，已经完成了它的使命，可以退出历史舞台了；还有些人把在民营企业加强党建工作看成是对这些企业的控制，把混合所有制改革理解为"新公私合营"。从民营企业对于推动中国社会经济发展的重要性方面可以看出，这些言论是脱离基本事实和缺乏理性的。但是，这些错误认知在包括网络在内的各种媒体中传播，通过社会舆论场的放大作用，对民营企业家的信心造成了相当大的伤害。在一些地方，地方官员对中央政策理解不当，甚至粗暴地执行政策，更令民营企业家担忧。企业家信心的缺失，则可能导致投资下降，进而导致研发速度和生产规模增长的放缓等令人担忧的趋势。对于这种势头，如果不能及时扭转，社会经济结构将可能开始背离现在的国有企业和民营企业相对平衡的状态，再次走向失衡。因此，在当前百年未有之大变局之下，我们有必要对中国民营企业生存环境的现状和面临的问题做一些梳理和分析，以避免出现这种失衡。

（一）民营企业的生存环境

在 2008 年全球金融危机发生之后，中国人均收入进入中高收入水平，经济增长速度放缓，人口红利也逐渐消失，并开始面临人口加速老龄化所带来的一系列问题，增长模式从以前的要素驱动型，逐渐向创新驱动型转变。在这样的背景下，能否通过创新推动技术进步、进一步提升生产力水平，是中国经济能否跨越中等收入陷阱的关键所在。民营企业经过过去四十多年的发展，已经成为以创新促进中国经济发展的重要力量。以知识产权的数量为例，在国有企业享受了国家大部分创新补贴的情况下，民营企业贡献了 70% 的新增专利，而国有企业只创造了约 5%，剩下的 25% 是外资企业创造的。[①] 因此，民营企业的未来在相当程度上将决定中国经济的未来。然而，从总体来看，中国民营企业的生存环境不容乐观，并在近些年还有恶化的趋势。

1. 中小微民营企业在艰难环境下求生存

中小微民营企业占民营企业数量的绝大多数。由于自身规模

---

① 数据源自《中国民营企业生存环境报告》。

的限制，中小微民营企业在获得经营所需的土地资源上和通过融资获得发展所需的资金支持上都面临非常大的困难。普遍处于价值链、产业链和创新链中低端位置的中小微民营企业，面对成本上涨带来的压力，也是首当其冲。包括社保缴费在内的各种税费，虽然在近几年，特别是新冠肺炎疫情后得到了一些降低和减免，但仍然是压在广大中小微民企身上的沉重负担。此外，很多制造业领域中小微民企目前还面临招工难、用工荒的问题，给企业的生产经营带来不小的困难，也为保持和提高中国制造业竞争力带来挑战。

在现行的土地"招拍挂"制度下，土地供应非常有限，近年来的房地产热更推高了在城市取得土地使用权所需的资金。很多大型的房地产企业也不得不寻求通过合作以共同筹资来取得土地使用权。中小微民营企业由于资金规模的限制，在土地使用权的获得上面临障碍。大部分中小微民营企业没有能力参与合法的正常土地使用权拍卖。一些中小微民营企业从市县级以下的地方政府或开发商那里购买不符合法律规定的或不具备全部产权手续的土地或者房产，即所谓的小产权房。这些主要分布于农村和郊区的小产权房不具备政府承认的产权，因此一旦遇到土地征收和拆迁，中小微民营企业作为房地产使用权购买方的权益将得不到任何有效保障。此外，通过租用的方式来获得所需的土地或房产资源也是很多中小微民营企业的无奈选择。然而，现有法律法规和地方政府对房地产承租方的保护往往不够充分。一旦遇到土地征收和拆迁，很多作为承租方的中小微民营企业将会遭受设备价值损失和不动产投资的损失。一般城市政府只和土地或房地产的所有者谈判，而承租方因土地被征收而被迫搬迁所带来的损失通常得不到相应的补偿。从某些地区（例如珠三角）的情况来看，中小微企业即便是与小产权房地产所有者签订了租赁合同，但其超过两年的部分法律不予认可和保护。因此，许多中小微企业不得不选择一种"游击队"式的生产经营模式，打一枪换一个地方，灵活度和适应性是很强，但不利于企业的长期发展。

中小微民企要想发展壮大，除了需要获得土地和房产的使用权之外，还离不开资金的支持。在创业和发展的初级阶段，民营企业通常只能通过内源融资，即通过企业内部人员投入个人资金或由个人向亲友筹集资金。随着企业规模逐渐扩大，资金需求也随之提高，仅靠内源融资越来越不足以满足企业发展的需求。中小微民企要获得继续发展所需的资金，就必须通过外源性融资，常见的渠道包括上市融资、发行企业债券融资和银行贷款。

在股票市场上市融资对于中小微民企而言缺乏可操作性，绝大部分的中小微民企不具备在主板上市的基本条件。深圳证券交易所曾经设立的中小企业板块在上市条件、发行审核信息披露等方面与主板差别不大，且已于2021年4月并入主板。而在深交所创业板市场上市的公司数量迄今为止不到1000家，根本无法为数以千万计的中小微民企提供融资机会。

能通过发行企业债券进行融资的，基本上只限于少数大型民企，并且这些大型民企发行企业债券的数量和规模近年来都呈下降趋势。民营企业和国有企业相比，在企业债券市场份额占比上，民企债券的市场占比从2016年开始一路下滑，到2020年5月底，民营企业债券发行数量仅占全市场的8.6%，发行规模仅占全市场的 7.4%；而同期国有企业债券的市场占比则逐年升高。2016 年，发行企业债券的民营企业数量为 586 家，而到 2020 年的前 5 个月，这一数量降到 205 家。①

　　民营企业向银行贷款融资，在法律上没有障碍。然而实际操作时，广大中小微民企通常需要支付数倍于银行基准利率的利息。例如，商业银行通过实行存贷款挂钩、提前扣除利息和搭配理财产品等手段，对中小微民企收取基准利率两倍或以上的利息；村镇银行或小额贷款公司收取的利率一般是基准利率的三倍甚至四倍以上。除了高利率的制约，中小微民企在申请贷款时通常还要向银行提供抵押或其他形式条件苛刻的担保。由于这些原因，一些急需资金的中小微民企选择民间金融作为融资渠道，虽然贷款条件比较宽松，但需要付出的利息则更高，往往不得不支付高于银行贷款数倍的利息。《最高人民法院关于审理民间借贷案件适用法律若干问题的规定》明确了，高于当期一年期贷款市场报价利率 (LPR)4 倍以上的民间借贷利率被视为不受法律保护的，司法对民间高息融资的不包容态度也使得民营企业融资难度进一步加大。

　　需要指出的是，以上这些中小微民企贷款难的问题，在最近两年，特别是在新冠肺炎疫情后得到了一定程度的缓解。国家从 2020 年疫情发生时开始，通过一系列财税及信贷帮扶政策，加大资金投入，放宽民企贷款申请抵押担保条件，降低贷款利率，使得很多民企，特别是小微企业获得了来自国有银行的政策性优惠贷款。这体现出国家对于广大中小微民企在促进就业、稳定增长

---

① 康正宇. 专项扶持仍需加力——详解民营企业 2020 债券融资现状 [EB/OL]. (2020-06-18)[2020-11-25]. http://bond.hexun.com/2020-06-18/201569091.html.

上的重要性的肯定。在新冠肺炎疫情所引发的经济下行压力形势下，政府在第一时间给予中小微民企前所未有的重视和保护。

虽然各地已经出台了"复工贷""稳企贷"等相关金融扶持政策，但部分企业仍然难以享受政策优惠。例如，有些企业由于无抵押资产或抵押资产不够而无法获得银行贷款融资，还是只能通过民间借贷融资。有些服务行业的中小微民企由于其资产（例如餐馆、酒店等）变现能力变差，银行或担保公司降低抵押乘数，甚至不接受其商业资产作为抵押，也导致融资难度加大、融资成本提高。

中小微民企大多处于产业链上的低利润环节，对于成本上涨的影响尤为敏感。企业综合成本的上涨是多方面原因造成的。其中有些是结构性的，例如用工成本近年来不断攀升，与中国经济跨越刘易斯拐点、城镇化和人口老龄化还在持续进行中有直接关系，将成为一种长期的趋势。企业社保缴费基数逐年增加使得企业用工成本普遍上涨 10%—30%。另外，虽然目前（截至 2022 年12 月）国内疫情已经稳定，但是疫情的影响还在持续，由疫情引发的美国宽松的货币政策推高大宗商品价格、疫情引起供应链受阻等原因导致原材料成本明显提高。这些与新冠肺炎疫情相关的成本上涨在一定时期内还将对广大中小微民企造成不利影响。同时，企业的人力、房租、水电费等固定成本很难降下来，遇到经营不景气时这些固定的运营成本负担将增大，进一步挤压中小微企业本来就偏低的盈利能力。

中小微民企还面临普遍存在的招工难问题。一些需要专业化人才的公司招不到对口人才，而由于社保系统的区域碎片化、转移接续不易办理等原因，一些企业很难引进省外优秀人才。中小微民企密集的低端服务业，虽然对技能要求不高，但很难招到能接受较低的待遇却又能吃苦的劳动力，而且这类企业对年轻劳动力的吸引力明显缺乏。在制造业相对发达的长三角、珠三角等地，随着国内疫情形势好转，劳动力供需矛盾更加凸显，熟练工人与高端人才紧缺。同时，年轻人就业观念发生转变，越来越不愿意在工作时间固定、管理制度严格、工作环境相对较差的制造业就业，而是更青睐于相对灵活自由的外卖、快递等服务行业。然而，这样的趋势显然是不利于制造业这一关乎中国经济前途命运的产业的健康成长的。

2. 大型民营企业面临增长放缓、成本高企等挑战

大型民营企业相对于中小微民企，虽然在规模和实力上有更大的优势，抵御和管控某些方面风险的能力也更强，但经济增速放缓、新冠肺炎疫情等因素对它们同样产生了相当大的影响。2020 年 9 月发布的《2020 中国民营企业 500 强调研分析报告》显示，税费成本、融资成本、原材料成本构成了民营企业 500 强最主要的成本或负担。这些大型民企营业收入、税后净利润等经营指标增长持续放缓，成本高企造成盈利能力受到影响，投融资活动热度降低。

据该报告显示，民营企业 500 强 2019 年在营业收入、税后净利润、资产总额等指标上都出现增幅放缓，比上年分别下降 10.6、5.8、16.0 个百分点，制造业民营企业 500 强在相同指标的增幅上，比上年分别下降 5.5、13.0、14.1 个百分点。大型民企在投融

资活动中也更加谨慎，500 强的并购重组活动较上年减少 30.7%，投资"一带"和"一路"的企业数量，较上年分别减少了 6.7% 和 24.6%。融资难、融资贵的问题对这些大型民企来讲也依然突出。在融资方面感到困难比较严重的 500 强企业数量从 2017 年的 254 家增长到 2019 年的 274 家，在资本市场获得融资的企业占比较上年减少 10.6%。

到了 2020 年，突发的新冠肺炎疫情对民营企业更是产生了很大的冲击。一些大型民企，前些年在经营范围和规模上扩张较快，在疫情引起的经济下行压力下出现了债务危机，仅 2020 年上半年就有 33 家民营企业出现企业债券违约的情况。恒大集团就是一个典型的案例。自 2020 年以来，关于恒大出现债务危机的传闻便开始在网络上流传起来，并多次被各新闻媒体报道，恒大系股票应声下跌，仅"中国恒大"这一只股票近一年来的跌幅就超过了 70%，损失了近 2800 亿港元的市值。恒大集团今天的窘境，与其近年来进行的一系列资产扩张和跨行业投资有关。有分析指出，恒大贷款融资成本是国有房企的两倍以上。民营房地产行业具有重资本、高利息的结构性特征，这使得像恒大这样的企业在战略上更容易倾向于追求扩张速度，并在很多城市房地产行业趋于饱和、竞争进入白热化时有进行跨行业投资的冲动。恒大集团旗下拥有包括地产、物业、新能源汽车、网络、旅游、健康等在内的八大产业。但截至 2021 年 5 月，恒大汽车未曾售出一辆汽车。类似于它在流媒体等无关其核心产业的布局，说是战略投资，但看起来更像是用来包装上市融资的故事题材。一些社会学和经济学学者指出，像这样的没有经营定力、不做基础研发，而只是依靠规模增长，如肿瘤一样疯狂生长和扩散的企业发展模式，是一种不但无益于技术创新还有可能绑架政府并对国民经济和社会福祉造成威胁的"社团主义（corporatism）"的体现。

所幸的是，伴随改革开放发展起来的中国大型民企在经营模式和理念上是开放和多元的，我们应该珍视和保护这种开放性和多元性。与恒大形成鲜明对比的是，华为数十年来致力于技术创新、潜心研发，如今终于在涉及其核心产业的许多关键技术上取得国际领先地位。从一个具体的例子就可以看出华为这种开放的态度和耐心支持长期研发的重要性。埃达尔·阿勒坎（Erdal Arikan）是土耳其毕尔肯大学电气工程学教授。他在 2008 年发表了一篇关于通信信息编码的论文。华为研发部门的科学家们意识到了该论文的研究成果在 5G 网络中将具有重要的应用前景，在他们的建议下，华为主动联系了阿勒坎，并说服他与华为合作。在之后的十年里，华为的研发团队通过不断实验，将阿勒坎论文里的数学理论转化为关系到 5G 通信技术标准制定权的一系列专利，使得华为在 5G 领域取得了引领世界的地位。从恒大和华为的对比中可以看出，要为社会带来促进生产力水平提高、利国利民的突破性的创新，企业家不能只想着一味做大规模，而是要有信心和恒心，并保持开放的态度，把精力和资源持久地集中在增强其核心产业的科技竞争力上。

在过去 30 多年中国大型民企的崛起过程中，其实并不缺乏像华为这样的专注其核心产业、耐得住寂寞，潜心做基础研发的民营企业。如今家喻户晓的格兰仕，其实早在 20 世纪 90 年代，在微波炉的产销量方面就已居世界第一。但那时的格兰仕还没有能力研发和生产磁控管这一微波炉核心元件，因此在国外零部件供应不畅时整条生产线就会中断运转。格兰仕没有盲目地扩大生产规模和产品范围，而是把精力和资源专注于微波炉核心技术的研发，终于在 2001 年取得突破，自主研发生产出磁控管，并在品质上超过了同期进口部件。2008 年全球金融危机发生以来，格兰仕"抄底"，以人民币 500 万元以上的年薪向全球招揽人才，并采取"让外国人管理外国团队"的做法，尊重外籍人士的文化和管理风格，以激发团队的创造力。现在，格兰仕每年向全球近 200 个国家供应超过 5000 万台家电产品，其中有接近 4000 万台还是其核心产品微波炉。2021 年 6 月，由格兰仕研制的一台微波炉随"天舟"二号飞船起飞，被运送到"天宫"空间站，成为世界首台航天用微波炉，帮助宇航员改善饮食以提高他们的生活质量和工作效率。与华为一样，格兰仕凭着信心和恒心，专注于基础研发并保持了开放的态度，终于发展成为掌握领先世界的核心技术的行业翘楚。

新中国成立以来，我国在科技领域取得了巨大的进步，但仍然有很多方面还没有达到世界先进水平，例如各种智能设备产品的核心——芯片制造。中国在各类智能设备方面从整体上来看已经具有世界最高的产量和需求量，但在尖端芯片上，要么依赖进口，要么自主设计后通过海外代工才能生产，还处于受制于人的状态。在万物互联的信息时代，芯片的制造与供应链的问题已经不再只是手机等移动通信设备领域的问题，而是涵盖了家电、汽车、人工智能、大数据等重要领域，因此国内许多企业和科研机构正在这方面不懈努力、寻求突破。实践证明，大型民企通过自主研发、狠下决心攻关相关技术，是克服外国在关键技术上"卡脖子"的一条有效途径。在呼唤芯片领域早日出现下一个华为和格兰仕的同时，政府应该积极引导与配合这些民企，以鼓励这种具有真正企业家精神的企业，让它们能够更加坚定信心、保持恒心。

（二）如何引导民营企业进一步发展

如果说国有企业，特别是央企在国民经济中扮演的是国家队的角色，抢占的是具有战略意义的产业和科技制高点，那么民营企业则是解决民生问题的主力军。无论是当年在解决国有企业下岗职工再就业问题上，还是今天为庞大的人群提供就业机会、促进社会稳定方面，民营企业都发挥了不可替代的作用。4000多万家各种各样、大大小小的民营企业，还构成了中国经济竞争力的基础，并以类似于一种分布式计算的方式形成中国经济的一张"神经网络"，是市场经济之所以能促进资源的有效配置和要素的合理流动的机理所在，也是"一体多元"在经济上的最好体现。

中国民营企业，特别是许多中小民企生产了很多物美价廉的各类商品，是包括美国在内的许多其他国家的人民生活所必需的。中国民企通过生产和在国际市场销售这些商品，加深了中国与国际，尤其是中美两国经济上的联系，为防止全球最重要的两个国家在经济上脱钩做出了贡献。例如，2021年7月19日美国及其西方盟国发表声明，谴责中国操纵所谓的"网络攻击"，把3月份针对微软交换伺服器发动的一波网络攻击归咎于来自中国的幕后操作。美国之前也就所谓的网络攻击对俄罗斯进行过类似谴责，并对其实施了相应制裁。但与美国对付俄罗斯的手段不同，美国没有立刻就中国对美发动所谓"网络攻击"对中国发动制裁攻势。有分析认为，这与中美经济领域高度互嵌有关。首先，中国生产的很多产品是美国经济结构中不可或缺的，中国4000多万家民营企业提供了无数物美价廉的商品给美国，大大地增强了美国人民的福利，也为美国防止恶性通货膨胀的发生提供了重要保证。其次，中国是美国企业重要的市场，中国现在是包括苹果公司、通用汽车公司在内的一批美国大型企业的第一大市场。而反观美俄之间的关系，两者在经济上没有很大的交集。因此，美国投鼠忌器，不敢贸然在经济上制裁中国。

2020年新冠肺炎疫情来袭时，中国承受了巨大的经济下行压力，政府当机立断，通过实行"六稳"和"六保"政策，及时稳住了经济基本盘。而"六稳"和"六保"的第一项都是关于解决就业问题。中国之所以不需要像美国那样直接向民众发放大量现金救助就能够渡过疫情所引起的经济难关，一个主要原因就是中国有这4000多万家民营企业为数量庞大的普通民众提供就业或创造收入的机会。仅是这其中的2000多万个体工商户就提供了2亿多个就业岗位。因此，我们可以把这4000多万家民营企业看成是中国的一张不可或缺的社会保障网。保护它们、让它们健康成长，是实现社会稳定的基础。在"六稳"和"六保"的政策背景下实施的一系列企业帮扶政策，为广大民企，特别是中小微企业带来了实实在在的帮助，应该被制度化、常态化。

中国经济在持续了40多年的高速增长后，增速放缓作为一种趋势，是多种因素叠加造成的。GDP的增速只要能稳定在一个合理的区间，放慢一点并不是一件坏事。大力度的环保、减碳和反腐也都挤出了GDP中的水分，使经济的增长模式具有更强的可持续性，并更加符合人民的长远利益。与此同时，中国企业的综合成本，在包括人口老龄化（导致人力成本上升）和其他国家实行量化宽松（导致原材料涨价）在内的因素驱动下，在一定时期内将保持上涨的趋势。在增长放缓和成本高企的经济大环境之下，建立在技术创新基础上的产业升级，不但是民营企业自身的出路，也是帮助中国成功跨越中等收入陷阱以成为发达国家的关键。

从上述分析可以看出，数量庞大的中小微民营企业中的大多数还处于求生存的艰难阶段——处在高压之下，时刻要为生存担忧，又如何能全身心地投入创新呢？例如，很多中小微民企靠租用小产权房作为厂房，遇到拆迁不受法律保护，连生产场所的稳定性都不能保证，谈何创新？除了受经营环境等客观条件制约，大多数的中小微民企也缺乏主动创新的意识，并且不具备技术创新的能力。但我们不应对本来处境就很艰难的中小微民企在技术创新上有过多的苛求，毕竟这些企业在提供就业机会、稳定民生方面已经发挥了重要的作用。

正如习近平总书记指出的那样，"关键核心技术是要不来、买不来、讨不来的"，必须靠我们自己努力。[①]在以研发促创新方面，大型民企，特别是高端制造业和高科技产业的一些企业是有意识

---

① 中国政府网.习近平：在中国科学院第十九次院士大会、中国工程院第十四次院士大会上的讲话[EB/OL].(2018-05-28)[2021-11-01]. http://www.gov.cn/xinwen/2018-05/28/content_5294322.htm.

的，也是具备这种能力的。因此，要推动中国经济向创新驱动转型，除了靠国有企业和科研院校，还要鼓励和支持像华为、格兰仕这样的有信心、有恒心并始终保持开放和向世界学习的态度的大型民企。在科技创新的许多方面，特别是那些偏应用型的和与民生紧密相关的领域，民营企业由于其对国内外市场的敏锐嗅觉和更接地气的经营模式，往往还有一定的优势。例如，新冠肺炎疫情给社会生活带来前所未有的挑战，也迫使我们更大程度地推进数字化、网络化，需要我们在这些方面做技术上和商业模式上的进一步创新。而实践表明，这些领域并不是我们的国有企业和一般科研机构所擅长的。战略武器研发、航天、宇宙探索这些高精尖的科研项目固然重要，但我们不能忽视的是，冷战时期的苏联曾经在这些领域领先或至少不落后于西方阵营，但由于在经济方面被西方孤立起来、国内市场与世界脱钩，进而导致民用领域全面落后、民生经济发展不充分。这是最终导致其解体的重要原因之一。我们要牢记苏联解体的教训，继续发挥市场经济的力量，依靠民营企业推动民用技术的进步和民生经济的发展。因此，我们需要帮助民企，而不是打压它们。某些领域的民企发展过于迅猛，监管还未完全跟上，这个时候，对于这些企业应采取以"疏"为主的政策，引导它们进入更加健康的发展轨道，而不是用"堵"的办法，更不能一棒子打死。另外，我们还需要继续加深对外开放，并在某些领域在不得已的情况下实施单边开放，而不是把自己封闭起来。例如，在目前国内资本市场发展尚不成熟的情况下，我们还是需要美国的资本市场的，应利用它来帮助我们的企业更快地发展，从而进一步推动生产力水平的提高。

总的来说，大部分中小微民企忙于求生存，对于研发和创新目前可能不会有很大的直接贡献，但它们是解决就业和民生问题的主力军，因为它们的存在，社会的和谐稳定就有了经济基础。因此，对它们要大力地保护、爱护，让更多的中小微民企可以生存下来，继续发挥它们对于社会和经济的积极作用。只要有合适的土壤，一些中小企业就有机会做大做强，甚至成为下一个华为或格兰仕。而大型民企因为经济增长放缓和成本高企，通过研发和创新去巩固和扩大其竞争力优势本是企业自然的战略选择。然而近一段时间以来，一些涉及民企及其应有地位的错误认知和不当舆论还在发酵与传播之中，如果不加以控制，将会使企业家投资信心下降，创新的积极性也会受到一些影响。2018年11月1日，中共中央总书记、国家主席、中央军委主席习近平在北京人民大会堂主持召开民营企业座谈会并发表重要讲话，彰显了中央对民营企业的重要地位和作用给予充分肯定，给广大民营企业家吃了定心丸。长远来讲，如果要从根本上解决民营企业家对于未来发展的信心问题，就需要立法保护民营企业的合法地位和权益，并推动循法而行、依法而治的深层次法治改革，使这些利好民企的政策与法规在执行上实现制度化、规范化和常态化，为社会主义市场经济的长期繁荣打下良好的制度基础。

二、国际环境分析

改革开放以来，中国社会经济发展取得了巨大的成就，创造了人类发展史上前所未有的"中国奇迹"。民营企业为这一"奇迹"的诞生贡献良多①。然而截至 2020 年，根据世界银行的数据，按现价美元计算的中国人均国内生产总值（GDP）虽然连续两年超过 1 万美元，却仍然没有达到世界平均水平（约为世界平均水平的 90%），这意味着我们在其后十五年内依然必须保持中高速的增长，才能使人均 GDP 在 2035 年达到中等发达国家水平。而要实现这一目标，营造良好营商环境以帮助民企健康成长至关重要。

"十四五"规划和 2035 年远景目标纲要将全员劳动生产率增长高于 GDP 增长定为"十四五"时期经济社会发展的一项主要目标。全员劳动生产率是 GDP 与全部就业人员总劳动时间的比率，这一指标衡量的是劳动力要素的投入产出效率，即每个劳动者单位时间内所创造的产品和服务的价值。如果让全员劳动生产率的增长速度高于 GDP 的增长速度，那么全部就业人员的总劳动时间必须下降。在保持 GDP 以合理速度增长的前提下，这意味着用更少的总劳动时间创造更多的经济产出。中国经济增长模式已经由过去的要素驱动型逐步转向创新驱动型，在这样的大背景下，这一政策目标的制定表明"十四五"期间及其后的相当长时间内的经济发展将更加依赖由技术进步和创新所带来的效率提升，而不只是通过扩大劳动力或资本等经济要素的投入来获得。

在提升经济效率方面，从过去 40 多年改革开放的实践经验来看，民营企业功不可没。由于我国 80% 以上的城镇就业由民营企业提供，未来要实现以劳动生产率提高为驱动的高效、高质量的增长，民营企业将继续扮演无法代替的角色。引进学习国外先进

---

① 关于民营企业对中国国民经济发展做出的贡献，在《中国民营企业现状（一）：国内环境分析》中有比较详细的论述，此处不再赘述。

技术和自主创新是民营企业推动经济效率提升的两个主要渠道。然而当前严峻的国际环境对民营企业的发展带来挑战，无论是在引进技术还是自主创新方面，都存在不小的困难。

（一）国际环境为民营企业带来的挑战

在 2020 年新冠肺炎疫情发生以前，中国民营企业所面临的国际环境已经不容乐观。首先，2018 年特朗普政府对中国商品加征关税，引发中美贸易战，直接影响了大量以美国为主要出口对象的民营企业。超过 30% 的中国 500 强民企认为中美经贸摩擦对企业造成的影响呈加剧趋势，其主要影响包括关税冲击导致对美出口成本增加、出口业务下滑、美国营商环境不确定因素增加等。其次，西方发达国家在高科技领域和高端制造业总体上具有领先地位，它们生产的很多产品在全球市场没有替代品，具有强大的国际竞争力，是包括民企在内的中国企业暂时无法超越的，使得大多数中国民企短期内无法进入国际产业链的高价值环节。而在劳动力密集型行业，中国过去具有的成本优势正在或已经消失，其他发展中国家更低的劳动力成本对大量聚集在价值链底端的中国民企带来直接的挑战。

自新冠肺炎疫情暴发以来，民营企业经营的国际环境总体来看进一步恶化。新冠肺炎疫情虽然为西方国家带来巨大的经济下行压力，但并没有在根本上撼动其社会经济的基本盘，它们在高科技和高端制造业领域依然保持着领先地位。更为严重的是，这场还在持续的疫情使得西方社会很多民众出现极端化情绪，种族主义、民粹主义和其他非理性思潮大有抬头之势。一方面，西方国家的一些政党和政治人物借机进一步煽动民情，以便把本国疫情管控失败的责任扣在中国头上。另一方面，以美国为首的西方国家普遍出台更加强硬的对华政策。拜登政府至今（2022 年 8 月）没有撤销特朗普推出的针对中国产品的关税政策。在某些科技领域，拜登政府对中国采取了比特朗普政府有过之而无不及的精准封杀政策，并扩大投资禁令和出口限制，使得包括华为在内的一批中国民企深受其害。

今天中国民企所面临的问题已不只是国内和全球经济增长放缓、新冠肺炎疫情、贸易战等单个独立的因素所带来的冲击，在百年未有之大变局下，它们所面对的国际环境处在深刻和快速的变化之中。就目前的趋势来看，民营企业在可预计的未来将承受综合性和结构性的压力。对于这些压力的来源，可以从以下三个方面来分析。

1. 新冠肺炎疫情影响还在持续

新冠肺炎疫情自 2020 年开始席卷全球，对各国社会经济生活和国际产业链的运转都带来了前所未有的巨大影响。从国际环境来讲，由疫情导致的并对中国民营企业带来较大负面影响的主要有三个方面的问题：海运成本高企、芯片短缺和大宗商品价格上涨。

目前大约 90% 的全球贸易是通过海运完成的。集装箱是全球化的标志之一。而从 2020 年开始，国际物流和海外港口效率受疫情影响，大量空箱在欧美等地积压，导致中国大量缺箱，从而推高海运价格，有的热门航线的价格成倍增长。分析认为，美国超发货币后的需求猛增以及美国港口工作效率的低下是导致本轮海运成本大幅上升的主要原因。新冠肺炎疫情导致美国消费者的消费支出结构发生改变，原来的旅游等体验消费转为电子产品和家居用品等消费品消费。而美国政府对居民发放现金援助也进一步促进了消费品消费。这些都使得美国进口大幅增加。美国港口长期以来就存在运营效率低的问题。世界银行和 IHS Markit 发布的集装箱港口绩效指数显示，美国没有一个集装箱港口排在全球前 50 名以内。而疫情使得美国港口的运转雪上加霜。许多接受补助的港口工人选择不去工作，港口和仓库的劳动力严重不足，从而导致美国港口运转不畅，成为影响全球海运供应链的瓶颈所在。截至 2021 年 11 月，海运价格还保持着上涨势头。上海航运交易所 2021 年 7 月 23 日公布的中国出口集装箱运价综合指数在最近两个月上涨了 29%。新冠肺炎疫情前，青岛至芝加哥航线一个 40 英尺（40HC）集装箱的运费在 2000 美元上下波动，疫情后价格一度超过 2 万美元，暴涨 5—10 倍。青岛一家国际物流公司表示，他们现在每月出货量不到疫情前的 25%，并开始担忧高企的运价会让美国客户放弃从中国采购。一些位于天津、广州和深圳的从事外贸的民企反映他们的出货量大减，而最近一段时间以来的海运成本有时甚至高于货物本身的价值，使得欧美客户越来越难以承受。

自 2020 年下半年以来，疫情还直接或间接地引发了一场全球汽车供应链的"芯片荒"。半导体产业链是全球化程度最高的产业链，必须以合作的方式才能完成。供应链一旦受损，整个行业都会受影响。2020 年下半年以来，中国境内最大的芯片代工企业中芯国际由于受到美国持续制裁，产能受到影响，2018 年按市场份额曾是全球第四位，到 2021 年第一季度降到第七位，更进一步加剧了全球芯片的产能紧张。德尔塔变异毒株在东南亚蔓延以来，芯片产业链重地马来西亚疫情严重，已经持续近一年的汽车芯片供应不足问题更趋严重。2021 年 3 月以来，上汽大众等大型车企就出现过因为芯片短缺而导致暂停生产的情况。除了以国有企业为主导的合资汽车品牌，多家民营汽车企业同样面临芯片短缺问题。8 月，吉利汽车集团就宣布由于芯片供应不足，作为旗下品牌的几何新能源汽车几乎已经没有库存。除了汽车行业，手机、游戏机、摄像头制造企业也同样受到"缺芯"的影响。分析认为，芯片短缺还与汽车行业与消费电子行业同步超预期复苏从而导致芯片需求量的大幅上涨有关。疫情曾一度导致汽车销量下滑，使得汽车生产商取消了一大批芯片订单。而随后的销售反弹让车厂以及芯片商始料未及，无法从容应对。受到疫情影响，芯片制造商在增加产能方面相对比较保守，也导致芯片产能相对不足。2021 年 3 月开始，英特尔、台积电和三星等半导体制造业巨头都陆续计划投资扩大生产规模，然而这些计划在一到两年内还不能转化为产能。根据生产奔驰的德国戴姆勒公司预计，全球汽车行业到 2022 年都无法完全摆脱芯片短缺造成的供应链危机。这将为一大批为汽车制造商提供配套、以生产汽车零部件为主业的中国民企带来挑战。

自新冠肺炎疫情暴发以来，国际大宗商品价格已经经历了一波快速上涨的趋势。2021 年 4 月底的 CRB 现货综合指数为

532.1，一年内上升了51%。包括原油、铁矿石、煤、铜、焦炭在内的工业原料涨幅超过了60%。农业大宗商品方面，大豆、玉米等主要农产品价格也创近年来新高。最近几个月某些大宗商品的价格虽然有所回落，但总体来说仍然居于高位，未来不能排除长期上行态势。分析认为，美国为提振其饱受疫情打击的经济而实行的一系列货币和财政政策是大宗商品价格上涨的最主要原因。美联储实施的无限"量化宽松"政策，以及拜登政府推出数轮财政刺激计划，自2020年以来已经导致超过6万亿美元的新增货币流向各类市场，从需求侧推高了大宗商品的价格。从供给侧来看，作为资源类大国的大宗商品主要出口国大多是发展中国家。这些国家受到政府自身治理能力和疫苗供应不足等因素制约，疫情无法得到全面有效的控制，在当前病毒变异、传染性增强的情况下，疫情随时有反弹甚至失控的风险，进而对这些国家的生产和物流环节造成影响，导致国际大宗商品供应不畅。由国际大宗商品涨价带来的对从事制造业和外贸的大量中国企业的影响短期内不会彻底消失。原材料价格上涨导致经营成本上升、利润空间受挤压，已经造成部分民企面临"增产不增利"的困局，其中中小企业受影响更大。

2. 中美交恶与"金融脱钩"带来的风险

不管我们的主观愿望如何，中美关系已经进入了全面竞争的时代，中美在各个领域将以合作、竞争、对抗、冲突等多种形式开展多维度的互动。然而，在哪些领域应该以合作为主、在哪些领域会以竞争或对抗为主，如何尽量避免和管控冲突，是我们应该思考的问题。在中美全面竞争的背景下，在与国家安全有关的领域里中美之间的竞争甚至对抗在一定程度上将无法避免。但在不涉及国家安全的领域，特别是涉及民生的科技应用和经贸领域，中美之间有着广泛的交集，应该以此为基础加深和拓展在这些方面的合作。在促进科技创新方面发挥了重要作用的金融业（特别是其中的风险投资业），就是一个中美双方完全可以互利共赢的领域。

美国成熟的金融系统为其科技创新型企业的崛起提供了强有力的支持。美国的风险投资基金行业，在经历了七十多年的发展后，早已成为助推美国创新经济起飞的重要力量。募集社会闲散资金，以专业化和分散化为投资原则，美国风投业有效化解科技成果转化过程中的高风险，成为促进美国科技成果转化的最有效途径。美国国家风险投资协会（National Venture Capital Association）的研究显示，从 20 世纪 70 年代以来，美国风险投资的资本总量只占整个社会投资总量的 1% 不到，但是受风险投资支持而发展起来的企业的经济产出占到了美国国民生产总值的 11%，产出投入比达到 11 : 1。1974 年到 2015 年这段时间，在美国上市的所有公司中的 40%（共 556 家企业）曾获得风投资金，这些公司在研发支出上占所有上市公司的 85%，在股票市值上占上市股票总市值的 63%，雇佣的员工总数超过 300 万人。根据哈佛大学勒纳（Josh Lerner）教授的研究，与包括技术创新促进政策在内的常规经济政策相比，风险投资对于技术创新产生了三倍以上的贡献。与风险投资关系紧密的中小企业创业还创造了 70% 多的美国新增就业机会。

美国风险投资业的成功不是一蹴而就的，它也绝不仅是市场经济无拘无束自由发展的产物。在其发展的过程中，美国的国家意识和政府行为起到了非常重要的作用。[①]一个国家要打造出成熟的风险投资业，是一个复杂的系统工程。其中的一个必要条件是需要有能与之匹配的高效的金融和资本市场，使得风险投资基金公司可以通过推动其所投资的初创企业上市而退出并获利。至少在目前看来，这一点正是中国所欠缺的。美国风险投资业的运转横跨美国东西部，是一个连接硅谷和华尔街的生态圈。风投基金公司为中小企业提供的不只是资金，还为它们提供量身定做的专业运营知识辅导，并帮助这些初创企业与广泛的行业网络取得联系。

中国的风投业从诞生至今，30多年来有了长足的进步，整个金融业也发展得很快，但和美国相比差距仍然巨大。美国风投业的成熟模式和一些成功经验，是值得中国学习借鉴的，中国风投界的领军人物也多受到美国的影响，大多有在美国留学和工作经历。[②]但是美国的风投行业的运行模式，中国不能完全照搬，因为两国的制度有很大不同。总的来看，中国在风投领域还属于正在发展的阶段，还在学习和摸索一条属于自己的道路。在过去的二三十年里，美国风投业也直接或间接地促进了许多中国科技型初创企业的发展。中国互联网经济的飞速发展，就和具有美国背景的一批风

[①] 关于美国政府在促进美国风险投资业发展中起到的积极作用的详细讨论，见琳达·魏斯（Linda Weiss）所著《美国公司》（*America Inc.*），以及玛丽安娜·马祖卡托（Mariana Mazzucato）所著《创业之国》（*The Entrepreneurial State*）。

[②] 2017年，由《界面新闻》和"今日头条"推出的"中国顶级风险投资人"排行榜中，排名前三位的都是留美海归。

投公司有很大的关系。在我们耳熟能详的阿里巴巴、腾讯、京东、美团、今日头条等互联网企业崛起的背后，都有这些风投基金的参与。在实体经济领域，代表着增长新动能的高科技制造业和新能源领域的中国初创企业也同样获得美国风投业的帮助。蔚来和理想这两家新能源汽车行业的后起之秀就是其中的代表，在获得美国风投基金的支持后事业迅速发展，在公司成立后只用了四五年时间就分别在纽约证券交易所和纳斯达克成功上市。

从支持民营企业发展，特别是帮助初创企业以科技创新促进经济增长的角度来看，包括风投基金在内的金融业应该是中美之间需要鼓励合作共赢而不是脱钩的方面。如果我们自己的金融业还不够成熟，还无法为民营企业特别是科创型中小企业的成长提供更有力的支持，那么这方面就是我们需要明确态度坚持开放，甚至是单边开放的领域。虽然自特朗普上任以来，中美两国关系下滑，但由于两国在风投和资本市场领域互惠互利的基本面没有改变，两国相关行业和监管部门间有过默契，在一段时间内延续了以往的"战略模糊"，或者说是"睁一只眼闭一只眼"的情况，让这种双赢合作能继续下去。中国企业通过所谓的"可变利益实体"（Variable Interest Entity, VIE）模式赴美上市融资就是这样一个走法律和监管的灰色地带以避开行政限制的例子。从新浪开始，到后来的百度、搜狐、京东、拼多多等中国互联网公司，都是通过这种模式在美国上市的。

然而最近两年以来，中美两国互动出现了一些新的趋势，双方都趋向于不再保持原有的"战略模糊"，而使得两国在风投业乃至整个金融领域脱钩成为一种现实的可能。美国 2020 年 12 月通过了《外国公司问责法案》（*The Holding Foreign Companies Accountable Act*），要求在美国上市的外国公司必须遵守美国的审计标准，否则将面临退市。该法案还规定，已经在美上市的外国公司如果连续三年未通过美国公众公司会计监督委员会（PCAOB）的审计，那么这些企业将必须从美国股票市场上退市。美国证券交易委员会主席加里·詹斯勒在 2021 年 8 月 16 日通过推特发布的一段视频中表示，在中国企业能够充分且合规地披露公司运营信息之前，美国证券交易委员会将"暂时"停止这些中国企业利用 VIE 架构在美上市。詹斯勒还指出，如果中国企业没有在未来三年内提供它们的财务记录和审计底稿，那么这些企业不管是通过 VIE 还是其他方式，都无法获得在美国上市的许可。这种变化表明，认同政治（identity politics）在新冠肺炎疫情发生后的有限全球化时代愈演愈烈，已经更深刻地体现在经贸领域中的中美关系上了。而对中国的民营企业而言，这样的趋势发展下去会产生非常不利的影响。

具有美国背景的风投基金的资金募集端和退出端通常都在美国，即通过在美国筹集资金、投向中国初创企业、扶持这些企业直至帮助它们在美上市而实现获利并退出，完成一个完整的风投周期。这样的"两头在外"的运营模式在过去二十多年相对稳定，但在现在的形势下是否还能延续下去，带有很大的不确定性。中国的资本市场虽然发展迅速，但目前来看还不够成熟。相比而言，美国的资本市场对各种新型产业里的创新企业具有更强的价值发现能力和容纳能力。美国资本市场还具有一系列有利于创投活动的制度设计，例如在减持政策上就比中国的资本市场对风投基金更加便利。如果美国资本市场不再欢迎中国企业，那么美元风投基金支持的创新型企业将很难在美国股市上市融资，也就使得美元基金无法顺利退出、完成投资周期。这些变化将对这些多年来扎根于中国的美元风投基金的运营带来很大的阻碍，从而对它们所支持的中国民企的创新创业行为带来负面影响。

中小企业融资难是一直以来困扰民企、阻碍其健康发展的老问题。[①] 美国风险投资机构在过去 20 多年对科技创新型中国民企的发展发挥了非常积极和重要的作用。很多现在成功的中国高科技企业，在发展起步阶段都得到了美元基金的支持。根据美中关系全国委员会 2019 年 5 月 8 日发布的美中投资项目报告（U.S.-China Investment Project）显示，从 2000 年到 2018 年，美国风险投资机构共参与 2500 多轮次的中国企业融资，为中国初创企业带来了 520 亿美元的投资。美国风投机构仅在 2018 年一年内就在中国参与 330 多个风险投资项目，投资总额达到 190 亿美元。中美风投和资本市场的脱钩趋势一旦加剧，人民币融资难的老问题恐怕将在一段时间内很难彻底改观，中国民企特别是初创企业在直接融资方面将面临更大的困难，从而推高民企综合融资成本、加大创业难度。

3. 精英阶层、知识界和金融界人士在西方媒体中表达的对华态度

在中美全面竞争的背景下，美国政府受政治和意识形态的影

---

① 关于中小民企融资难的详细讨论，见《中国民营企业现状（一）：国内环境分析》。

响，在涉及中国的表态时经常无法做到客观公允。但西方国家的资本和金融界以及知识界的一些精英往往能更加中立和理性地看待相关问题。他们借媒体发出的声音是值得我们好好聆听并为之冷静思考一番的。2021年7月，《金融时报》（*Financial Times*）前总编莱昂内尔·巴伯（Lionel Barber）在伦敦政治经济学院接受访谈时称，中国政府在中美贸易摩擦的背景下，出现了歧视赴美上市的中国民企的趋势，不难让人联想到阿里巴巴和滴滴出行等公司最近发生的一系列事件。需要明确的是，中国政府彼时一系列的政策调整，如反垄断、加强数据安全、防止教育资本化、保护新业态劳动者权益等，都是符合中国长远国家利益的正确决策。但在调整国内政策时，中国作为一个大国，还应该考虑"溢出"效应。例如，美国有一套法律程序来制裁垄断企业，企业也可以通过法律手段来维护自身的合法权益，政府和企业之间还可以通过举行听证会、协商等途径解决矛盾和分歧。中国在这方面的制度设计上还比较欠缺。政策执行下来，令国内和国际资本市场的投资者们措手不及，引发美国股市中的"中概股"在短时间内出现惊人的跌幅，被有些人形容为"割韭菜"。这当然不是政策调整的本意，但难免有人借题发挥。有些部门和地方政府的粗暴执法，加之追求流量的社交媒体毫无底线地妖魔化民营企业家，使得一些民营企业家心寒。这种总体气氛也很快影响到外国投资者。

因此，我们不应该忽视国内近期的一些重大政策调整对中国民营企业国际环境可能造成的影响。英国《经济学人》（*The Economist*）杂志于2021年7月31日刊文称，中国近期出台的有关教培行业的管制政策将成为中国民企和资本市场的一道分水岭，以往美国风投基金助推中国初创企业迅速成长后再赴美上市的这一收回投资并获得回报的有效渠道将不再畅通。受到这种论调的影响，一些人认为此路一断，国内和国际的各种资本对中国创新和投资的热情都会受影响，中国企业家获得创新创业所需资金的成本也将随之上升。文章还指出，更为重要的是，资本市场有自己的运行规律和逻辑，而不是一个监管当局能随意开关的水龙头。在形容国际资本市场对中国采用的监管方式的看法时，此文还用了一个英文里不常出现的单词"high-handedness"，可以解释为"以比所需的更有力度的方式使用权力或权威"。

"报业辛迪加"（Project Syndicate）是一个被称为"世界上最具智慧"的评论专栏网站，其中刊发的文章主题涉及全球政治、经济、科学与文化，作者来自世界顶级经济学者、诺贝尔奖得主等思想领袖。2021年7月，摩根士丹利亚洲区前主席、现任耶鲁大学杰克逊全球事务学院高级研究员史蒂芬·罗奇（Stephen Roach）在"报业辛迪加"上发表了一篇文章。不同于《经济学人》这类属于信奉新自由主义经济学阵营的倾向保守又不真正了解中国的媒体代表——时常发表一些对中国的负面评论以博眼球——罗奇在过去20多年来一直看好中国经济发展的前景，并在增进中美经贸关系、提升美国对华投资热情方面扮演了积极的角色。而他在这篇文章中表示，中国正在"打压"驱动其自身经济成长所依赖的商业模式，这令人不安。罗奇还提到，过去25年来，他是一个坚定的乐观主义者，现在却对中国经济的发展方向陷入了深刻的怀疑。像罗奇这样的华尔街精英看问题时基本上是非常理性而不带有意识形态偏见的，如果连他们都开始改变其一贯的看法，那么说明西方对中国产业政策所持的偏见问题可能真的有些严重了。

当然，我们所处的这个世界是复杂的，国际舆论场上也是鱼龙混杂。金融界里的一些靠投机起家的资本大鳄，例如索罗斯，一直以来对中国是抱有成见的，甚至是怀恨在心的。1997年发生亚洲金融危机时，索罗斯在亚洲其他国家所向披靡，唯独在企图以卖空港币来狙击中国香港时栽了个跟头，损失惨重。他最近也跑出来，在包括《华尔街日报》在内的一些媒体上发声，说中国现在是要抛弃市场经济而转向计划经济。这样的危言耸听，将对国际投资者产生非常负面的影响。但无论如何，从西方媒体折射出来的国际资本市场对中国的反应是值得我们关注和分析的。兼听则明，在政策落地过程中，我们在细节上持续完善，不仅收到了预期效果，更赢得了国际声誉。《经济学人》2021年8月14日又刊登了一篇关于中国正在通过各种方式努力提升生产力水平的文章，其中就对中国政府在过去几十年里显示出的强大的自我矫正能力表示了惊叹。此外，我们还应该更加积极主动地回应国际舆论，为市场经济、民企地位以及坚持改革开放、欢迎外国金融界和企业界继续开展对华合作与投资做出明确的表态，以正视听。只要我们做好这些"国际公关"工作，西方媒体就会有所反应，外国的资本和企业界人士也就能更好地理解中国目前所推行的改革的合理性和必要性。

（二）如何为民营企业发展营造良好国际环境

民营企业是推动中国经济向高质、高效的创新驱动型发展模式转型的重要力量。从市场竞争的摸爬滚打中成长起来的中国企业家普遍具有企业家精神，他们敢于开拓和创新。民营企业在科技创新中已经发挥了十分突出的作用，它们近年来为我国贡献了70% 以上的技术创新和新产品。许多新经济、新业态在中国的诞生和发展都是民营企业推动的，为中国经济的发展不断带来新的惊喜和增长点。民营企业的这些创业创新活动，除了需要有良好而稳定的国内营商环境与之配合之外，也离不开一个适宜的国际环境。实践证明，不管是对一家企业还是一个经济体而言，闭门造车都是行不通的。

海运成本高企、芯片短缺和大宗商品价格上涨等这些由疫情和地缘政治带来的国际商业环境的变化对中国民企确实造成了不小的困难。但应当看到，这些不利因素是阶段性的，它们不太可能对民企的发展构成永久性伤害。在某些条件下，这些压力甚至可以转换为促进民企技术升级转型和自主创新的催化剂。中国政府也有能力采取针对性的政策，来帮助民营企业特别是广大中小微企业应对和解决这些眼前的困难。当前还是要做好国内疫情的常态化管控工作，不可掉以轻心，保证国内社会经济的基本运转不中断。这样，中国作为全球产业链的重要组成部分的地位就会得到巩固和加强，中国制造将保持在国际市场的不可替代性，中国因此也将吸引更多的外资来中国布局新的和扩大现有的各类产业的生产规模。

帮助我们解放和发展生产力的国内和国际各方面的力量都是我们应该保护和支持的。从这个角度来看，民营企业是解放和发展生产力的重要元素，近二十多年来帮助中国民企创新创业的美国风险投资基金以及以华尔街为代表的金融资本发挥过的积极作用，一定程度上推动民生问题的解决和经济的发展的实际，是需要我们考虑并给予公正对待的。我们绝不能小看这些民生和就业问题的解决，中小民企这些看似不起眼的创业创新举动，能促进经济的发展、创造出更多就业的机会，也能为我们腾出手来解决那些要不来、买不来、讨不来的关键核心技术创造民生、人才和经济等各方面条件。当然，美国的风投基金公司在商言商，它们来中国投资肯定是为了盈利的。美国的风投资本和华尔街如果能帮助我们发展民营经济，也就是在间接地帮助我们发展高科技。美国投资者出钱出力并承担风险，帮助中国企业创业创新，赚取一些合理的回报，本应能够实现中美合作的共赢。

2021 年 9 月 2 日，习近平总书记在 2021 年中国国际服务贸易交易会全球服务贸易峰会上发表视频致辞，强调中国将提高开放水平，并指出要"继续支持中小企业创新发展，深化新三板改革，设立北京证券交易所，打造服务创新型中小企业主阵地"。[①] 这样利好中国民企创业创新的举措可谓正当其时。我们应当大力传播中国鼓励和支持民营企业发展的制度性举措，让中国的民营企业家放心，让世界放心。但是，我们不应当不切实际地希望它产生立竿见影的效果。要打造一个全链条的成熟的能有效助推中

---

① 习近平. 在 2021 年中国国际服务贸易交易会全球服务贸易峰会上的致辞 [J]. 中华人民共和国国务院公报 ,2021(26):5.

小企业创业创新、从风投到上市的金融生态圈，是需要时间来沉淀的。中国在这方面可以学习借鉴西方金融业发展模式中好的方面，摒弃其经实践检验后运转不灵的、造成社会发展阻滞的方面。而要做到这些，除了有正确的方向，我们还需要有耐心和恒心，在具体实施上一步一步地探索和推进。

如上文所述，美国风投业诞生于七十多年前，美国金融业更是经历了两百多年的发展，才达到今天的相对成熟和繁荣。中国现在的股票市场，特别是新三板的大致结构和美国非常相似。我们在资本市场方面差的不是硬件，也不缺资金。但是在软件或者文化上，中国与美国有着非常大的差异。从北美殖民地武装反抗英国、美国建国开始，"自由主义"和"反权威主义"就一直是美国文化的基本特征。这样的文化土壤催生出的敢想敢做的精神，利于创新创业，是其中好的方面。但是反权威如果再加上反科学，就变成了反智主义。今天的美国作为世界科技第一强国，却还有相当多的美国人相信和支持特朗普抛出的一系列阴谋论和非理性政策，也是美国这种自由主义和反权威主义的产物。而美国的创投文化也并非没有副作用。例如，正如 Facebook 总裁扎克伯格（Mark Elliot Zuckerberg）所说的，"硅谷模式"就是"Move Fast and Break Things"，即先让产品上线，有问题以后再发现、再解决。但是，这个模式被发现确实有问题，而且是安全问题，导致美国很多公司和机构的信息系统存在漏洞，从而使得美国成为黑客勒索攻击的重灾区。美国之所以能出现这么强盛的创新型经济，离不开其崇尚自由与反权威的文化。美国的文化与制度决定了美国的那些最有创新精神的人可以几乎不受任何限制与羁绊，所以特斯拉的首席执行官伊隆·马斯克（Elon Musk）在网上直播的时候可以吸食大麻，并直言他藐视美国证券交易委员会，而电影《华尔街之狼》里也反映出美国金融界人士普遍吸毒的现实。另外，美国金融界所崇尚的新自由主义也导致贫富不均的问题日益严重。美国人不听从权威的文化，和中国所处的东亚儒家文化圈的情况刚好相反。但对于促进创新来说，可能美国的这套东西还确实比较有用。这当然不是说一定要允许企业家吸毒才能促进创新，但是其中的因果性很复杂，有时候可能鱼和熊掌真的很难兼得。不过，东亚社会的儒家精神是可以弥补美国过度"自由主义"和"过度反权威"所导致的缺陷的——日本、韩国和中国台湾的企业家具有同样的创新精神，却没有产生美国那样的问题。

美国风投业成长模式中成功的方面，还有很多值得我们学习但目前还未学到的地方。例如，1957 年成立于硅谷的飞兆半导体公司（Fairchild Semiconductor），不但自身取得了巨大的成功，其核心员工还实现了二次创业，在 1961 年成立了旧金山湾区的第一家风投基金公司，在 1972 年成立了红杉资本（Sequoia Capital），此后还建立了数十家硅谷骨干企业，其中就包括今天的半导体产业巨头英特尔（Intel）和超微半导体（AMD）。这些公司被媒体亲切而幽默地称为"飞孩子公司"（Fairchildren Companies）。此外，飞兆半导体公司的离职人员还通过投资入股的方式间接地促成了苹果、雅虎、谷歌、思科、领英等企业的诞生。据统计，目前美国有两千多家科技企业的创立与飞兆半导体公司前员工的二次创业或投资行为有关，其中 92 家是上市企业。那么，作为中国"硅谷"深圳的成功企业代表的华为、腾讯或大疆又派生了哪些有名的企业呢？目前似乎还不是很多。笔者最近采访了几位曾在华为工作多年的工程师。据他们透露，一批像他们这样的资深技术人员，离职以后投资楼市、股市，有的通过利用所谓的消息炒股，在过去五年内资产翻番，比过去二十多年在华为工作赚得还多。他们表示目前没有二次创业冲动。可以看出，中国确实需要打造一个属于自己的创投生态圈。与美国模式的成功方面相比，我们的差距还很大，需要研究和学习的地方还很多。

有计划有系统地推行一系列产业政策是中国的制度优势之一，其目的在于提升各产业的科技水平，从而提高生产效率。但我们需要看到的是，产业政策作为政府干预市场的一种行为，如果由政府来挑选某些行业或企业作为重点扶持对象，即由政府来"挑选赢家"（pick the winner），是存在风险的。未来总是充满不确定性，包括政府在内的所有机构都无法总是准确地预见将来的新变化。我们应当客观地承认，有时我们也许能看准一些未来的趋势，有时则不行。因此，我们可以制定产业政策，将资源集中在一些领域，但是也要采取恰当的风险管理和避险机制（hedging）来与之配合，即要合理地分散风险，不可以把鸡蛋全部放在一个篮子里面。此外，产业政策从制定到执行是有滞后性的。从历史经验来看，在改革开放初期我们没有重视微电子业，导致现在芯片制造还处于相对落后的状态。① 现在我们奋起直追当然是对的，但是同时不能忽视其他一些看上去不太起眼、似乎不具有所谓战略

---

① 笔者2015年曾去华为深圳总部参观学习。一同前往调研的一位科技部某离休领导发言时提到，微电子业在改革开放前没有被作为重点来抓，在改革开放后的十几二十年也未得到充分重视。

意义的行业。现在国家重视机器人、新能源汽车等工业 4.0 时代的高端制造业，是非常正确的决策。但与此同时，互联网经济和金融服务业等行业对于提高经济效率也是非常有帮助的，同样需要国家政策的引导和支持。例如，支付宝、微信等支付方式代替了现金交易，光是每年全国人民线下消费购物时省掉的找零钱的时间，如果换算成 GDP 将会是一个不小的数字。这些都是值得我们考虑的。经验地看，效率提升除了靠产业政策，还要依赖企业家和民企，靠发挥市场活力，并学习美国硅谷飞兆半导体公司那样的创业创新模式，鼓励那些有专业知识、对行业有深刻理解并有创业经验的人来做二次创业和管理风投，分散投资风险，似乎更妥当。

现在西方媒体说在中国投资有监管风险、政策风险，原来支持与中国加强合作的华尔街现在可能改变立场。金融脱钩风险加大，民企陷入中美互动、由合作转向竞争与对抗所形成的旋涡之中，这不论是对想要通过科技创新迅速成长起来的初创企业，还是对想要引进技术或自主创新的大型民企而言都是不利的。疫情的发生加快了世界进入有限全球化时代的步伐，中美部分脱钩将是无法避免的。然而全面脱钩则会有更严重的后果，对于很多中国民企而言将是无法承受的。我们应反思一下形成这种不利局面的原因。华尔街怕的其实不是风险本身。因此，我们在适当的时候应该释放一些"大礼包"，例如扩大市场准入，让西方的企业界和资本界看到政策风险在每个国家都有可能存在，但只要它们能配合中国的目标帮助我们发展经济就能获得很大的利益，这样它们就不会放弃中国这个巨大的并具有很大发展潜力的市场。

　　在中美战略博弈的背景下，美国政府和反华力量想在高科技等自身具有优势的领域与中国脱钩，从而保持这种相对竞争优势。这当然不是我们想看到的。与美国相比，创投和金融领域也是我们的软肋，如果中国选择在这些方面主动脱钩，这是否会有利于我们占据战略主动呢？在中国目前金融和资本市场还不成熟的情况下，如果我们跟华尔街做切割，那么就要准备好接受在将来一段时间内民企在创业创新的发展速度上会受到相当大影响的情况。如果我们保持并加强现有的中美创投和金融领域的合作，利用美国成熟的风投业和资本市场来加快中国的创新创业，同时有条不紊地研究和学习美国金融模式好的方面、打造中国自己的创投生态圈，这样一来既能享受美国成熟金融业的正溢出效应，又可以免受其副作用的影响，同时还可以使美国华尔街和硅谷的精英们出于自身利益而为我们说话，起到分化美国内部势力、避免美国形成政商一致反华统一战线的效果，是不是一种更好的局面呢？美国政府方面，与特朗普的随意性与不可预测性相比，拜登的对华经贸政策既有延续性又更加精准，即想在核心技术领域精准封杀中国。因此，我们要在特定领域进行精准开放。除了高科技，对促进中国民企创业创新做出积极贡献的美国风投和金融界应该也属于这样的特定领域。

第三章

中国生态文明战略及低碳产业政策[①]

黄平[②]

在全球应对气候变化的政治和舆论压力下，各国纷纷提出各自碳中和时间表，我国也提出了要力争在 2030 年实现碳达峰、2060年实现碳中和的"双碳"目标。这一政策目标并不是孤立的，却与我国更宏大的生态文明战略息息相关。思考"双碳"目标下的产业政策要求我们更系统和全面地理解生态文明战略的内涵及实践。本章首先从概念的起源对生态文明概念进行了不同维度的解构，从学术和政治两个视角梳理了生态文明的内涵。其次，全面分析了生态文明战略顶层设计背后的政治构想及其与社会主义现代化建设的关系，并对其制度设计和演变，以及政策试验和实践进行了系统阐述。最后，本章提出了几点生态文明战略对未来产业政策可能产生的影响，旨在为今后的相关研究提供潜在研究方向。

---

① 本文完成于 2022 年 3 月。
② 黄平：香港中文大学（深圳）前海国际事务研究院副研究员，科技创新与可持续发展研究中心主任，高级公共管理研修项目中心学术主任。

一、引言

为应对气候变化，我国设定的碳减排目标是 2030 年实现碳达峰、2060 年实现碳中和，距今分别只有不到 10 年和 40 年的时间。"双碳"目标下中国的产业政策跟传统的产业政策相比必然面临着重大的调整。目前，不管是学界还是业界，大家对未来产业政策的认识更多停留在最直观的层面，即将其视为一种补充性政策，如增加对碳排放的约束、增加对低碳技术的支持等等。与之不同，还有一种思考是，实现"双碳"目标可能要求对产业政策进行全盘的重新思考和建构，而非仅仅是补充性的调整。这就需要把产业政策的低碳化放到生态文明战略下去重新建构。

生态文明，本质上是指代一种不同于传统工业文明的社会技术形态，体现一种更平衡的人类与物质，或者说人类与自然的关系。但是，目前西方对中国提出的生态文明理念并没有正确和清晰的认识，更多是带着某种偏见去看待我国的这一长期发展战略，主要有以下两种误读。第一，政治宣传。认为生态文明更多是一种政治口号，去不去做、什么时候做、做到什么程度，都是不确定的，而且很可能不会做到宣传上说的那种程度。目前，我国的生态文明战略在西方主流学界的讨论甚少，但是在已有的一些学术研究中，大多数研究都把生态文明视为一种战略导向，而非实实在在的政策目标。可以说，这些观点已经是相对中立的。与此相对，西方的政界和媒体对生态文明的看法更具偏见，产生了第二种误读，即"政治漂绿"。这是一种更带有偏见的解读，即将我国提出的生态文明战略视为对过去几十年生态环境破坏的洗白，而非对过去环境污染的修补。诚然，改革开放以来我国快速的工业化和城市化导致一系列非常严重的污染问题，而这也正是我国开始推进经济社会绿色转型的主要动因。可见，西方对生态文明的偏见更多是带有政治取向的，但却代表了其中一种较为主流的看法。

因此，本文将从概念出发，系统梳理生态文明的内涵，剖析我国生态文明战略的政治和制度框架，以及围绕战略目标的政策试验，旨在全面系统而客观地呈现我国的生态文明实践。最后，本文提出了生态文明战略下产业政策低碳化的一些构想。

二、生态文明概念的解构

生态文明，作为一个学术术语，是由伊林·费切尔（Iring Fetscher）最先提出的，他认为生态文明代表"人类与非人类本性之间的和平共生"。此外，美国学者罗伊·莫里森（Roy Morrison）也是最早在学术界探索生态文明概念的人之一。在他的著作《生态民主》（*Ecological democracy*，1995）中，莫里森描述了生态文明的两个属性：首先，生态文明强调人类与自然不是敌对的，而是存在于自然之中；其次，生态文明意味着人类生活方式的根本改变。

在中国，关于生态文明的学术研究始于 20 世纪 90 年代（Huan，2016）。1990 年，李绍东发表了一篇题为《论生态意识与生态文明》的文章（李绍东，1990），其中指出，生态文明是生态意识和生态实践融入社会主义精神文明建设的过程。在中国学者中，申曙光是第一个系统地研究生态文明的人，他发表了一系列文章探讨"生态文明"这一概念，例如《生态文明及其理论与现实基础》（申曙光，1994）。他将生态文明描述为以环境保护为核心的人类新文明。在 2007 年由时任国家主席胡锦涛首次在官方场合提出生态文明之前，中国学者大多是从环境保护的角度去看待生态文明。

尽管中国实施生态文明国家战略已有十多年，但在英文期刊中，无论是理论上还是实证上，关于这一概念的研究都屈指可数（Gare，2012；Geall & Ely，2018；Hansen et al.，2018；Marinelli，2018）。在英语文献中，对生态文明的普遍看法是，生态文明没有提供工业文明的替代方案，而是重复"绿色资本主义和生态现代化的全球主导话语"（Goron，2018）。而在中国学术界，对"生态文明"概念的理论探讨更为深入（汪信砚，2020；王雨辰，2020）。总体而言，从生态文明与工业文明关系的角度出发，中国学者对生态文明这一概念发展出两种观点，即"修补论"和"超越论"（卢风，2017，2019）。

"修补论"的关键论点是，工业文明造成各种生态环境问题的核心原因是生态文明精神的缺失，因此一旦人类学会如何以更加文明的方式对待自然（如保护环境、节约生态资源、绿色生活方式），工业文明现阶段出现的一系列问题就可以被"修复"，人类社会面临的生态危机最终也可以得到解决（卢风，2019）。而"超越论"将生态文明视为比工业文明更先进的人类文明形式（卢风，

2019），其关键论点是资本主义的基本逻辑（如消费主义和无限增长等）与生态文明的精神背道而驰。因此，应对人类社会面临的生态危机，根本出路是超越资本主义意识形态，拥抱完全不同的人类文明。支持"超越论"的学者认为，生态文明不应被视为工业文明的"生态化"（王雨辰，2020），而是意味着人类文明的一次根本性和全面性的革命（刘湘溶，1999）。

三、生态文明战略的制度设计与政策试验

（一）生态文明的顶层设计

2007 年 10 月，"生态文明"一词首次出现在党的十七大报告中。2007 年 12 月，原国家环保总局局长周生贤在《人民日报》上发表关于生态文明的署名文章。此后，生态文明在中国的国家议程中被赋予越来越突出和重要的位置（Hansen 等，2018）。2012 年，十八大报告将"生态文明建设"融入"五位一体"国家战略布局。同时，党的十八大通过的《中国共产党章程（修正案）》，把"建设社会主义生态文明"写入党章，并首次把"美丽中国"作为生态文明建设的宏伟目标。2017 年召开的十九大进一步巩固了建设生态文明的国家战略，将"增强绿水青山就是金山银山的意识"等内容写入党章。2018 年 3 月，"生态文明"正式写入《中华人民共和国宪法》。2021 年 7 月 1 日，在中国共产党成立一百周年大会上，国家主席习近平首次提出"人类文明形态"

的理念。[1] 其中，"社会主义生态文明"被认为是这一人类文明形态的重要组成部分。

（二）生态文明的制度建设

2015 年，中共中央、国务院印发了《关于加快生态文明建设的意见》和《生态文明体制改革总体方案》。《关于加快生态文明建设的意见》是对生态文明建设做出全面制度安排的第一个文件。这两份重要文件构成了我国生态文明建设顶层设计的配套文件，明确了总体要求、目标愿景和重点任务，提出了生态文明体制机制改革，制定了生态文明建设路线图和时间表。

2018 年，生态文明正式写入我国宪法，这标志着生态文明从政治概念向法律概念转变。随着生态文明被纳入宪法，宪法中的基本国家制度也从经济制度、政治制度、文化制度、社会制度扩展到生态制度。宪法中关于国务院职权方面的表述在"领导和管理经济工作和城乡建设"之后增加了"生态文明建设"。这意味着"生态文明建设"已成为国务院的一项重要职能，生态文明建设被摆在与经济发展和城乡建设同等重要的位置。

长期以来，政府在生态环境问题上的职责和权限比较分散，涉及环境保护、发展改革、水利、农业、海洋等不同政府部门。这导致环境治理效率低下，部门间协调成本高。2018 年，我国启动"大部制"改革，将围绕生态文明的不同政府部门分散的职责

---

① 中国政府网. 习近平：在庆祝中国共产党成立 100 周年大会上的讲话 [DB/OL].(2021-07-01)[2021-11-01]. http://www.gov.cn/xinwen/2021/07/15/content_5625254.htm.

集中到两个新部委：生态环境部和自然资源部。具体而言，生态环境部统一了生态和城乡污染排放监管和行政执法职责，而自然资源部统一了全国国土空间利用控制和生态保护修复职责。这一制度安排是生态文明顶层设计的一部分，是生态文明在我国政治体系中制度化的关键一步。

（三）生态文明的政策试验

在中国地方层面的生态文明实践中，主要采用的方法是政策试验，即通过试点的方式来开展政策创新。

早在 1995 年，国家环保局就发布了《关于开展国家生态示范区建设试点工作的通知》，这标志着我国生态试验区 / 示范区建设的启动。同年，国家环保局发布生态示范工作中长期规划——《国家生态示范区建设纲要（1996—2050 年）》。该规划对国家生态示范区建设制定了三阶段长期工作计划：

第一阶段（1996—2000 年）：重点任务是建设试点单元；主要目标是在全国建设 50 个生态示范区。

第二阶段（2001—2010 年）：重点任务是推进重点区域生态示范；主要目标是选择 300 个生态示范区，建设 350 个类型多样、特色鲜明的生态示范区。

第三阶段（2011—2050 年）：重点任务是在全国范围内推广生态示范；主要目标是使示范区总面积达到全国国土面积的 50% 左右。

第一阶段的生态示范区被命名为"全国生态示范区建设试点"。1996—2004 年，全国生态示范区建设试点共 452 个。所有的建设试点都必须根据单位地区生产总值能耗、森林覆盖率和空气质量等一系列指标进行评价。只有通过评估验收的试点，才能正式命名为国家级生态示范区。

1999 年，国家环保总局启动了新的生态示范项目，即"国家生态建设示范区"，标志着中国第二阶段生态示范的开始。据生态环境部介绍，"国家生态文明建设示范区"包括"生态文明建设示范省""生态文明建设示范市""生态文明建设示范县""生态文明建设示范乡镇""生态文明建设示范村""生态工业示范园区"等。这一新方案可以看作对原国家生态示范区方案的更新方案。早在1999 年，海南省和吉林省就被提名为第一批生态省。然而，直到2003 年《生态县、生态市、生态省建设指标（试行）》发布，国家生态建设示范区工作才全面展开。2004 年，《生态县域生态城市建设规划纲要（试行）》发布。截至 2013 年，福建、浙江、辽宁、天津等 16 个省（自治区、直辖市）开展了生态省建设，1000多个市（区、县）开展了生态市、生态县建设，其中 92 个市县（区）被授予"国家生态建设示范区"称号。

2013 年 6 月，经中央批准，由环境保护部组织开展的"生态建设示范区"（包括生态省、市、县、乡镇、村、生态工业园区）正式更名为"生态文明建设示范区"，标志着我国第三阶段生态示范工作的开始。中央政府做出的这一决定正是呼应了国家战略中生态文明建设位置的凸显。早在 2005 年，国务院就印发了《关于贯彻落实科学发展观加强环境保护的决定》，其中提到"倡导生态文明"。2007 年，国家环保总局发布《关于加强生态示范区建设的指导意见》，其中将"培育生态文明"列为生态示范的重点工作之一。此后，环境保护部开始在少数地区开展生态文明建设试点。2009 年，12 个县市被环境保护部命名为"全国生态文明建设试点"。2013 年，《全国生态文明建设试点 / 示范区指标（试行）》发布。前期试点经验无疑为指标的选择和验证提供了重要的参考。2016 年，中共中央办公厅、国务院办公厅联合印发《关于设立统一规范的国家生态文明试验区的意见》，规定所有生态文明建设示范项目均纳入"国家生态文明建设示范区"方案，由环境保护部监管。首批示范区于 2017 年公布。截至 2021 年底，共提名 498 个"国家生态文明建设示范区"。

总体来看，我国生态建设示范工作经历了三个发展阶段，不同阶段生态示范工作有不同的侧重点，这符合我国特定时期的社会经济状况。

20 世纪 90 年代后期，经过十年的经济高速发展，中国的生态环境问题日益突出。因此，在第一阶段（1995—1999 年），生态示范工作重点关注生态退化和环境破坏严重的地区，特别是广大农村地区的生态修复和污染控制（王夏晖等，2021）。这就解释了为什么第一阶段的大多数试点都在县域一级。然而，当时中国的重中之重仍然是经济发展，环境保护在政治议程中是一个相当边缘化的问题。

进入第二阶段（1999—2013 年），环境问题在中国变得越来越突出。2000 年，国务院印发《全国生态环境保护纲要》。2002 年，国家环保总局发布《国家生态环境保护第十个五年规划》。

2005 年，国务院发布《关于贯彻落实科学发展观加强环境保护的决定》，首次将生态保护置于与经济发展同等重要的战略地位（王夏晖等，2021）。在《国民经济和社会发展第十一个五年规划纲要（2006—2010 年）》中，开始强调生态修复（王夏晖等，2021）。

自 2013 年起，生态文明上升为国家战略。同年，中国贸易总额跃居世界第一，成为世界第一大贸易国（Woetzel，2019）。2019 年，中国人均 GDP 超过 1 万美元（CGTN，2020）。与此同时，气候变化和生态保护问题在国际政治中的声量越来越大。生态工作的重点已转向系统性、综合性的生态建设，在"全国生态文明建设示范区"试点方案下有"全国生态文明建设示范市／县"和"'绿水青山就是金山银山'实践创新基地"两个重点项目。国家生态文明建设示范市／县重点将生态文明融入区域发展大局，而"'绿水青山就是金山银山'实践创新基地"的主要任务是探索青山绿水资产转化的有效途径，提高生态产品供给水平和保障能力，创新生态价值实现体制机制。在这一阶段的政策试验中，一个重要任务是生态文明的制度建设，包括地方立法、标准化、干部考核制度改革等。

总体而言，生态文明在一定程度上已经成为中国的"政治现实"，体现在政策、制度和全国范围的地方实践上。

四、生态文明下低碳产业政策的构想

基于以上对生态文明概念和政治框架的系统梳理，本文认为生态文明下产业政策的低碳化，或者说低碳产业政策，应该跳出产业本身，从更宏观的角度来重新思考经济发展 / 产业发展、资源消耗和社会和谐之间的关系。有三个待解决的关键问题。

第一，如何解决产业政策与双碳目标的内在矛盾？传统产业政策的目标是促进产业发展，主要手段包括财政补贴、税费优惠、金融支持等鼓励性措施和行政管制等惩罚性工具。与之相对，双碳政策目标的本质是"限制"发展。虽然很多观点认为为了实现双碳目标，减少碳排放的努力会提高各个产业的能源利用效率，进而提高产业的生产效率。但是已有众多研究表明，高能效技术的应用最终反而会提高企业的碳排放量，即所谓的"回弹效应"。因此，产业政策与双碳目标存在内生性的矛盾。2030 年碳达峰、2060 年碳减排已经是我国中长期的战略目标，目前我们需要思考的是未来的产业政策应该如何重构以调和这种内在的矛盾。

第二，未来产业政策的边界问题。如果对碳排放的测算和评价深入到经济社会生活的方方面面，未来的产业政策的边界应如何界定？产业本身的边界又如何界定？以电动汽车为例，目前电动汽车产业的边界是很清晰的。从上游的原材料到零部件生产，再到组装交付，最后到汽车维修等售后服务，每个环节都有对应的细分产业和对应的行业协会和主管部门。那么，试想未来电动汽车生产的所有环节都记录着碳足迹，而生产出来的每辆电动汽车在每天的使用中也有相应的碳排放统计，最后汽车报废和循环利用也涉及碳足迹，那么产业的边界是否应该是整个产品的全生命周期？产业政策所指代的"产业"，即基于流程 / 属性的产业划分方式，是否还适用？相应地，与产业政策相关的体制机制和架构是不是也将随之调整？

　　第三，产业政策与社会政策的关系问题，或者说产业与企业、社会与个人的关系问题。目前，虽然不能说产业政策与社会政策完全割裂，但二者显然没有很好地融合起来。产业政策更多是为了服务于产业的发展，但产业发展的社会效应显然不是产业政策关注的重点。然而，在双碳目标下，经济系统将不得不放弃追求经济利益最大化，转而去寻求某种平衡。在这种动态平衡下，产业政策与社会政策会是一种什么样的关系？资本、企业、政府、社会与个人之间会是一种什么样的关系？

　　解决这三个关键问题，对于制定具有生态文明内核的低碳产业政策至关重要。

参考文献

[1] CGTN. China's GDP per capita just passed $10,000, but what does this mean?[EB/OL]. (2020-01-17). https://news.cgtn.com/news/2020-01-17/China-s-GDP-per-capita-just-passed-10-000-but-what-does-this-mean--NkvMWAMYNO/index.html.

[2] FETSCHER I. Conditions for the Survival of Humanity: On the Dialectics of Progress[J].Universitas, 1978, 20(1): 161.

[3] GARE A. China and the struggle for ecological civilization[J]. Capitalism Nature Socialism, 2012, 23(4): 10-26.

[4] GEALL S, Ely A. Narratives and pathways towards an ecological civilization in contemporary China[J]. The China Quarterly, 2018, 236: 1175-1196.

[5] GORON C. Ecological civilization and the political limits of a Chinese concept of sustainability[J]. China Perspectives, 2018, (2018-4): 39-52.

[6] HANSEN M, H, LI H & SVARVERUD R. Ecological civilization: Interpreting the Chinese past, projecting the global future[J]. Global Environmental Change, 2018, (53): 195-203.

[7] HUAN Q. Socialist eco-civilization and socialecological transformation[J]. Capitalism Nature Socialism, 2016, 27(2): 51-66.

[8] KHANNA N, FRIDLEY D & HONG L. China's pilot low carbon city initiative: A comparative assessment of national goals and local plans[J]. Sustainable Cities and Society, 2014, (12): 110-121.

[9] MARINELLI M. How to build a 'Beautiful China' in the Anthropocene. The political discourse and the intellectual debate on ecological civilization[J]. Journal of Chinese Political Science, 2018, 23(3): 365-386.

[10] MORRISON R. Ecological democracy[M]. South End Press, 1995.

[11] WOETZEL J, et al. China and the world: Inside the dynamics of a changing relationship[R/OL]. (2019-01-07).

[12] 李绍东. 论生态意识和生态文明 [J]. 西南民族大学学报（人文社会科学版）. 1990(3): 104-110.

[13] 刘湘溶. 生态文明论 [M]. 长沙：湖南教育出版社, 1999.

[14] 卢风. "生态文明"概念辨析 [J]. 晋阳学刊 .2017(5): 63-70.

[15] 卢风. 生态文明：文明的超越 [M]. 北京：中国科学技术出版社, 2019.

[16] 潘岳. 环境文化与民族复兴 [J]. 中国国情国力, 2003(11): 4-8.

[17] 潘岳. 论社会主义生态文明 [J]. 绿叶. 2006, 10(10): 10-18.

[18] 申曙光. 21 世纪——生态文明的世纪 [J]. 环境导报, 1994(03): 1-3.

[19] 申曙光. 工业文明危机的生态反思 [J]. 道德与文明, 1994, (05): 44-45.

[20] 申曙光. 生态文明：现代社会发展的新文明 [J]. 学术月刊, 1994, 3(09) : 4-37.

[21] 申曙光. 生态文明构想 [J]. 求索, 1994(02): 62-65.

[22] 申曙光 . 生态文明及其理论与现实基础 [J]. 北京大学学报 (哲学社会科学版), 1994(03): 31-37.

[23] 谢光前 . 社会主义生态文明初探 [J]. 社会主义研究 , 1992(3): 32-35.

[24] 汪信砚 . 生态文明建设的价值论审思 [J]. 武汉大学学报 (哲学社会科学版), 2020, 73(3): 42-51.

[25] 王夏晖 , 何军 , 牟雪洁 . 中国生态保护修复 20 年 : 回顾与展望 [J]. 中国环境管理 , 2021, 13(5): 85-92.

[26] 王雨辰 . 论生态文明的本质与价值归宿 [J]. 东岳论丛 , 2020 (8): 26-33.

[27] 张海源 . 生产实践与生态文明 : 关于环境问题的哲学思考 [M]. 北京 : 农业出版社 ,1992.

中国稀土战略的调整及其对世界市场的影响①

段啸林②　刘天璐③

　　稀土素有工业"黄金"和"维生素"之称，在新能源产业、电子元件、国防工业等产业中应用广泛，其战略意义对国家的高科技产业发展、产业升级、绿色转型等不言而喻。尤其是随着社会经济发展的需要，稀土对于数字经济和绿色经济的发展变得更加重要。中国稀土行业协会的数据显示，2020年4月份以来，稀土价格持续上涨，整体上供需关系平衡但偏紧张，未来稀土价格会进一步上涨。从供需角度看，海外新冠肺炎疫情等因素对稀土短期供应造成一定影响，以及能源等商品价格上涨推高了稀土产品的生产成本，新能源车的火爆行情也提振市场对稀土材料的持续需求。我国作为稀土储量、生产量和消耗量均居世界第一的稀土大国，稀土产业政策的调整对世界产生了巨大的影响。尤其是2011年以来，我国出台了多项政策，以推动稀土资源的可持续开发和利用，大幅度降低了稀土产量和出口量，促使世界稀土供应多元化的格局初步形成。

---

① 本文完成于2022年6月。
② 段啸林：香港中文大学（深圳）全球研究项目助理教授，主要研究方向为中国外交、民族主义和稀土战略。
③ 刘天璐：香港中文大学（深圳）全球研究项目研究人员，目前在金融部门从事产业分析工作。

一、改革开放以来我国稀土政策的转变

我国是全球稀土探明储量最大的国家。美国地质调查局的数据显示，1994 年我国稀土储量占世界总储量的 43%，2003 年至 2008 年期间达到峰值 59.3%。目前，我国稀土氧化物储量约 4400 万吨，占世界总量的 37%（见表 4-1）。从产量来看，我国稀土产业从无到有，从弱小到强大，是中国崛起的一个缩影。我国稀土产业从 1958 年开始起步，20 世纪 70 年代得到党和国家重视，并于 90 年代伴随全球高新技术产业发展得以高速成长。在此期间，传统的稀土生产国法国、日本、美国、澳大利亚等随着环境标准的严苛、劳动力成本上升，逐渐退出了稀土资源开采和加工的行列，中国在世界市场占据主导地位。

虽然国内外统计数据有较大差异，但目前业界相对认可的结论是：我国稀土产量从 20 世纪 80 年代逐年上升，并迅速跃居世界第一，并于十年前达到峰值（保证了全球市场 96% 的供应），但是随后下降，目前仍然供应世界市场的三分之二。具体到某些特定的稀土产品，中国的市场份额可能依旧很大。援引市场调研公司 TIN 负责人卡斯提拉诺（Robert Castellano）的报道，BBC 的分析文章认为，2019 年中国出口的 17 种稀土材料占全球稀土市场需求的 85%—95%。

改革开放以来，我国的稀土政策发生了重大转变，总体来看，大约可以归纳为以下几个方面：

表 4-1　世界稀土产量和储量

（单位：吨氧化物）

主要国家和地区	2020 年稀土产量	2020 年储量
美国	39,000	1,800,000
澳大利亚	21,000	4,000,000
巴西	600	21,000,000
缅甸	31,000	NA
加拿大	0	830,000
中国	140,000	44,000,000
格陵兰岛	0	1,500,000
印度	2,900	6,900,000
马达加斯加	2,800	NA
俄罗斯	2,700	21,000,000
南非	0	790,000
坦桑尼亚	0	890,000
泰国	3,600	NA
越南	700	22,000,000
其他国家和地区	100	280,000
世界总量（大约）	240,000	120,000,000

注：数据来源为美国地质调查局 2022 年报告；因为统计口径不同，其他渠道的数据可能不一致，本表仅供参考。NA 表示相关数据缺失。

一、定位方面。从关注稀土的经济价值转变为主要关注稀土对科技创新、绿色经济、国防等的战略价值。中国政府最早注意到稀土产业，是在于其对国防工业的重要作用。20 世纪 90 年代，我国经济基础薄弱，积累外汇以购买西方先进的技术、设备等是国家鼓励出口的重要原因。数据显示，稀土出口对这一时期我国外汇收入贡献巨大。数据显示，稀土出口创汇额占 1986 年我国外汇收入的 26%，1991 年占 68%。这一时期，国务院设立了稀土办公室，稀土的经济效益受到高度重视。早在 20 世纪末，中央针对内蒙古曾做出"把我国稀土资源的优势转化为经济优势"的重要部署，表明了国家对稀土资源的战略定位。

2005 年前后，随着中国加入 WTO 和出口贸易的发展，稀土"赚汇"的重要性在逐渐降低，国家对稀土的关注也在减少。国务院的稀土办公室被并入其他部委，级别有所降低。这一阶段，中国稀土的产业结构呈现出"多、小、散"的特点，出口企业之间恶性竞争，出现了出口量增加、创汇额减少的情况。如何做大做强、掌握稀土"定价权"成为这一阶段政府和学界的关注重点。反观加入 WTO 之前——1998 年，我国开始实施出口配额制度，对所有企业的生产能力进行评估，并依此来分配配额，并要求企业年度稀土出口量不得超过其拥有的配额数量，主要目的是希望通过控制出口量来稳定稀土价格。

随着科技进步和经济社会绿色转型对新材料的需要，稀土的战略价值更加凸显。出于种种考虑，政府在加强环境保护、淘汰落后产能、推动产业整合和科技研发等方面出台了多项措施，促进稀土产业的改造升级。比如，国家逐步降低并最终取消对稀土原材料出口的退税，并开征稀土"资源税"，以调节市场价格；对于使用落后生产工艺、污染大、产量小的矿山及加工厂进行限制甚至取缔，鼓励它们合并重组，以做大做强。经过中央政府的持续推动，稀土产业整合终于在 2010 年后进入快车道，最终形成了几大国有企业主导的局面。2015 年，中国取消稀土出口配额制度，转而加强通过稀土产量配额、建立稀土行业协会来推动行业自律等方式来规范产业发展。

二、宏观管理体制方面。我国稀土产业的管理体制经历了从放权到"再集权"的变化过程。放权主要是在 20 世纪 80 年代，中央将稀土开采权下放到地方，以促进全国稀土产业的快速发展，迅速"变现"稀土资源优势。这一阶段，稀土项目的审批权被下放到县级政府。但是这种管理体制也导致形成稀土资源"小、乱、散、差"的无序开发格局。为了规范市场格局，国家逐渐收紧了稀土产业的管理。

各出口企业之间恶性竞争，导致出现中国稀土出口量增加、创汇额减少的局面。为了扭转乱采滥挖、无序开发的现象，我国颁布《中华人民共和国矿产资源法》，将稀土开采的审批权逐步收紧至省级和国家部委。中央和地方在产业整合方面经过多年的博弈，最终基本上形成央企和地方国企主导、国家对"全产业链"严格控制的格局。在中央的管治权方面，我国曾出现过多头分治（国土资源部、海关、发改委、财政部、工信部等）的情况，问题比较突出，稀土办公室的机构层级（处级）比较低，甚至低于一些稀土生产型央企的级别。国家逐步解决了这一问题，提高了稀土主管部门的层级，基本建立起工业和信息化部主管、强调部际政策协调、稀土行业协会辅助的管理机制，并基本建立了国家对稀土全产业链的管控。

三、产业整合方面。我国对稀土行业的整顿计划总体上经历了三个阶段。第一阶段，从 20 世纪末到本世纪初，为了转变稀土企业"多、小、散"以及企业间恶性竞争的局面，国家希望通过组建南北两大稀土集团来实现产业重组。由于北方稀土呈现出包钢白云鄂博稀土矿一家独大的格局，北方稀土如期挂牌成立；但是南方的稀土资源散布在福建、广东、江西、四川、广西等省份，企业多头并立，导致稀土整合的困难巨大，南北稀土的计划无疾而终。其中，央企借着中央政府战略规划的东风，希望可以接手整个稀土产业链，尤其是实现对源头矿产资源的控制；地方政府也希望掌握这些战略资源，服务本地经济发展和地方财政的需要，双方矛盾较为突出。第二阶段大概从 2006 年到 2015 年，国家强化了对稀土出口配额的管理，大幅度减少了稀土出口配额总量，希望通过管住出口来倒逼国内产业改造升级，淘汰中小企业，但效果并不明显。一来，稀土走私问题比较突出。据有关部门统计，2011 年国外海关的稀土进口统计数量是我国海关的出口统计数据的 1.2 倍，也就是说走私量是正常出口量的 20%。二来，在配额的分配上，各省份、企业之间的矛盾比较大，对配额分配制度的质疑较多。2012 年，美国、日本、欧盟等国家及地区在 WTO 提出集体诉讼，要求判定我国的稀土出口配额制度违法贸易规则。2015 年中国败诉之后，国家取消了出口管制，国内产业整合的计划再次提上日程。目前我国产业调整处于第三阶段，随着国家行政能力的提升，中央强力推动产业重组，逐步组建了六大稀土集团（见表 4-2）；基本上是由中央管理企业（央企）和地方国有企业（地方国企）主导；并组建了稀土行业协会，推动企业自律；强化环保和税收管理，鼓励科技创新；打击非法采矿和稀土走私的整治行动变得常规化。这一阶段，国家对于稀土战略利益的考虑要高于其经济利益。

表 4-2　六大稀土集团

名称	主要整合区域	资源类型
中国五矿 （下属"五矿稀土集团"）	湖南、广东、 福建、云南	重稀土
中铝公司 （下属"中国稀土"）	广西、江西、 四川、山东	重稀土
北方稀土	内蒙古、甘肃	轻稀土
厦门钨业	福建	重稀土
南方稀土	江西、四川	重稀土、轻稀土
广东稀土	广东	重稀土

注：2021 年底，国资委批准了三家从事稀土开采的公司——中国五矿稀土、中国稀土股份有限公司和中国南方稀土集团合并，三家集团主要负责南方地区的重稀土矿开采，六大集团进一步被整合成四家。这样，新的格局即将形成，亦会对国际市场产生重大影响。

二、中国稀土战略的目的

自从 2010 年中国对日稀土"禁运"之后，稀土成为媒体和西方政客热议的话题，其中不乏对中国"稀土威胁论"的夸大和不实的言论。国内也有一些民族主义者和民众对中国的稀土优势有错误的认识，认为中国可以通过稀土禁运，来惩罚侵犯中国国家利益的国家。中外在稀土问题上存在着战略误解和误判。

具体来看，西方对中国的错误认识主要体现在三个方面：

第一，西方认为，中国利用资源优势和市场来获取超额利润。在这个方面，中国和西方存在较大的认知偏差。2010 年的"稀土禁运"事件确实引发了市场的恐慌情绪，各主要稀土产品出现了短时的价格成倍大涨，但是随后稀土价格有大幅度回落，虽然较

"禁运"前有所上涨。另外，西方媒体多以 20 世纪八九十年代的价格作为参照标准，是非常不恰当的，因为各主要大宗商品的价格在过去 30 年里均有大幅上涨。稀土价格波动是由诸多原因造成的，比如市场投机、新冠肺炎疫情等都可能影响到稀土的供应。近年来，随着新能源车和其他新材料的发展，市场对稀土的需求大大增加，供需关系紧张是近年来稀土价格上涨的重要原因。也有部分分析人士错误地认为，中国有时候可以操纵价格，以低价倾销稀土产品，以阻碍西方企业建立独立于中国之外的稀土供应链。2015 年，当时美国唯一的稀土开采和生产商 Molycorp 无力应对稀土市场低迷的情况，申请破产。一些分析人士把 Molycorp 的破产重组归咎于中国的稀土倾销做法，这种言论十分荒谬。反观中国方面，政府和企业多数时候在讨论"稀土贱卖"的问题以及可能的解决办法，在市场不景气的时候就会经常出现全行业亏损。

第二，西方一些媒体和政客指责中国采用"国家资本主义"的策略，通过限制中国稀土出口，"引诱"外国高科技企业来华布局，同时帮助中国本土高科技企业获得稳定、相对低价的稀土资源和产品，在国际市场上获得不正当的竞争优势。这样的论调也缺乏根据。中国国内和国际市场上稀土产品的价格差异主要是由运输成本、关税和其他流通环节增加的相应成本造成的，并不是因为中国政府有意压低国内的供应价格。供应链中使用稀土产品的外国高科技企业是否来华投资，取决于多种因素，绝不是单单因为中国的稀土资源优势。

第三，中国企图"武器化"稀土资源，以之作为外交施压的工具和谈判的筹码。2010年，所谓的中国对日本实施稀土"禁运"众说纷纭，在短暂的两个月之后，中国对日稀土出口恢复正常水平。据日本前经济产业大臣透露，日本2010年进口的中国稀土约20000吨。在中国国内将稀土出口配额减少40%的情况下，这一数字基本与2009年持平，显示出所谓的稀土"禁运"事件并没有影响到日本的稀土进口。中美贸易战中，西方媒体和中国的一些民族主义者也讨论中国开展对美国进行稀土禁运的可能性，《纽约时报》甚至撰文，认为稀土是中国可以"一剑封喉"、终结美国的武器。但是海关数据显示，中国对欧盟、美国等国家及地区稀土出口基本正常。中国政府的政策理性使"稀土禁运"的说法不攻自破。

可见，正确理解中国的稀土战略，需要各方进行系统、冷静的思考。第一，正确理解中国的稀土战略，需要有历史的眼光。中国目前的稀土管理政策，一定程度上是还历史"旧账"。20世纪80年代推动的稀土政策造成了严重的环境污染和稀土资源浪费，违规开采、走私等违法犯罪活动严重扰乱了市场经济秩序，中国当前的稀土管理政策是为了整顿市场秩序，以推动稀缺资源的可持续利用。第二，正确理解中国的稀土战略，需要有全局的观念。中国稀土政策的转变是过去40多年改革开放的一个缩影。随着中国的发展，政府在整个经济领域都更加重视环境保护，减少并逐步取消了对资源出口的出口退税，鼓励出口中高端的制成品，在打击走私、非法采矿等方面也采取了更加严厉的措施。中国类似的整顿是全方位的，而非仅仅针对稀土产业。第三，中国的稀土政策是负责任的，兼顾了其他国家的利益。事实是，中国从来没有对稀土的中游产品的出口实施过任何限制，西方国家始终可以通过市场手段获得中国产品，相关夸大中国"稀土威胁论"的论调是不负责任的。

三、转型中的世界稀土市场

中国稀土政策对于世界的影响巨大。按照工业和信息化部稀土办公室《2015 年稀土运行情况和 2015 年工作重点》报告，中国稀土出口和行业整合的最直接影响是，"促使美国、澳大利亚、日本、越南、俄罗斯等国重启或者启动了海外资源开发工作，南非、加拿大、智利、巴西等也着手勘探本国稀土资源，美国 Molycorp、澳大利亚 Lynas 相继加入全球供应链，国际稀土供应多元化格局正在形成，缓解了对我国的资源压力"。目前的稀土市场呈现出以下特点：

第一，整体上来看，未来全球稀土的供应格局已经基本形成适度多元化的局面。根据表 4-1，2020 年中国稀土产量折合稀土氧化物 14 万吨，占世界总产量的 58.3%。此外，其他稀土主要生产国美国稀土产量折合 3.9 万吨稀土氧化物，缅甸折合 3.1 万吨，澳大利亚和巴西均折合 2.1 万吨。俄罗斯、印度、马达加斯加、泰国产量较低，但是近年来产量稳定。另外，巴西、越南、加拿大的稀土储量巨大，未来可能成为重要的稀土供应国。

在稀土多元化格局中，澳大利亚贡献巨大。澳大利亚的 Lynas 公司作为中国以外最大的稀土冶炼分离产品供应商，在西澳大利亚、马来西亚的关丹市布局，并已经和美国签订协议，在得克萨斯州建立稀土加工厂。Lynas 位于马来西亚的关丹稀土分离厂 2019 年产量约 1.87 万吨,全球占比 10.6%。日本是稀土多元化战略最成功的国家。日本曾经高度依赖从中国进口稀土,依存度一度达到 90%,但近年来日本政府高度重视稀土供应链的安全性,积极开展"稀土外交",联络并协助印度、越南及中亚一些国家积极建设中国以外的供应链。根据《日经新闻》的报道,自 2011 年以来,日本对中国稀土的依存度已经从 90% 左右降低至 2020 年的 58%,日本政府预计在 2025 年把这一比例降低到 50% 以下。美国国防部门在美国的稀土供应链中发挥了关键作用。通过国防预算法案,美国国防部持续投资澳大利亚的 Lynas 项目,并资助其国内的相关科学研究、资源开采等,以在美国本土重建稀土生产的能力,降低国防工业在关键矿产资源和材料上对中国的依赖性。

第二,从贸易结构来看,世界稀土贸易的基本格局仍然大致遵循着依附理论所描述的"核心—边缘"结构,即发达经济体掌握着技术、资本优势,占据稀土高端工业产品的市场,而发展中国家主要提供初级原材料。

具体来看,稀土的上游原材料产品包括稀土矿石、稀土精矿、碳酸稀土等,经过冶炼、提纯和加工得到稀土中游产品稀土氧化物、稀土化合物、稀土合金等,下游的稀土功能性材料包括稀土永磁体、发光材料、催化剂和添加剂等。中国已经禁止出口稀土原材料,主要出口包括中端的稀土氧化物和下游的永磁体等;缅甸缺乏类似深加工的能力,将多数稀土原材料出口到中国。澳大利亚是国际上大宗商品贸易的主要国家,出口铁矿石、煤等,它的稀土原材料也一度出口到中国进行提纯，然后再从中国进口相关成品，目前已经建立了自己的稀土加工的全产业链。日本主要进口原材料和中游产品，出口高端的稀土材料。

中国的优势在于稀土的中游产品开发和出口，并向高端进发，并且成效显著；美国、日本和欧盟一直掌握着稀土应用的高端技术，处于产业链的顶端。以高纯度稀土金属制备技术为例，美国、俄罗斯、日本处于国际领先水平，掌握相关技术专利；日本掌握了全球高性能钕铁硼永磁材料的相关技术专利，严重制约了中国企业在国际市场上的竞争力。

稀土的终端产品包括电子产品、新能源储能设备、风力发电机等高端设备。在这些领域，我国仍处于追赶的阶段，并不具有技术优势。可以说，中国稀土深度开发技术的做大做强仍需时日。

第三，未来的稀土供应格局和战略地位仍然具有较大的不确定性。目前的稀土供应国还比较单一，未来东南亚国家、拉美甚至中亚国家有可能加入，但是很难打破目前"核心—边缘"格局。主要原因在于，稀土提纯的技术门槛较高，稀土终端应用需要更大的知识、资本投入和相关的技术积累。尤其是当单一国家的储量不大，由于投入大、产出有限，该国基本上不可能开发自己的稀土开采和应用体系，寻求国际伙伴的合作是更加明智的选择。可以预见，未来国际稀土市场将会出现群雄逐鹿的割据局面。

另一方面，稀土民族主义甚嚣尘上，是塑造国际市场格局的最重要的非经济因素。一方面，发达国家强调稀土供应链的独立性、安全性，都在努力开发独立于中国之外的稀土供应链。美国强调的重心在于国防工业体系实现关键矿产材料的独立性。如上所述，日本的稀土战略更加全面，除了推动多元化的供应格局形成，日本在稀土储备、研发替代材料、提高稀土利用率、稀土回收、海洋稀土资源开发等方面持续发力，成果突出。日本科学家在日本南部海域发现了海床中蕴藏的丰富稀土矿产资源，大约有1600万吨，并且在增加投资，开发相应的海底资源勘探和开采技术。2012年，日本公司宣布开发出了不使用稀土的新一代电动机，并投入量产。另一方面，稀土资源储备大国，如越南、印度等，希望可以趁着中国稀土出口紧缩的利好时机开采本国资源，开拓国际市场，但缺乏相应的技术、资本投入，需要国际合作伙伴，却又想把稀土这一战略资源掌握在自己手中。可以说，未来稀土技术、市场、资本的国际性和资源的国家属性之间的矛盾，会是未来国际市场走势的一个关键因素。

四、对未来国际市场走势的判断

基于以上分析，我们对未来几年的稀土市场做出研判：

第一，独立于中国之外的稀土供应链已经形成，全球市场多元化的供应已成定局。中国仍旧是重要的供给者，满足全球市场对稀土产品一半以上的需求；澳大利亚、美国会成为新的供给者，越南、印度等在逐步提升产能，未来会在全球市场占据一席之地。

第二，整体来看，"核心—边缘"的贸易结构较长时期内不会发生变化。美、日、欧始终掌握着技术、资本优势，而新兴的稀土供给者如缅甸、印度、巴西、俄罗斯会主要提供稀土的原材料和中端产品。

第三，鉴于稀土的加工、提纯属于技术密集型的产业，稀土的终端应用更是需要长期的技术积累，发展中国家很可能会求助于发达国家，发展壮大本国的稀土产业。但是，稀土民族主义是很大的不确定因素，一些储量小、技术和资本稀缺的国家可能会选择依附于一些发达国家；而储量大、经济实力不俗的国家会努力把稀土资源掌握在自己手中，发展民族产业。

另外，和2010年至2011年的巨大波动相比，在可预见时期内，非市场性的价格波动会减少，但是不应忽视四种因素的影响：

一是供需关系更加紧张和新的供应者的加入，会使得稀土供应形成一个大致平衡的局面。当前，我国碳达峰、碳中和目标叠加全球各国绿色发展诉求，新能源车、风电等领域对稀土材料的需求势必不断增长；国外供应链在逐步形成，稀土价格上涨也会促进海外新的稀土项目的上马。但是考虑到项目周期，新的项目受制于环境规制、技术难题和资本短缺等因素，难以快速形成产能，供给市场。因此，短期内稀土供需关系仍然十分紧张，中长期内会大致形成一个平衡的局面。二是中国相关的产业调整仍在进行中，已经形成的几大稀土集团的内部结构仍需不断磨合和完善；国家对稀土"全产业链"的管理会更加严格；随着国内产业升级，政府可能会逐步限制低附加值稀土产品的出口，这些都会影响全球市场的稳定。三是国内的资源民族主义和国际的地缘政治风险都可能导致稀土市场出现动荡行情，尤其是考虑到稀土问题已经被高度政治化，非市场因素仍然可能扰乱市场供应链的稳定性。美国地质调查局估计，2020年缅甸开采了大约3万吨稀土氧化物，相当于全球产量的 12%，其中大部分出口到中国进行深加工。根据海关总署统计，2020 年中国从缅甸进口的稀土矿占总进口稀土矿的 23%，其中缅甸进口的矿石占据国内中重稀土供应的 50% 以上，而缅甸的稀土矿多位于北部地区，地区安全局势堪忧，势必影响中国和世界市场的稳定。四是技术进步带来的不确定性。一方面，重要的技术进步可能会提升稀土的战略价值；另一方面，随着稀土"稀缺性"的提升，产业界在努力开发新的产品，减少或者不使用稀土，这两个方面的"拉锯"关系可能会是未来稀土价值的重要决定因素。

第五章

资源性农产品对外依存度不断攀升给中国农业产业安全带来的风险隐患及对策建议①

郑永年　袁冉东

　　"民以食为天。"农业是我国一切发展不可或缺的基础。农业产业安全关乎国民经济命脉和国家安全，其重要性毋庸置疑。如何保持农业产业基础稳固、实现可持续健康发展，如何使农业生产不受外来资本控制，并让本国农产品具有国际竞争力，是保证农业产业安全所需解决的问题。本章内容深入分析了资源性农产品对外依存度不断攀升的主要原因，并指出其可能产生的风险和隐患，需要我们未雨绸缪、防患于未然。

---

① 本文完成于 2021 年 12 月。

联合国粮农组织 2021 年 11 月发布的报告显示，国际粮价连续四个月上涨，食品价格指数达到 134.4 点，同比增长 27.3%，是近十年来的最高水平。谷物价格同比上涨 23.2%，小麦价格也达到近十年最高水平。在全球粮食价格持续高企的情况下，手中有粮才能心中不慌。国家统计局 2021 年 12 月 6 日公布的数据显示，2021 年中国粮食总产量 13657 亿斤，同比增加 2%，再创新高，连续 7 年保持在 1.3 万亿斤以上。因此，我国目前的粮食安全是有保障的。然而，一些非口粮类的资源性农产品对外依存度有不断攀升的势头。例如，2020 年我国大豆总产量 1960 万吨，而进口超过 1 亿吨，对外依存度超过 80%。2021 年以来，资源性农产品进口上涨势头尤为猛烈。这必须引起我们的注意，其可能产生的风险和隐患，需要我们未雨绸缪、防患于未然。

一、资源性农产品对外依存度不断攀升的主要原因

近二十年来，中国资源性农产品对外依存度呈现不断攀升的趋势，这也导致出现农产品贸易逆差越来越大的局面。2003 年中国农产品贸易有 25 亿美元的顺差，而 2004 年则变成 46 亿美元的逆差，到 2020 年逆差升至 948 亿美元，2021 年前 11 个月逆差已达 1244 亿美元。其主要原因有以下三个方面。

（一）入世的影响

中国在入世后面临着更加复杂多变的国际经济大环境。总的来说，中国入世以来的二十年是中国和全球经济双赢的二十年。然而，没有免费的午餐，全球化在一些方面也给中国带来负面的影响。就局部而言，中国农业受到的冲击是巨大的，入世后中国农业安全状况有恶化的趋势。首先，与国际市场相比，我国农产品的总体竞争力是不足的。中国农业自然条件差、生产经营规模小、农民组织化程度低、农业机械化程度及农产品科技含量水平不高。这些不利因素导致我国农业生产效率和品质不高，在入市后被凸显出来。其次，入世限制和弱化了中国能够采用的农业支持政策和农业保护手段。入世谈判期间我国农产品平均关税已由 1992 年的 46.6% 降至 1999 年的 21.2%，入世后继续削减，到 2010 年已降到 15.2%，累计降幅达 67%，同时取消了农产品的各项出口补贴。中国入世后还遭受到频繁的反倾销调查并被实施反倾销措施。WTO 数据显示，1995 年至 2020 年，中国是被发起反倾销和反补贴调查最多的国家。在农业领域，针对中国的反倾销调查有 44 起，中国发起的对外反倾销调查仅有 9 起。这也削弱了中国农业的国际竞争力，并危害到农业产业安全。

（二）供给侧劣势

如果说入世对中国农业的冲击是外因，那么我国农业生产效率低则是更为根本的内因。以粮食单产为例，中国 2019 年水稻、小麦、玉米和大豆单产只有世界先进水平的 63%、65%、54% 和 52%。在农业科技领域，无论是尖端农业科技还是基础性农业科研水平，我国距发达国家仍有明显差距。从农业生产组织方式来看，中国人多地少水缺的基本国情没有变，农户数量多，户均农业经营规模小，大国小农的格局制约了劳动生产率、土地产出率、资源配置效率的提高。从激励机制来看，粮食及其他资源性农产品生产成本高效益低，粮食产出大省和中西部地区农村居民收入普遍低于全国平均水平，单纯靠农业收入增收致富难度很大，严重影响农户务农积极性。以上各种因素导致农业劳动生产率低下。根据《中国统计年鉴 2019》数据计算，中国农业劳动生产率仅相当于二、三产业的 21.9%，而且增速趋缓。

（三）需求结构变化

随着国民经济的发展和消费水平的提升，中国居民饮食结构中的蛋白质占比不断增大，人均肉蛋奶的消费水平不断提高，这将是一个长期的趋势，推动了养殖业和饲料产业的发展，进而也提升了我国对包括玉米和大豆在内的饲料粮的需求。上述中国农业生产供给侧的劣势与需求结构变化叠加，供给增速赶不上消费增速，导致近年来我国资源性农产品国内市场价格普遍高于国际市场价格，也使得资源性农产品对外依存度不断攀升。

二、风险和隐患

近年来，某些资源性农产品对外依存度不断攀升、依靠大量进口才能达到国内供需平衡的局面削弱了我国对这些农产品的产业控制力和定价权，对我国农业产业安全带来了长期潜在风险。对外依存度过高会导致国际农产品市场波动快速传导到国内，从而加剧国内农产品市场风险和不稳定性，在某些情况下还可能会引发输入型通货膨胀。例如，新冠肺炎疫情暴发，特别是 2021 年以来，国际农产品市场震荡加剧、粮食供求趋紧，全球通胀升温，粮食价格达到高位；一些国家贸易政策多变，农业主产国实施出口限制，导致供需结构性错配；全球产业链、供应链、运输链受阻，世界范围内海运缺箱、爆仓、运费大幅上涨的问题持续恶化；供应链断链导致大宗商品价格波动相互传导，石油等能源价格上涨带动化肥生产成本上升，从而推高各类农产品价格。这些因素都使得保障资源性农产品进口供应的稳定性和可靠性的难度加大。

疫情的影响也许是短期的，但全球气候变化带来极端气象灾害频发、灾害的破坏性和不可预见性增大，这很可能会是一个长期的趋势。在这一趋势下，世界各国面临的极端天气增加，导致各种农作物减产，农产品价格不确定性上升。如果不能有效控制和扭转某些农产品对外依存度过高、农产品贸易逆差不断增大、大宗农产品进口来源地过于集中的局面，我国农业产业安全将长期受到日益严重的威胁。此外，疫情和气候变化等"黑天鹅"和"灰犀牛"事件在某种情况下产生叠加效应，导致世界经济低迷、全球局势动荡并引发局部军事冲突甚至大规模战争的发生，这样的可能性虽然不高，但一旦发生，中国很难独善其身，而过高的资源性农产品对外依存度显然将成为我们的一大软肋。

农业贸易逆差和资源性农产品进口依赖度长期处于高位，还可能通过路径依赖效应对中国经济产生一些很难逆转的伤害。美国和一些西方国家近几十年来制造业空心化，带来严重的"铁锈带"和其他相关的社会经济问题。现在美国政府想把一些制造业迁回去，效果都不理想，因为一旦产业链和供应链的布局形成了，会产生路径依赖，不是某届政府或某个政治人物能够轻易改变的。但我们应该认识到，美国仍然掌握着最先进的核心技术，如果局势变化使得美国不得不重建制造业产能，他们是具备这种能力的。而反观中国农业，我们是否有能力在短时间内实现关键资源性农产品的高水平自供是值得思考的问题。

三、如何应对

我国农业资源禀赋不足，各种要素中，能用于农业生产的土地和劳动力资源在人口老龄化和城镇化这两个长期趋势下，都难以再增加且还会有下降的压力。因此，要从根本上解决资源性农产品对外依存度过高产生的一系列风险和隐患。我们应该从内因出发，着眼于提高农业科技水平和农业生产组织管理能力，以此提升农业全要素生产率。在这方面，我国农业有很大发展潜力。我们应该学习农业技术先进国家的农业系统。例如，国土面积只有 4.15 万平方公里、人口不到 1800 万的荷兰是全球第二大农产品出口国。创造了沙漠农业奇迹的以色列拥有世界顶尖的灌溉和节水技术。这些国家同样面临土地、淡水和劳动力资源十分有限的问题，却能克服这些先天不利因素而成为全球农业生产效率最高的国家之一，我们需要对它们进行系统深入的学习。

现在许多农民不愿意务农，因为和进城工作相比收入太低，导致很多地方出现撂荒现象。如何把本来就不充裕的耕地资源更加有效地利用起来，除了靠科技，我们还需要解决激励机制的问题。通过加快推进农村土地制度改革，把分散的农业土地的经营权集中起来，是实现高水平机械化、规模化经营的前提条件。在这个过程中，要特别注意保护农户的利益。应当在依法保护集体土地所有权和农户承包权的前提下，平等保护土地经营权，加强土地经营权流转管理和服务，建立健全农村土地"三权分置"制度，激活土地经营权等农村产权的流转交易，通过市场经济规律更加有效地配置农业生产要素。这样一种具有中国特色的包容性、可分享的农村土地混合所有制，既能确保广大农民的切身利益，同时又能帮助推广集中化、集约式的生产模式，根治撂荒问题，从而大大提高生产效率。

以上两点是从内因上彻底解决中国农业生产效率问题的长期根本之道。从外因以及短期因素来看，我们可以利用一系列手段控制和降低资源性农产品对外依存度高带来的影响：

第一，建立农业产业安全评估实时监控机制和预警系统，利用大数据等信息技术手段对农业资源和农业生态环境变化、农业对外依赖程度等进行跟踪集成监测，形成国家、行业和企业三级联动的综合信息监控系统。

第二，学会用国际通用规则保护农业，与 WTO 争端解决机制接轨，结合WTO既有规则，参照WTO农业协议，借鉴国际上的先进立法，进一步发展与完善中国农产品贸易体系，积极利用法律手段防止外国农产品凭借倾销或补贴冲击国内市场，并力争通过多边谈判协商出更为公平合理的国际农产品贸易法律规则。

第三，利用金融手段，建立和完善农业保险体系，增强我国农业的风险承受能力。做大做强大宗商品期货市场，提高资源性农产品国际定价权。

第四，推进进口市场多元化，实现国际化经营，从而分散风险并在全球范围内配置产品的价格链。

第五，提倡节约和健康的饮食习惯，切不可在饮食结构上全面西方化。还是要以非动物类食物为主，以动物类食物为辅。严防资本的渗透和通过改变我国居民饮食习惯从而实现资本利益最大化的企图。信奉新自由主义的美国，垃圾食品泛滥，国民肥胖和亚健康比例明显高于其他发达国家，就是最好的前车之鉴。日本的饮食文化更值得我们借鉴。

第六，在高度依赖进口的农产品短期内出现价格大幅上升时，应考虑利用人民币适当升值以对冲其影响。

综上所述，入世对中国农业的冲击，其根本原因在于我国农业生产效率偏低。而农业生产效率不高的根本原因，则在于中国的工业化、产业化发展还不够充分，综合科技水平还有待提高，城镇化的程度和包容性还不够高，使得大量人群还是农民身份，没有真正市民化。我们要谨防中国农业在不知不觉间变成我们的"铁锈带"。在继续推动工业、服务业发展的同时，我们要实行第二、第三产业全面反哺农业的综合战略，推进农业的工业化、信息化和智能化。农业是人类文明进步的基础，从这个意义上来讲，农业可以被认为是基础设施的基础设施。因此，政府和国有企业要担负起责任，特别是在制度创新和基础科技研发、推广上，还是要依靠"国家队"的力量，如果只是交给市场，赔钱的买卖没人做，我国农业就无法全方位崛起。

PART TWO

第二篇

变化世界

第六章

欧盟产业政策：历史演变、定位争议及发展前景[①]

丁纯[②]　罗天宇[③]　陈腾瀚[④]

　　欧盟垂直产业政策经历了几轮演变与重启，在不同的历史阶段，对经济活动与产业的干预程度呈现不同倾向，直至当前各国在"垂直产业政策"介入的深度上并未达成一致合意，其演变历程、定位争议影响及发展前景将在本章进行详尽阐述。

————————

① 本文完成于 2022 年 8 月，相关内容在《同济大学学报（社会科学版）》2021 年第 4 期以及《欧洲研究》2021 年第 5 期曾经发表。研究受到国家社科基金项目（20VGQ012）支持。
② 丁纯：复旦大学经济学院世界经济研究所教授、博导；复旦大学欧洲问题研究中心主任，欧盟让·莫内讲席教授。
③ 罗天宇：清华大学社会科学学院博士生。
④ 陈腾瀚：复旦大学一带一路及全球治理研究院博士后。

一、欧盟产业政策的历史演变

欧盟（包括其前身欧共体）的产业政策，由于欧洲一体化所涉及的内部统一大市场以及相关理念等缘故，根据相关研究，实际上有着两种不同的定义和范畴。一种是既往以来宣称的广义的所谓"水平的产业政策"，指提供横向框架性条件、旨在塑造适合公平竞争环境市场的政策，一般关注支持选定的经济活动，如创新，对经济部门没有任何选择性。[①]而狭义的、垂直的产业政策则是将产业政策限定为刺激供给的政策，具体是指"包括政府的所有干预，这些干预旨在通过影响生产动机、进入或退出某一特定产品市场的动机来影响产业变化"。[②]这类产业政策一般与政府直接对特定部门的干预密切相关。可以发现其垂直产业政策更接近我们一般认知中的产业政策，故文中以下所称的欧盟产业政策，均指垂直的产业政策。对于欧盟垂直产业政策和水平产业政策的各自定义、特点以及其政策功效的比较分析，可见表 6-1、表 6-2。

二战后，欧共体和欧盟垂直产业政策的引入和实施，经历了特征和成因显著的三个阶段的历史演变。

---

① RIESS A, VÄLILÄ T. Industrial policy: a tale of innovators, champions, and B52s[J]. EIB Papers, European Investment Bank (EIB), Luxembourg, 2006, 11(1): 10-34.

② 雅克·佩克曼斯. 欧洲一体化：方法与经济分析 [M]. 吴弦，等译. 北京：中国社会科学出版社, 2006: 362.

表6-1　欧盟水平和垂直产业政策的定义和特点

产业政策	定义	特点
水平产业政策	提供横向框架性条件、塑造适合公平竞争环境的市场政策	关注、支持选定的经济活动而非特定的经济部门
垂直产业政策	刺激供给的政策，包括政府的所有干预，这些干预通过影响生产动机、进入或退出某一特定产品市场的动机来影响产业变化	与政府直接对特定部门的干预密切相关

资料来源：作者根据相关资料自制。

表6-2　欧盟水平和垂直产业政策功效比较

对比	干预主体	规则性	公平性	竞争性	精准性	刺激性
水平产业政策	经济活动	强	强	强	弱	弱
垂直产业政策	经济部门	弱	弱	弱	强	强

资料来源：作者根据相关资料自制。

　　第一阶段（1951—1973年），特征为"打造赢家"。二战后，一方面，不甘心失去自身大国地位的英国、法国等希望通过激进的干预政策打造"冠军企业"，以此来填补失去海外殖民地的空缺。另一方面，欧洲国家对伴随着马歇尔计划趁虚而入的美国企业的在欧发展深感担忧，法国的商界与政界精英将美国跨国公司形容为"特洛伊木马"。① 因此，出于维护地位与应对域外企业的挑战的考虑，欧洲各国应用产业政策挑选自身的"冠军企业"。各国有意在特定行业对本国企业进行扶持。英国、法国、德国等国均没有强烈的动力去遏制国内大公司的发展，逐步形成了找寻和打造大企业的"挑选赢家"政策。这一阶段的主导者仍然是各国政府，并受到欧共体的实际默许甚至暗中鼓励。它们在实践中主要运用两种手段：一是国有化，在经济重建和复苏进程中，各国政府拥持相应企业的股份，奥地利、法国、英国、意大利、荷兰和德国的政府都持有汽车工业的股份，铁路和邮政服务基本上完全由国家所有②；二是通过构建指令性规划体系，国家有针对性地对某些特定部门进行扶持，并确保资金通过国有银行低息、无息贷款的形式对这些部门进行投资，另外还通过补贴与税收减免等特定政策加以扶持。

从这一阶段政策的实施效果来看，最成功的案例是打造了如空客公司等大企业并推动其发展。在一些高新技术领域，如航空航天、计算机乃至核反应堆，单一国家无力承担高昂的成本，欧洲层次的合作势在必行。20世纪60年代后期，欧洲与美国、日本等的竞争越发白热化，欧洲有意识地试图扶持部分行业参与竞争。其中，航空工业就是非常具有代表性的高科技产业，且具有很强的正外部效益。其研发成功不仅有利于该行业，还可以很好地带动其他行业的发展。当时，世界民用客机市场为美国所垄断，

---

① GILL S R, LAW D. Global Hegemony and the Structural Power of Capital[J]. International Studies Quarterly, 1989, 33(4): 475-499.
② FOREMAN-PECK J. Industrial policy in Europe in the 20th century[J]. EIB Papers, 2006,11(1): 36-62.

1958—1985 年，美国飞机占世界喷气式飞机生产的 83%，德国、法国不甘只购买波音公司的飞机，认为应直接参与技术含量较高的航空领域的生产。因此，德国、法国、英国与西班牙对欧洲自己组建的空客进行补贴，并提供相关政策支持。这一政策取得了显著的成果：截至 2003 年底，空客全球现役客机占全球机队总量的 30%，而且累积储备订单量业已超过波音。同时，在更先进的超大型民用客机研发领域，空客相对波音取得了一定的技术领先。[①]

但是这一阶段的产业政策也有得有失，并不完全成功，其主要原因有二：第一，指令性经济并不一定能保证成功"打造赢家"，有时反而背上财政负担。例如，欧洲在开发计算机的项目中输给了美国，在开发半导体的项目中输给了日本，以及英法合作开发第一架超音速客机协和式飞机的失败，等等，都表明政府主观挑选的产业并不一定能获得成功，甚而造成财政上的严重浪费。[②]第二，"欧洲冠军企业"的塑造并非一定仰赖于产业政策。全球移动通信系统（Global System for Mobile Communications）标准的确立即是典型案例。GSM 亦被称为泛欧数字式移动电话系统。20 世纪 80 年代初，第一代移动电话开始投入使用，当时全球存在各种互不兼容的标准。仅以欧洲而言，就存在北欧的 NMT、英国的 TACS、德国的 C-450、法国的 Radiocom 2000 和意大利的 RTMI。移动电话无法在不同的标准之间适用，给用户

---

① 史世伟. 德国产业政策：鲁尔区与空中客车 [J]. 德国研究, 2008(1): 42-46.
② TAGLIAPIETRA S, VEUGELERS R. A Green Industrial Policy for Europe[M]. GARDNER S edit. Bruegel, 2020.

带来了极大的麻烦。欧委会因此在成员国同意的基础上，建立了全欧范围统一的标准，即 GSM，各成员国的相关企业在此基础上竞争。"GSM 标准为一个足够大的市场制定了一个通用标准。通过这个市场，欧洲的赢家可以达到全球竞争所需的规模。因此，公共政策不是伪装的保护主义，而是'创造市场'，它建立了一个足够大的单一市场，使欧洲企业能够借助达到规模经济获得全球市场上的竞争力，此案例中最后赢家是经过竞争而非指定和预设培养的北欧企业。"[①] GSM标准的成功说明，一个无贸易壁垒的欧洲市场可以催生出真正的欧洲冠军。因此，从打造"冠军企业"而言，欧盟的产业政策起到了一定的作用。但是不能因为空客公司对波音公司的"弯道超车"就片面夸大其作用。

第二阶段（1973—1980 年），特征是"扶持输家"。 1973—1974 年石油危机之后，欧洲战后经济的高速增长被打断，欧洲各国开始面临生产率增长放缓、失业高企、政府赤字和通胀提升等"滞胀"问题，欧洲国家的传统行业还面临低工资国家的强力竞争。此时，为了扶持处于衰退中的行业，如钢铁、纺织、造船，欧共体和成员国一起，开始采取旨在帮助这些"夕阳行业"的产业政策。[②] 欧委会本身亦改变了其第一阶段对垂直产业政策默许的态度，进一步转为变相的实际支持。这在钢铁行业表现得最为突出，欧委会出台了旨在保护钢铁行业的"达维尼翁"计划

---

① RRCHARDS J E. Clusters, competition and 'global players' in ICT markets: the case of Scandinavia[M]// BRENHAM T, GAMBARDELLA A. Building high-tech clusters: Silicon Valley and beyond. Cambridge: Cambridge University Press, 2004.

② WARLOUZET L. Governing Europe in a Globalizing World: Neoliberalism and Its Alternatives following the 1973 Oil Crisis[M]. London: Routledge, 2017.

表6-3　垂直产业政策阶段Ⅰ：打造冠军

冲击事件	1951年：签订《巴黎条约》，形成欧洲煤钢共同体
政策目的	维护自身地位与应对他国企业挑战
主要特征	打造赢家
政策对象	重要产业中的相关经济部门：航空航天、计算机、反应堆
重要节点	1966年：企业规模的扩大将确保英国产业结构和竞争实力的持久改善
	1968年：哈罗德·威尔逊重组美国工业，反思对垄断的敌意
	1970年："科罗纳·迪·帕里阿诺备忘录"
政策手段	国有化：汽车、铁路、邮政
	指令性规划体系：为特定部门提供低息、无息贷款、补贴与税收减免
政策成果	航空产业：空客
垂直产业政策的缺陷	挑选失败的可能性与财政负担：半导体、计算机
	竞争出的冠军：GSM全球移动通信系统

（Davignon Plan），要求严格控制钢铁公司的价格与产量。欧委会规定了钢筋的最低价格，任何成员国的钢铁行业都不能以低于最低价格的价格出售。[1]同样，它对旨在拯救濒临破产的工业部门的政府补贴持"睁一眼闭一眼"的态度。1979年，欧委会启动了一项现金补助计划，这是协调国家钢铁援助计划的又一次尝试，向

---

[1] TSOUKALIS L, Ferreira A S. Management of Industrial Surplus Capacity in the European Community[J]. International Organization, 1980, 34(3): 355-376.

实施提前退休和工作分担计划的钢铁生产商提供额外资金。[①]一直以来，钢铁业都是欧盟及欧洲各国产业政策的重点，而在"扶持输家"这一阶段，这一特点展现得更为淋漓尽致。[②]

欧盟针对钢铁部门的产业政策主要包括：

（1）1954—1978年，欧洲煤钢共同体共计提供给欧洲钢铁业32.87亿EUA（European Units of Account）[③]借款促进钢铁行业现代化，其中1978年单年提供的额度达3.7亿EUA；

（2）提供5.725亿EUA用以刺激产业变化，包括在失业浪潮兴起后保障煤炭与钢铁部门的就业，其中1978年提供1.133亿EUA；

（3）利息减免，1977年从1500万EUA增加至2180万EUA，1978年进一步增加至4000万EUA；

（4）鼓励钢铁部门的科学研究，从1977年的1250万EUA增加至1978年的1600万EUA；

（5）自1975年成立欧洲地区发展基金会（European Regional Development Fund），截至1978年底给钢铁部门提供2500万EUA援助；

---

① TSOUKALIS L, FERREIRA A S. Management of Industrial Surplus Capacity in the European Community[J]. International Organization, 1980, 34(3): 363.

② 煤炭部门与钢铁部门密切相关，同时作为中间部门，钢铁业与造船业、汽车业等都有着重要联系。

③ European Units of Account，一种货币计算单位，通常在欧元出现前衡量共同体层次的财政情况。

（6）1958—1978 年，欧洲投资银行（European
Investment Bank）为钢铁业部门提供 6.72 亿 EUA 低息贷
款，其中 2.253 亿 EUA 在 1977—1978 年提供；

（7）此外，1976—1978 年，共同体还向成员国提供
4400 万 EUA 用以救济可能会受到影响的 48000 名产业
工人。[①]

欧共体针对特定部门的产业政策仍然通过国家干预，往往以
低息贷款、利息减免、无偿援助、技术补助等形式出现。经济危
机爆发后，欧共体强化了产业政策。以钢铁业为例，1974 年之后，
欧共体钢铁业劳动力呈现紧缩之势（见表 6-4），除去意大利之外
其他诸国都出现了大量的失业人口。当时估算还会有 20 万名工人
将失去工作，为此特设的"达维尼翁"计划试图将这一人数缩减
到 10 万。欧共体因此向成员国提供了大量的相关补贴，成员国亦
积极尝试挽救这些夕阳行业。以法国为例，时任法国总统吉斯卡
尔·德斯坦（Valéry Giscard d'Estaing）发现钢铁业出现了最为严
重的危机，由于需求下降，这些传统行业的许多重要企业面临破
产风险，急需政府的财政支持。法国政府本身显然不能直接干预
这些钢铁企业，尤其是其中很多钢铁企业还属于私人企业，但是
出于保障就业的考虑，法国政府被迫介入。1978 年法国政府直接
介入北方钢铁联合公司（Usinor）和洛林炼钢公司（Sacilor），以
避免这两家重要的钢铁企业破产，因而被揶揄"这个曾培养出冠

---

① EU Commission. A Steel Policy for Europe[R/OL]. (1979-03). http://aei.pitt.
edu/14341/1/Eur_File_6-79.PDF.

表6-4　欧共体钢铁业劳动力收缩（1974—1978年）

国家	1974年	1978年	变化
德国	223103	197273	-12%
法国	157629	134896	-14%
意大利	95595	96297	0.07%
荷兰	24722	19300	-22%
比利时	63738	48920	-23%
卢森堡	23145	17273	-25%
英国	188264	162544	-14%
欧共体	792191	698483	-12%

资料来源：The Davignon Plan for Europe's Steel。[1]

军企业的国家，现在却在喂养'跛脚鸭'"。[2] 经过此举，虽然就短期来看欧洲钢铁业的颓势得到了一定的缓解，但是依靠产业政策无法从根本上解决这一危机。至1986年，钢铁业还是减少了30万个工作岗位，生产能力削减了4000万吨。[3]

　　显然，该阶段以挽救夕阳产业颓势为主旨的产业政策，尽管在短期内取得了一定的"强心针"效果，但长期来看很难解决欧盟内部出现的结构性危机，无力阻止这些行业的衰败和此后进一步"滞胀"现象的出现，也使得欧盟内部对实施产业政策颇有微辞，再加上当时应对滞胀，宏观经济政策从凯恩斯主义向新自由

---

① "The Davignon Plan for Europe's Steel," April 3, 1979, https://larouchepub.com/eiw/ public/ 1979/eirv06n13-19790403/eirv06n13-19790403_051-the_davignon_plan_for_ europes_st.pdf

② HALL P. Governing the economy: The Politics of State Intervention in Britain and France[M]. London: Polity Press, 1986: 191.

③ 雅克·佩克曼斯.欧洲一体化：方法与经济分析 [M].吴弦，等译.北京：中国社会科学出版社，2006: 376.

主义回归，产业政策在整个 20 世纪八九十年代处于一种逐渐被边缘化的状态。当时，欧盟经济政策重点在于"鼓励竞争""塑造单一市场""加速欧盟扩张"与打造"欧洲货币联盟"，欧盟内部的带有垂直意味的产业政策被逐步淡化，欧盟开始强调所谓"水平产业政策"，即塑造合适的产业环境、不针对特定产业部门来提升产业竞争力。

表 6-5　垂直产业政策阶段 Ⅱ：扶持输家

冲击事件	1973—1974 年：石油危机
政策目的	挽救"夕阳产业"、保障就业
主要特征	扶持输家
政策对象	衰退产业中的相关经济部门：钢铁、纺织、造船等
重要节点	1977 年："达维尼翁计划"
	1979 年：欧委会现金补助计划
政策手段	低息贷款、利息减免、无偿援助、技术补助
政策效果	成果不显著：钢铁行业减少 30 万个岗位、生产能力削减 4000 万吨
垂直产业政策的缺陷	财政负担
	不能挽回夕阳产业衰落，效果不佳

欧共体层面，对于成员国的产业支持（state aid）援助政策的监督变得越发严格和复杂，对危机卡特尔的容忍被看作"反常现象"，成员国采取的选择性市场干预政策，面临越来越多的批评。[①] 但是，垂直产业政策并未完全退出欧盟的经济发展领域。

---

① 雅克·佩克曼斯. 欧洲一体化：方法与经济分析 [M]. 吴弦，等译. 北京：中国社会科学出版社，2006：374.

一方面，航空等行业仍然是特例，欧盟仍然提供大量补贴给航空公司，以补贴款来弥补其在竞争与衰退中遭遇的损失；另一方面，鼓励创新、发展高科技产业是欧盟的重心，欧洲推出《欧洲信息技术研究战略方案》(*European Strategic Programme on Research in Information Technology*，简称 ESPRIT) 作为发展高科技产业的重要手段。ESPRIT 旨在整合欧洲的大学、研究机构以及产业界，提高欧洲研究的质量与数量。正如欧洲学者断言的："欧洲的产业政策制定者相信日本之所以在微电子领域取得如此成功，是因为日本通产省协调了政企学三界在该领域的创新。事实上，在 ESPRIT 启动之时，欧共体试图将其打造成欧洲的通产省。"[①]在 ESPRIT 之后，欧洲还推出欧洲先进通信研究（Research into Advanced Communications for Europe）、欧洲工业技术基础研究（Basic Research in Industrial Technologies for Europe）等项目，并借助于这些项目，补贴新技术的研发。尽管欧盟声称这种补贴是水平式的，不针对特定的产业部门，但是其实质上仍然是定向扶持了高科技产业，而忽视了传统产业。这也为欧盟下一阶段产业政策的推出做了铺垫。

第三阶段（自 2008 年至今），特征是"保障欧洲产业竞争力"。主要是自 2007 年、2008 年爆发金融危机后欧盟经济长期处于低迷状态，一直挣扎在衰退与复苏的交界线上。欧盟各国出台了总计达 3.3 万亿欧元的救助计划和财政刺激计划，此后尽管欧

---

① ASSIMAKOPOULOS D, MARSCHAN-PIEKKARIi R & MACDONALD S. ESPRIT: Europe's response to US and Japanese domination in information technology[M]// COOPEY R. Information technology policy: an international history. Oxford, 2004.

表6-6　水平产业政策：统一市场与公平竞争

冲击事件	新自由主义经济思潮、"扶持输家"产业政策效果不理想
政策目的	塑造合适的产业环境，提升全体部门的产业竞争力
主要特征	建市场、重规则、反垄断、促竞争
政策对象	重要经济活动的竞争框架与规则
重要节点	1986年：《单一欧洲法案》 1990年：《开放与竞争环境下的产业政策：共同体行动的指导原则》 1995年：《加强欧盟产业竞争力的行动纲领》 2004年：《促进产业变革：扩大后的欧洲的产业政策》 2007年：《产业政策中期审查——对欧盟增长和就业战略的贡献》
政策手段	打击卡特尔，以法规形式为经济活动建立规则，促进公平竞争
政策效果	欧洲市场一体化提高，欧洲成为国际贸易中重要的规则提供者
政策问题	同时保留高科技产业的垂直产政，实质上定向扶持了高科技产业：《欧洲信息技术研究战略方案》《欧洲工业技术基础研究》

洲中央银行推出量化宽松货币政策，但仍未能驱散笼罩在欧洲经济上空"低通胀、低增长"的阴霾。[①]同时，危机之后欧盟对自身产业竞争力相对下降的担忧不断加剧。欧盟自觉身处美、中夹击之中，有"战略萎缩"（欧盟外长博雷利之语）之虞。一方面，

---

① 陆婷.专家：欧洲经济低迷因素仍存在 增长前景不被看好 [EB/OL]. (2016-11-13). http://finance.people.com.cn/n1/2016/1113/c1004-28856090.html.

美国在人工智能、量子通信、数字信息平台、新能源与新材料开发等领域的技术研发与产业升级进展迅速，美欧差距急剧扩大[①]，中国也在通过不断加大投入提升新兴领域竞争力；另一方面，中国在劳动密集型和资本、技术密集型产业上与欧洲的差距在不断拉近甚至在某些方面超越了欧盟，中国较之欧盟的产业竞争劣势在逐渐减小甚至局部转变为竞争优势[②]。

在复苏经济的需要与振兴自身正在衰弱的产业竞争力双重压力之下，欧盟开始尝试重新引入"（垂直）产业政策"。欧委会2010年3月正式公布《欧洲战略2020》。在这份产业政策通报文件中，欧盟强调欧洲不仅需要经济手段应对危机，还需要引入中长期改革，打造适合全球化、数字化时代的新的产业政策。2014年、2016年、2017年欧盟先后出台关于"产业复兴"与"产业政策"，更新相关的政策通报，着重提出欧洲应扭转制造业不断衰弱的趋势，在2020年制造业占GDP比重应升至20%。2018年底，欧盟十八国经济部长在巴黎发布联合宣言，指出欧洲工业正处于十字路口，欧洲国家必须采取果断措施，维护自身产业竞争力，并积极推动产业结构向安全、可持续、低碳、数字化方向转型。[③] 随着欧盟经济逐渐转好，"垂直产业政策"逐渐开始应对外部对欧盟的挑战。2019年2月，欧洲议会以压倒性优势通过《欧盟统一外资安全审查框架建议》，决定建立一套严格的外国投资审查系统。6月，欧委会出台被称为"欧洲版五年计划"的《战略

---

① 忻华. 国际地缘政治变局中的欧盟新产业战略评析 [J]. 当代世界，2020(10): 68.

② 丁纯，强皓凡. 中欧产业差距变化及其经济成因分析——基于产业国际竞争视角 [J]. 复旦学报（社会科学版），2020(4): 159-173.

③ https://www.gouvernement.fr/en/6th-ministerial-conference-friends-of-industry。

规划 2019—2024》。8 月，欧盟高级别专家组向欧委会提交了《欧盟 2020 工业展望报告》。在共同体层面，欧盟主要借由各成员国出资共计 1000 亿欧元的欧洲未来基金（European Future Fund）来提供产业政策所需的相应资金。

表 6-7　欧盟产业政策方针演变（1990—2020 年）

时间	关于欧盟产业政策的主要信息
1990 年	《开放与竞争环境下的产业政策：共同体行动的指导原则》
1994 年	《欧洲通往信息社会之路》
1994 年	《欧盟产业竞争力政策》
1995 年	《加强欧盟产业竞争力的行动纲领》
1999 年	《欧洲制造业的结构变化与调整》
2002 年	《扩大后的欧洲的产业政策》
2003 年	《欧盟竞争力的关键问题》
2004 年	《促进产业变革：扩大后的欧洲的产业政策》
2005 年	《实施〈共同体里斯本计划：加强欧盟制造业的政策框架〉——朝着更加一体化的工业政策方针迈进》
2007 年	《产业政策中期审查——对欧盟增长和就业战略的贡献》
2008 年	《可持续消费和生产和可持续产业政策行动计划》
2009 年	《为我们的未来做准备：为欧盟关键技术制定共同战略》
2010 年	《全球化时代的一体化产业政策——把竞争力和可持续性放在中心位置》
2011 年	《产业政策：加强竞争力》
2012 年	《增强欧洲工业的增长和经济复苏》
2014 年	《欧洲工业的复兴》
2016 年	《欧洲工业数字化——收获数字化单一市场的优点》

续表

时间	关于欧盟产业政策的主要信息
2017 年	《投资于一个灵活、创新和可持续的产业——更新的欧盟产业政策战略》
2020 年	《具有全球竞争力的、绿色数字化欧盟的新产业战略》
2020 年	《欧盟应对 COVID-19 大流行及其后果的协调行动决议》（欧洲议会）

注：笔者主要根据欧委会相关产业政策通报进行了整理并自拟。[①]

但是部分成员国认为欧盟推进的产业政策幅度仍然过小，德法两国对此并不满意。2019 年 2 月，德国联邦经济与能源部部长彼得·阿尔特迈尔（Peter Altmaier）发布《国家工业战略 2030：对于德国和欧洲产业政策的战略指导方针》。该文件强调了一旦在关键产业竞争中失利，就会对德国造成灾难性后果。因此，该文件强调了一系列旨在增进产业竞争力的"垂直产业政策"，包括：由政府扶持特定行业，如人工智能、纳米技术、生物技术、新材料以及量子计算；修改竞争法与补贴法，打造本国及欧洲冠军企业；建立国家参与机制（National Participation Facility），保护战略重要性企业。[②] 其后，德法两国联合发布《面向 21 世纪欧洲工业政策宣言》，再次重申引入"垂直产业政策"的必要性。2020 年 2 月 4 日，德国、法国、意大利和波兰四国经济部长联名上书，要求修改欧洲当前的反垄断政策。

尽管在重启"垂直产业政策"这一问题上欧盟及各成员国均

---

① 作者选取的是相对较重要的产业政策通报。近几年来，一年中可能出现多份通报，在此不一一列举。
② 黄燕芬 .《德国工业战略 2030》全解析 [EB/OL]. (2019-12-3). http://spap.ruc.edu.cn/displaynews.php?id= 12902&cid=196.

持有相对积极的态度，但是在产业政策具体的实行程度上各方意见有所差异。欧盟只能在如数字化、绿色化等较大的议题上取得一定共识。新任欧委会主席冯德莱恩发布的《具有全球竞争力的、绿色数字化欧盟的新产业战略》即是明证。但是，从欧盟竞争专员玛格瑞特·维斯塔格（Margrethe Vestager）先后否决了西门子与阿尔斯通运输设备部门之间的合并、蒂森克虏伯欧洲钢铁公司（Thyssenkrupp Steel Europe）与印度塔塔钢铁公司（Tata Steel）合并两案亦能看出，欧盟当前在"垂直产业政策"介入的深度上并未达成一致合意。从表6-4我们可以看到欧盟产业政策自石油危机之后逐渐边缘化，又日渐重回决策中心的发展历程。

表6-8　垂直产业政策阶段Ⅲ：保障欧盟产业竞争力

冲击事件	2008 年全球金融危机
政策目的	刺激欧洲经济复苏、应对中美等主要竞争者的挑战
主要特征	保障欧盟产业竞争力
政策对象	在全球竞争中逐渐落入下风的欧盟产业
重要节点	2010 年：《欧洲战略 2020》
	2014 年、2016 年、2017 年：产业复兴、产业政策更新
	2018 年：欧盟部长级会议指出欧盟国家必须采取果断措施维护自身产业竞争力
	2019 年：《欧盟统一外资安全审查框架》
	2019 年：德国《国家工业战略 2030》
	2019 年：德法《面向 21 世纪欧洲工业政策宣言》
	2020 年：《欧洲新产业战略：塑造具有全球竞争力的绿色欧洲和数字欧洲》
实施困境	欧盟层面（倾向于水平）与成员国层面（倾向于垂直）取向出现差异内部争论，阿尔卡特—西门子案例 17

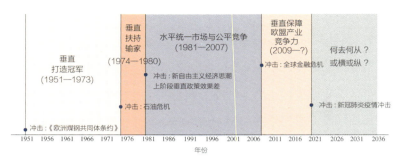

图 6-1　欧盟产业政策历史演变

资料来源：作者根据相关资料自制。

二、欧盟产业政策的角色定位及其争议

从欧盟（欧共体）所实施的三阶段的（垂直）产业政策演化过程中可以清晰地观察到，欧盟往往把垂直产业政策视为一种非常态、应对危机的政策，平时更多地、更理直气壮地执行水平产业政策。这可以从欧盟（欧共体）相关条约关于不同类型产业政策规定演化等看出端倪。1951 年，德、法、意、荷、比、卢欧洲六国缔结《巴黎条约》，成立欧洲煤钢共同体，目的是保证对欧洲经济恢复至关重要的煤炭、钢铁行业的充足供应和统一监管。该条约规定，欧洲各国可以使用投资规划、配额、最低价格和贸易保护等手段来保障煤炭与钢铁的供给。尽管该条约默许了欧洲国家的自行产业干预，但其本身并未强调"产业政策"。[①]也即是说，尽管因为舒曼时代的超国家主义狂热，人们期望共同体能在煤炭

---

① 雅克·佩克曼斯.欧洲一体化：方法与经济分析 [M].吴弦，等译.北京：中国社会科学出版社，2006：370.

与钢铁两个战略命脉部门发挥积极的作用，但是《巴黎条约》的理念从根本上而言是自由而非干预的。[①]

1957 年，随着《罗马条约》签订，欧洲经济共同体（EEC）于次年建立，正式开启了欧洲一体化进程。但在作为欧洲一体化奠基之法的《罗马条约》之中，本身亦未明确提到产业政策。除了政治目标以外，《罗马条约》主要强调通过构建内部市场促进欧洲一体化。该条约强调建立工业品关税同盟，及对第三国实行共同的对外关税与共同商业政策，以促进共同体内部的贸易流动。为保证共同体市场内部的正常运行，该条约不仅没有提及对产业干预的政策，反而在共同体层面突出强调了看似与之相反的"竞争政策"。该条约序言中明确：各国承诺要"确保稳定的扩张、平衡的贸易与公平的竞争"，共同体要建立一个"确保共同市场的竞争不被扭曲的制度"。《罗马条约》规定，为了增加竞争和促进货物的自由流动，必须放弃对特定行业的补贴和国家援助，或至少要遵守共同规则。不过，该条约仍允许在不同的成员国维持不同版本的产业政策，其中一些侧重于部门性政策，另一些侧重于框架条件。[②]

1992 年签署的《马斯特里赫特条约》在"产业"条目之下加了一项新条款，即第 130 条（现第 157 条），首次将欧盟产业政策的职能权限划归至共同体层次。这一新条款集中在"共同体产业竞争力的必要条件"上。该条款几乎没有为政府干预或者"择优"提供法理上的依据，并明确排除了共同体"可能导致竞争扭曲"

① TSOUKALIS L, FERREIA A S. Management of Industrial Surplus Capacity in the European Community[J]. International Organization, 1980, 34(3): 357.
② AIGINGER K, SIEBER S. The Matrix Approach to Industrial Policy[J]. International Review of Applied Economics, 20(5): 573-601.

的一些措施。[①]《马斯特里赫特条约》中进一步明确了构成产业政策的四大目标，分别是：

（1）加快产业对结构变化的调整；

（2）鼓励创造一个有利于整个共同体的公司和企业的主动性和发展的环境，特别是中小型公司；

（3）鼓励建立一个有利于企业间合作的环境；

（4）挖掘以创新、研究和技术发展为重点的政策的产业潜力。[②]

与《巴黎条约》和《罗马条约》相类似的是，垂直产业政策仍然被排除在《马斯特里赫特条约》之外，欧盟的重要条约中产业政策几乎没有以一种固化的形式正式出现，欧盟的官方文件中仍然只强调竞争、鼓励市场。显然，水平产业政策是正宗和常态。

其实，欧盟两类产业政策交替使用的选择，其背后是有关这两类政策及其功用的巨大争议。

首先，欧盟垂直产业政策不利于实行统一大市场。自成立欧共体以来，欧盟的首要任务一直是推动并加深欧洲一体化。产业政策的使用必须服膺于欧盟一体化的大局。自 1951 年煤钢共同体开始，由于《巴黎条约》更多地将干预的能力授予共同体而非国家，此时产业政策体现了成员国对共同体权限的让渡，因此并非

---

① 雅克・佩克曼斯. 欧洲一体化：方法与经济分析 [M]. 吴弦，等译. 北京：中国社会科学出版社，2006: 370.

② AIGINGER K, SIEBER S. The Matrix Approach to Industrial Policy[J]. International Review of Applied Economics, 20(5): 577.

欧洲一体化的阻碍，双方并行不悖，甚至在某种程度上实现互补。但当欧洲进一步塑造"单一市场"之时，"垂直产业政策"与欧洲一体化出现了矛盾。从 1957 年《罗马条约》到 1986 年《单一欧洲法令》，欧盟借统一内部大市场不断推动加深一体化程度，继《罗马条约》消除关税壁垒之后，统一大市场的最大障碍即是各成员国内部的非关税壁垒，其中各国的产业政策就是这一壁垒的重要组成部分。因此，欧盟试图从共同体层面限制各成员国实施国家产业政策的能力，《马斯特里赫特条约》中关于产业的新增条目即为明证。与此同时，即使是共同体层面，欧盟一般也不愿意采取垂直产业政策。由于企业扩张存在结构性限制，真正欧洲层面的集中反而相对较少。[①]欧盟打造"欧洲冠军企业"的尝试很容易演变为特定大国对"国家冠军企业"的追逐。欧盟曾尝试解决产业政策与欧洲一体化之间的冲突，其方法就是令新成员国放开对国内某些行业的保护，以此为核心国的企业找到扩张方向。[②]迄今为止，德国和法国企业国际化最常见的形式便是收购欧洲竞争对手。[③]西班牙和意大利也是收购欧洲其他国家企业的主力。英国相对将精力集中于银行业的国际化。[④]但是，这种政策并未解

---

① Commission of the European Communities. First Report on Competition Policy[R]. Annual Competition Reports,1972.

② VUKOV V. More Catholic than the Pope? Europeanisation, Industrial Policy and Transnationalised Capitalism in Eastern Europe[J] Journal of European Public Policy, 2020, 27(10): 1546-1564.

③ BABIC M, GARCIA-BERNARDO J & HEEMSKERK E M. The Rise of Transnational State Capital: State-Led Foreign Investment in the 21st Century[J]. Review of International Political Economy, 2020, 27(3): 433-475.

④ James Silverwood and Richard Woodward, "From Maggie to May: Forty Years of (De)Industrial Strategy," The Political Quarterly, 2018, Vol.89, No.4. pp.631-639.

决一体化实践与"垂直产业政策"的实质冲突。其缓解矛盾的方式建立在后入欧国家的牺牲之上，甚至可以理解为这些国家为加入欧盟做出的利益交换。

另外，对于欧洲国家而言，在大部分时间里，即使不使用垂直产业政策，其也仍能保持对国家战略行业的控制能力。如在银行和电信业，即使完全放开保护，允许外资企业进入本国，因相较外国公司，本国公司获得经营许可更为容易，其仍然能获得相应的竞争优势。[1] 国家亦可通过对经营许可权限的发放，获得对银行、电信业的影响能力。同时，对处于私有化进程中的公共服务部门，各国政府通常仍是其中的重要股东，并可通过种种投票权的设计掌控企业的经营权。[2] 甚至在完全没有持股的情况下，国家也可以通过加强对私人投资者的监管来获得事实上的影响力——如西班牙对西班牙电信的股东做出的限制一般。[3] 因此，在非危机时期，垂直产业政策对于成员国与欧共体而言均非刚需。

其次，产业政策本身亦与欧洲长期对市场经济理念的坚持相悖，也因此一直以来面临较大争议。对于欧盟而言，竞争已经被提升到一个崇高的地位，很多人笃信唯有竞争才能塑造产业竞争力。[4] 从一些欧洲学者对"产业政策""竞争政策"的讨论中我们

[1] Rachel A. Epstein, "Assets or Liabilities? The Politics of Bank Ownership," Review of International Political Economy, Vol.21, No.4, pp.765-789.
[2] Jack E. S.Hayward, Industrial Enterprise and European Integration: From National to International Champions in Western Europe. Oxford: Oxford University Press, 1995.
[3] Fabio Bulfone, "The State Strikes Back: Industrial Policy, Regulatory Power and the Divergent Performance of Telefonica and Telecom Italia," Journal of European Public Policy, Vol.26, No.5, pp.752-771.
[4] SMITH M P. Germany's quest for a New EU industrial policy: Why it is failing[J]. German Politics, 2015, 14(3): 315-331.

可以见到"市场原教旨主义"的影子。不少欧洲学者认为，欧盟不应当发展产业政策，"自由竞争"才是欧盟应当倡导的原则，垂直产业政策背后的政府直接干预是一种扭曲市场的行为。[①]另有学者承认欧盟在 20 世纪 80 年代之前有直接干预的"垂直产业政策"，但他们认为此类政策通常导致恶果，难以促进经济良好发展。依靠政府指导和支持来创建竞争优势通常行不通，对陷入困境的行业进行帮扶也只会阻碍资源的自然转移。[②]

正是因为存在上述观点，欧盟在应对危机时引入"垂直产业政策"一直存在内外争议。内部争议围绕"垂直产业政策"的具体效力，在某种程度上亦可理解为凯恩斯主义与新自由主义的发展道路之争。如在欧盟产业政策的第一阶段，不少学者就认为欧盟挑选赢家的尝试是一种财政上的浪费。德国的经济表现最好是因为其干涉主义的政策使用最少，其经济成功来自贸易开放、职业培训制度以及银行与工业的紧密联系。[③]即使对欧盟"打造赢家"的成功案例空客公司亦存在质疑。有学者指出，空客公司的成功给欧洲消费者带来的实际好处有限。[④]亦有学者认为，航空业具有特殊性，空客公司的成功可能只是"垂直产业政策"的一

① BUCH-HANSEN H, WIGGER A. Revisiting 50 Years of Market Making: The Neo-liberal Transformation of European Competition Policy[J]. Review of International Political Economy, 2010, 17(1): 20-44.
② Geoffrey Owen, "Industrial Policy in Europe since the Second World War: What has been Learnt?" ECIPE Occasional Paper, 2012, No.1.
③ OWEN G. Industrial Policy in Europe since the Second World War: What has been Learnt?[J]. ECIPE Occasional Paper, 2012(1).
④ NEVEN D, SEABRIGHT P. European industrial policy: the Airbus case[J]. Economic Policy,1995, 21.

个特例，并不能复制到其他行业。[①] 今天仍存在这种争议，德国学术界对阿尔特迈尔发布的《国家工业战略2030》总体持贬斥态度。德国政府经济顾问委员会"五贤人"（Fünf Weisen）中的四位教授均认为让政府选择产业进行扶持并不可行，必然会对其他经济主体产生负面外部效应。[②] 相反，即使不采取"垂直产业政策""水平产业政策"也足以发挥重要作用。相较于空客公司，GSM的确立为欧洲消费者带来了性价比更高的服务，这就是市场"选择赢家"的优势。同时，很多学者也认为发展高科技产业的北欧国家在这一问题上表现良好。以芬兰为例，其在20世纪90年代创造了一种鼓励对知识型工业，尤其是信息技术产业投资的环境，政府主要的产业政策开支是鼓励教育、研发以及创新。在并未刻意挑选赢家的前提下，诺基亚公司在很长一段时间成为移动电话行业的霸主。[③] 同时，"垂直产业政策"的引入对于欧盟而言也会面临较大的外部争议。欧盟一直试图依靠"规范性权力"输出规则，如近来被学者提出的"布鲁塞尔效应"就是指欧盟利用单一市场获取制定区域内标准及塑造全球规则的能力。[④]

在这种情况下，欧盟对产业政策的倡导实则是在损害自身塑造规则的能力。其他国家会将欧盟的行为视为一种"双重标准"，

---

① SEABRIGHT P. National and European Champions - Burden or Blessing?[J].CESifo Forum, ifo Institute - Leibniz Institute for Economic Research at the University of Munich, 2005, 6(02): 52-55.

② 黄燕芬 .《德国工业战略 2030》全解析 [EB/OL]. (2019-12-3). http://spap.ruc.edu. cn/displaynews.php?id= 12902&cid=196.

③ OWEN G. Industrial Policy in Europe since the Second World War: What has been Learnt?[J]. ECIPE Occasional Paper, 2012(1).

④ BRADFORD A. The Brussels Effect: How the European Union Rules the World[M]. New York: Oxford University Press, 2020.

认为其背弃了自己所倡导的多边贸易体系，只是在单方面推行贸易保护主义。

因此，因为既与一体化实践相悖，也不符合欧盟长期坚持的市场经济理念，欧盟的"垂直产业政策"长期面临内外争议，最终只能作为一种辅助性、应急性的政策，欧盟在其使用问题上表现出高度的审慎。

表6-9　欧盟产业政策定位原因

维度	成因	态度
自身特点	深化欧洲一体化的要求	倾向水平产业政策
	对市场经济理念的坚持	倾向水平产业政策
现实背景	非危机时期，欧盟国家不用垂直产业政策仍可以保持对国家战略行业的控制力	倾向水平产业政策
	危机时期，欧盟国家产业国际竞争力丧失，欧盟产业竞争力开始落后于主要竞争对手	启动垂直产业政策

三、当前欧盟重启产业政策的原因及其前景

21世纪以来，欧盟对（垂直）产业政策的第三轮重启的背景主要是：欧债危机以来，欧盟深陷一系列接踵而至的危机之中，包括难民危机、乌克兰危机、恐怖袭击以及英国脱欧等，疲于应付。欧盟也逐渐意识到，其经济、科技和产业地位在相对衰落的过程中。正如欧盟高级外交代表博雷利在解析《战略指南针》时所指出的：欧盟处在"战略萎缩"中，需要强化欧洲"战略自

主"。具体到科技和产业来说，就是动态来看，一方面，美国继续对欧保持竞争优势；另一方面，以中国为首的新兴经济体正在不断追赶中，对欧形成了一种挤压态势。从产业竞争力视角，我们运用对称性显示性比较优势指数 (Revealed Symmetric Comparative Advantage Index，RSCA)[①] 来刻画和描述 21 世纪以来中欧的相对态势变化 (见图 6-2、6-3)。[②] 从中可以观察到，无论是资源密集型、劳动密集型还是资本和技术密集型产业，近 10 年来中国对欧洲相关产业的追及速度均明显加快，原有差距也在明显缩小。同样地，在制造业领域，我们也可看到，相比中、美而言，欧洲对称性显示性比较优势指数增速处于明显的不利地位（见图6-4）。[③]同样的现象，我们也可从中美欧按全产业以及制造业分类的全球价值链 (GVC) 地位指数变化走势中看出（见图 6-5、图 6-6）。[④]在此背景下，欧盟重启（垂直）产业政策，且相较而言，美欧间一定程度的联手对华呈现出更强的竞争或遏制的态势。除欧盟本身推出一系列对华产业竞争政策工具外（见表 6-10），最为突出的就是美欧于 2021 年 9 月建立了 "美欧贸易与技术委员会"(US-EU Trade and Technology Council, TTC)，协调对华贸易、技术和产业竞争，祭出了一整套相关的方针和举措（见表 6-11）。

---

① $RSCA = \dfrac{RCA_i - 1}{RCA_i + 1}$ 。

② 丁纯，强皓凡 . 中欧产业差距变化及其经济成因剖析——基于产业国际竞争视角 [J]. 复旦大学学报（社会科学版），2020,62(4): 162.

③ 丁纯，陈腾瀚 . 中美欧制造业竞争：现状、政策应对与前景 [J]. 欧洲研究，2021(5): 13.

④ 丁纯，陈腾瀚 . 中美欧制造业竞争：现状、政策应对与前景 [J]. 欧洲研究，2021(5): 15-16.

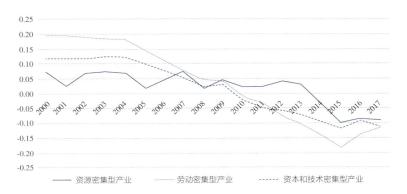

图6-2　中国—欧盟产业差距变化（RSCA指数测算结果）

资料来源：纵轴为对应产业欧盟 RSCA 值减去中国同产业 RSCA 值，笔者根据 UNComtrade 数据库整理测算。

图 6-3　中国—欧盟主要成员国产业差距变化
（RSCA 指数测算结果）

资料来源：笔者根据 UNComtrade 数据库整理测算。

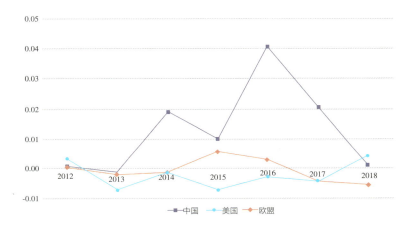

图 6-4　2012—2018 年中美欧制造业 RSCA 年度增速差距变化

资料来源：根据 UN Comtrade、世界银行数据库计算整理。

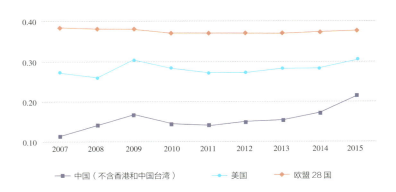

图 6-5　2007—2015 年中美欧（全产业）GVC 地位指数变化图

注：图由作者自制。

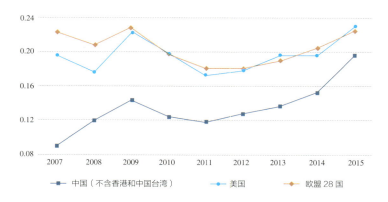

图 6-6 2007—2015 年中美欧制造业细分类（9 类）
GVC 地位指数变化图

注：图由作者自制。

表 6-10 2016 年后欧盟制造业对华竞争主要政策工具案例

时间	政策文件 / 工具	主要内容
2016 年 6 月— 2019 年 5 月	5G 政策一揽子工具箱	分享 5G 安全风险信息并制定缓解措施。利用现有规则和跨境合作让成员国自行决定是否以国家安全为由禁止公司参与 5G 建设
2016 年 9 月— 2021 年 5 月	出口管制一揽子工具箱	设立欧盟层面两用物项出口商、外贸代理人、技术援助、过境和转移的管制制度
2020 年 9 月	投资审查框架	在与核心国家安全、公共秩序、军民两用技术和关键基础设施相关的狭义领域中对商业实施更严格的审查

续表

时间	政策文件 / 工具	主要内容
2021 年 3 月	《欧洲新工业战略》	支持欧洲工业向气候中立和数字化转型，并提高竞争力和战略自主性；将绿色可持续发展和数字化转型概念嵌入欧洲工业的核心，维护欧洲工业领导地位；制定气候中和、保持欧洲工业全球竞争力及公平竞争环境、塑造欧洲数字未来三项优先任务
2021 年 5 月	弹性供应链计划	解决在原材料、活性生物医药原料、锂电池、氢能、半导体、云计算和边缘计算这六个领域的对外依赖问题
2021 年 9 月	"印太战略"	在可持续和包容性繁荣、绿色转型、海洋治理、数字治理和伙伴关系、连通性、安全和防卫、人类安全领域加强与地区、国家合作

注：表由作者自制。

表 6-11　欧盟—美国贸易和技术委员会 (TTC)

核心目的	在加强美国和欧盟对核心战略技术的协调，维护供应链的安全和减少对中国的经济依赖
主要目标	协调处理关键的全球技术、经济和贸易问题的方法：深化跨大西洋贸易和经济关系，基于共同的民主价值观制定政策
关注重点	(1) 技术标准合作；(2) 气候与绿色科技；(3) 安全供应链 (包括半导体供应链)；(4) 信息通信技术 (ICT) 安全与竞争力；(5) 数据管理与技术平台；(6) 潜用技术

关注重点	威胁安全和人权；(7) 出口管制；(8) 投资审查；(9) 促进中小企业获得与使用数字技术；(10) 全球贸易挑战
欧盟期望	(1) 利用美国数字经济实力摆脱对中国 ICT 企业的依赖；(2) 通过 TTC 为美国企业设立栏杆，规范美国科技企业巨头的界限，培育壮大欧洲自己的数字经济实力，摆脱对美国的依赖
美国期望	遏制中国成为技术强国
发展前景	(1) 欧盟与欧盟成员国意见相左；(2) 企业界不希望 TTC 成为欧美遏制中国的地缘政治工具；(3) 美国与欧盟关于 TTC 期望战略目的的重大分歧 总结：TTC 前途未卜

基于上述分析，欧盟未来可能会进一步加大垂直产业政策的使用规模和强度，并取得一定成效，但是离其希冀实现的目标恐存不小距离。

欧盟此轮垂直性产业政策规模将在内外因素的共同作用下继续扩大：

其一，国际竞争格局下欧盟的相对落后与产业转型的相对机遇将刺激欧盟继续扩张其产业政策。冷战结束之后，新一轮经济全球化推动国际产业大调整，欧盟制造业全球份额持续萎缩。自2008 年金融危机以后，随着对产业竞争力下降的担心，欧盟忧虑于"战略自主"能力的下降。[①] 同时，新兴经济体也在迎头赶上。在工业增长方面，从 2000 年到 2014 年，欧盟在制造业全球价值

---

① 郑春荣，吴永德.欧盟产业政策调整及其对中欧合作的影响 [J]. 当代世界与社会主义，2021(1): 98-106.

链（GVC）中占全球附加值的份额从 27% 减少到 16%。其所下降的份额大部分为新兴经济体所占去。^①新兴经济体经济的高速增长与政府力推的产业政策密切相关。欧盟亦注意到，当前世界正面临科技创新和产业转型浪潮。早在 2010 年，《欧洲 2020》战略规划中明确提出，要尽快实现以科技创新为基础的智能增长。科技创新与产业转型的机遇期为欧盟使用产业政策、迅速拉近差距创造了机会。

其二，欧盟及成员国产业政策的部分成功经验也将促使欧盟继续采取相应产业政策的路径。一方面，欧盟产业政策在对过去相应领域政策的反思、评估基础上持续更新，以适应内外经济形势的持续变化。另一方面，成员国、成员国集团的产业政策经验，通过大国推动或欧盟主动吸收，转化为欧盟层面的产业政策。欧盟东扩以来，内部经济发展异质性日益突出，"多速欧洲"已然成为现实，各成员国在产业政策的实施意愿和能力上存在明显差异。德法等大国较早意识到欧洲竞争力相对衰弱、产业政策迫在眉睫的现实，率先尝试产业政策，并将其中一部分产业政策向欧盟推广。例如，德法两国签署《德法共同产业政策宣言》后，欧委会正式公布的被外界称为"欧洲版五年计划"的《战略规划 2019—2024》，也将产业政策列为四大重点之一。从欧盟研发支出（Research and Development）亦可看出，金融危机并未改变欧盟在此项上支出的增长，并且 2008 年之后出现较为显著的增长，欧盟

---

① SZCZEPAŃSKI M, ZACHARIADIS I. EU industrial policy at the crossroads: Current state of affairs, challenges and way forward[R]. EPRS, European Parliamentary Research Service, 2019.

研发支出占据 GDP 百分比逐渐接近 2.2%。

但是，欧盟产业政策在有所成效的同时，受限于主客观原因，难以完全实现预期目标，彻底扭转其相对衰弱的现状：

欧盟的治理架构阻碍产业政策的有效执行。横向看，欧盟各成员国经济发展异质性增强，南北差距、东西差距扩大，利益诉求分歧突出。制造业大国（法国、德国、意大利等）、金融大国（英国、爱尔兰）以及高科技国家（北欧国家）之间的利益诉求分歧迫使欧盟在实施产业政策的同时还需考虑"欧洲团结"，避免损益不均的后果。纵向看，受限于当前一体化现实下欧盟与成员国的权能分工，欧盟层面的产业政策主要起指导性作用，产业政策的实施有赖于成员国中央与地方政府的投入与监管。不同成员国内部错综复杂的政治势力与对产业政策的不同态度，导致欧盟产业政策的执行难免打折扣。

欧盟实施产业政策的"能力"或者说"资源"相对不足。与中美相比，欧盟市场尤其是新兴领域市场规模有限，创新能力不足。此轮以信息技术为代表的科技创新浪潮中，欧盟暴露出基础设施不足、政府过度监管等现实问题。在全球产业链趋于成熟的现实中缺乏必要的企业、产业和产业集群作为杠杆，欧盟的产业政策相对中美更加"任重道远"。同时，欧债危机以来，欧盟经济发展相对停滞、成员国政府债务高企、财政资源不足、欧盟财政一体化尚未实现等问题限制了欧盟产业政策的实施。未来一段时期，欧盟经济还将面临疫情下经济复苏压力、英国"脱欧"影响等现实挑战。尽管欧盟通过规制层面的努力，以软实力弥补硬实力的不足，但欧盟经济发展乏力、政府投入不足的现实问题仍然亟待解决。

产业政策与一体化之间的认知张力还将持续困扰欧盟。欧洲一体化与经济自由化的逻辑高度重合，欧洲单一市场的建立过程也是不断拆除壁垒，提升商品、服务、劳动力和资本流动自由化水平的过程。这一过程与冷战的背景交织，在欧洲形成了对产业政策排斥乃至厌恶的政治氛围并总体延续至今。自上而下的欧盟产业政策必然遭致欧洲内部某些政治势力的反抗。对于产业政策的方向、时限等具体问题，不同政治派别存在差异，也将困扰欧盟产业政策作用的持续发挥。如果垂直产业政策于欧盟仍然是临时性、辅助性的政策，那显然其最终成效仍然有限。相反，如果欧盟能在一体化与垂直产业政策实施中寻找到新的平衡点，那么欧盟产业政策的成效就可能值得更多期待。

第七章

美欧合作新动向：TTC 建立的战略成因以及对中国产生的影响[①]

亢梅玲[②] 洪文凤[③]

跨大西洋关系在特朗普任内遭到强烈的冲击，美欧关系在内在经贸、军事等领域面临严峻的挑战。拜登上台后，对于美欧双方而言，重振多边主义，重塑国际秩序，加强双方对规则的塑造，尤其是推动在贸易和技术上的国际标准和规则，普遍成为目前跨大西洋国家的共识。TTC 的建立正是对双方计划通过实现经济共同增长、强化供应链合作、促进贸易、扩大关键和新兴技术方面合作，重塑美欧关系的"愿景"回应。TTC 广泛的议题或在一定程度上促进贸易和

---

① 本文完成于 2021 年 11 月，是国家社科项目《市场需求不确定性对异质性企业出口及其创新行为的影响研究（18BGJ015）》和教育部国别区域项目（2021—N47）的阶段性成果之一。
② 亢梅玲，武汉大学经济与管理学院美国加拿大经济研究所副教授，研究方向为国际经济学、创新、知识产权保护、中美经贸关系。
③ 洪文凤，武汉大学经济与管理学院研究人员，研究方向为国际贸易。

科技领域的"美欧合流"趋势。但是对于美国而言，TTC建立的本质不过是其"联盟制华"的一个战略措施，而欧盟因其战略依赖和战略自主的疑虑导致双方在TTC定位、数字治理等方面存在分歧。不可避免的是，中国的对外贸易、与欧洲的关系以及中国技术的发展会因此受到负面冲击。无论TTC是否能取得实质性成果，中国都要做好万全的准备，在与美国和欧盟的关系上应变被动为主动，积极寻找发展的"新焦点"，加快自主科技创新与数字化转型，发展"新基建"，增强国内经济发展的确定性。

一、TTC 建立的背景

美国—欧盟贸易和技术委员会（EU-US Trade and Technology Council，简称 TTC）成立于 2021 年 6 月 15 日的美欧峰会上。该委员会的成立旨在解决技术、贸易、制定准则相关的问题，技术领域和供应链领域成为此次跨大西洋合作的新核心。2021 年 9 月 29 日，美国和欧盟举行了 TTC 成立以来的首次会议。会议的召开标志着美欧深化双方在贸易与技术领域实质性合作的正式开展。TTC 成立主要的推动力来自美国，拜登政府企图在对华政策上联合更多盟友以牵制中国在技术和贸易方面的发展。

（一）美国政府技术联盟的需要

中国近 40 年的经济持续增长以及在新兴技术等领域的快速进步给美国带来了全球政治经济格局改变的挑战。美国政府对中国在某些科技领域的进步与领先产生了高度的担忧与战略警觉。他们认为中国某些科技的发展严重威胁了美国在军事、信息和关键技术、产业的领先优势，从而在跨大西洋合作中一直推波助澜。以北欧为代表的跨大西洋合作成为美国政府构建对华科技围堵的重要着力点（孙海泳，2020）。美国政府主张出台战胜中国威胁所需的政策，遏制中国技术，该主张在后续得到不同程度的执行（Steve Bannon，2019；The White House，2021）。在新一轮科技

革命与产业变革深入发展的时代背景和中美贸易摩擦的经济形势
下，针对技术的遏制成为这一阶段美国对中国遏制战略的重中之
重（池志培，2020）。

在遏制中国高科技领域发展的同时，美国也在强化其主导的
技术联盟，企图在国际上排挤中国。2019 年 5 月，美国与除中国
外的其他 32 个国家代表发布了非约束性政策建议，即"布拉格
提案"（The Prague Proposals，2019）。2020 年 2 月，在慕尼黑安
全会议中美国众议院院长声称，各国不能出于经济利益的考量而
将电信基础设施让给中国企业（Speaker Pelosi Remarks at Munich
Security Conference，2020）。2020 年 12 月，美智库提议美欧应探
讨建立"跨大西洋智能合作联盟"（European Commission，2020）。
2021 年，美国政府颁布《过渡时期国家安全战略指南》（*Interim
National Security Strategic Guidance*，2021）。这些联盟协议提出了
"民主国家联盟"与"供应链的联盟"，来共同应对对美国的挑战。
同时，2020 年的新冠肺炎疫情暴露了美国长期产业空心化的弊
端，这让美国对其自身供应链安全加强了警惕 (100 Days Reviews，
2021；张晏纶，2021)。

美国政府技术联盟的需要推动了 TTC 的建立。美国在 TTC
中的计划很明确，希望联合欧盟国家，制定排除中国的国际贸易
和技术标准，以此遏制中国的发展，在西方国家内部经济体系内
形成主要科技供应链的生态体系，从而在技术和贸易标准上建立
起对中国的优势。

（二）美欧关系的调整

从目前全球局势的发展趋势来看，中国、美国和欧盟成为全球政治格局中的三支主要力量。三方在某些层面上都有所互动，但是总的来看，三方关系之间存在着不确定性。对于中欧关系来说，尽管双方之间摩擦时有发生，但对话和合作是主基调。2020年底，中国和欧盟签订了《中欧双边投资协定》，这在一定程度上可以使双方平衡互利共赢。但是谈判时间长达 7 年之久、眼看就要结出"胜利果实"的协定却在欧方的无理制裁中被冻结。该协议被冻结的真实原因我们不得而知，我们只知道 TTC 的建立对该协定重新恢复谈判产生了严重的阻碍。对于中美关系而言，在经历严重的脱钩后重新进行挂钩。2020 年 1 月 15 日，中美双方签署《中华人民共和国政府和美利坚合众国政府经济贸易协议》，双方针对扩大贸易流的问题做出了针对性的安排。但是，从拜登在竞选中反复提及的重点关注国内制造业、供应链安全和贸易、强调与盟友的合作、为贸易和技术制定新的全球规则等来看，中美关系紧张局势仍然存在。中、美、欧三方的经济、政治等其他方面的往来在一定程度上会加深三者的合作，但是三方之间的互动面临极大的不确定性和不稳定性。对欧盟来说，与美国的跨大西洋关系仍是其发展的核心（唐永胜，2021）。中美双方之间竞争的焦点已经转向技术，技术问题把经济竞争和安全等问题链接在一起。"非对称竞争""耐心""长期战略"等一系列相互矛盾又紧密联系的关键词成为目前中美科技竞争的缩影。

美欧同盟关系走过数十载，国际格局的形势演变对其形成了强大的塑造力。从两极格局下的军事同盟、冷战后的关系调整，到特朗普政府"美国优先"政策的冲击，美欧同盟关系在国际格局形势中不断发生演变。尽管几十年来双方关系此起彼伏，但从未像"特朗普冲击波"那样遭遇挑战。早在 2013 年，美国与欧盟就启动了《跨大西洋贸易与投资伙伴关系协定》（简称 TTIP）的谈判，但是直到 2018 年双方都未达成协议，在"特朗普冲击波"下，TTIP 最终搁浅（林珏，2019）。特朗普任内，美国和欧盟彼此"三观不合"，在战略定位上进一步分化，出现了诸多矛盾，这其中就包括经济责任与经济付出、政治分散与政治团结、安全自主与安全依赖以及规则守卫和规则破坏（孙成昊、董一凡，2020）。在美欧关系出现重重矛盾以及世界格局出现诸多不确定因素的情况下，欧盟对拜登执政饱含期待。被誉为近一个时代以来"最具大西洋主义倾向"的拜登声称"去特朗普化"，使得美欧双方在多边主义和国际领域的合作出现了新的转机（Erik Brattberg，2020）。在"奥巴马政府"和"特朗普政府"的塑造下，拜登上任对欧盟的政策路线将重新调整回国际主义的路线，其态度将更加符合实际所需。

与特朗普时期的"三观不合"相反，拜登政府强调民主价值观、强化同盟关系以及回归多边主义合作（孙成昊，2021）。第一，强调民主价值观，美欧"三观"再趋一致。拜登上任后多次强调"民主"对于恢复美国的国际地位具有重要意义。无独有偶，国务卿布林肯也指出，"美国外交政策的当务之急是重新塑造民主"（Antony Blinken，2021）。第二，强化同盟关系，修复特朗普政府冲击下的美欧关系。拜登政府将暂停特朗普时期对欧洲实行的

关税战，并且结束了对欧洲发起的"人造贸易战"（Gavin Bade，
2020）。第三，回归与欧盟的多边合作，为双方的合作提供纽带。
对于美欧双方而言，重振多边主义，重塑国际秩序，加强双方对
规则的塑造，尤其是推动在贸易和技术上的国际标准和规则，普
遍成为目前跨大西洋国家的共识。

（三）不确定性因素对美欧国家的影响

自 2008 年全球金融危机以来，全球发展逐渐进入应对国际格
局和国际形势带来的新挑战之中。随着全球化进程的加深，国际
主要经济实力对比发生了重大变化，国际治理体系改革进程明显
变缓。不确定性给全球经济体带来了经济、政治等方面的影响，
2020 年的新冠肺炎疫情、气候变化、中美关系等都在一定程度上
加剧了全球发展的不确定性。第一，新冠肺炎疫情大流行对世界
各经济体的影响无论是波及范围还是程度都是前所未有的。2020
年，美国经济增长速度受到疫情冲击，较上一年下降 5.7 个百分
点，美国全年 GDP 总体下降 3.5%，达到 1946 年以来的新低（数
据来源：美国国家统计局）。欧盟委员会发布的《2021 年欧盟经
济预测报告》中指出，2020 年欧盟整体 GDP 下降 6.3%，经济发
展受到严重的影响。疫情冲击了国际单边主义的发展，多边主义
发展合作得到了全球治理的共识。在疫情中遭受严重冲击的美国
和欧盟国家同样意识到多边合作的重要性，这加速了 TTC 的建
立。第二，在经历了大范围的粗排放之后，绿色发展、环保发展
成为全球发展的普遍关注点，气候经济逐渐成为当下热点话题之

一。气候变化催生了新的经济发展问题，如何应对气候变化以及解决由此带来的经济问题对于各国来说任重而道远。2019 年，美国国家经济研究局发布的《气候变化对宏观经济的长期影响：跨国分析》报告中指出，如果没有适宜的政策规制，全球每年平均气温将持续上升 0.04℃。按照这个速度，到 2100 年全球人均GDP 将因气候变化而下降 7.22%。气候变化深刻影响着能源政策。对于德国和欧盟来说，碳排放定价是其面临的一个重要话题（任玉婷、王宁雪、高芦荟，2020）。气候变化带来的共同问题促进美国和欧盟的进一步合作，以此来制定合理的国际标准和规则应对其带来的经济问题。第三，作为全球重要经济体，中美关系发展在一定程度上给全球经济带来了不确定性，牵动着全球其他经济体的发展态势和方向。特朗普在任期间对中国发动了贸易战，给世界经济蒙上了阴影。经过艰苦的谈判，虽然达成了第一阶段的协议，但是受到疫情的影响，协议进程被搁浅。拜登政府的上台并没有给二者关系缓和带来转机。拜登非但没有放松特朗普时期的加征关税和对华的经济制裁，还建立了联合内政外交的经济竞争决策机制（Karen De Young，2021）。中美关系变局仍是全球主要经济体面临的重要问题。

二、TTC 建立的主要内容议题

2021 年 9 月 29 日，美国与欧盟召开 TTC 首次会议，并在会议结束时发布包括匹兹堡声明、匹兹堡成果及未来工作范围三部分内容的联合声明。该声明展示了美欧双方在投资审查、出口管制、人工智能、半导体供应链、劳工、环境及非市场经济体等方面达成的成果以及后续的工作安排。

在声明中，美欧双方重申了 TTC 的建立目标：协调处理关键的全球技术、经济和贸易问题的方法；深化跨大西洋贸易和经济关系，并将政策建立在共同的民主价值观之上。双方支持持续增进技术、经济和贸易关系以及加强应对全球挑战方面的合作。双方计划通过合作实现经济的共同增长，保护环境、应对气候变化，扩大和深化跨大西洋贸易和投资，扩大有弹性和可持续的供应链，并扩大关键和新兴技术方面的合作。值得注意的是，双方强烈希望推动数字转型。在国际数字贸易不断发展的过程中，数字转型能够刺激美欧双方的贸易和投资。TTC 内部的合作旨在促进包括世贸组织在内的多边机构的协调，以及与志同道合的伙伴的更广泛的努力，以促进民主和可持续的数字和经济治理模式（Andreas Aktoudianakis，Guillaume Van der Loo，Thijs Vandenbussche，2021）。

（一）匹兹堡成果

美国—欧盟贸易和技术委员会（TTC）首次会议在美国宾夕法尼亚州匹兹堡举行，确立了在投资审查、出口管制、人工智能（AI）技术、半导体供应链、全球贸易挑战方面的合作方向与成果。

1. 在投资审查方面，美欧双方打算继续维持投资审查制度来应对某些国家安全风险，以及应对在欧盟内部公共秩序方面的风险。双方认识到，投资审查制度应当遵循相关原则，并辅之以适当的执行机制。

2. 在出口管制方面，双方认识到有效管制两用物品贸易的重要性。双方申明，出口管制的多边方式对于保护国际安全和支持全球公平竞争环境是最为有效的。目前美欧已经确定了出口管制合作的共同原则和领域，包括向第三方国家提供出口管制能力建设援助等。

3. 在人工智能领域，双方指出人工智能技术有为双方的公民、社会和经济带来重大利益的潜力。美欧致力于计划开发和实施值得信赖的人工智能系统，并确保必要的管理和保护。

4. 在半导体供应链领域，双方愿意在重新平衡全球半导体供应链方面建立合作伙伴关系，以加强各自的生产能力和供应安全。双方强调，通过共同合作努力缩小半导体价值链中的差距，从而加强双方内部的半导体生态系统能力建设。

5. 在全球贸易挑战方面，双方打算密切合作，以应对非市场、扭曲贸易的政策和做法；打算共同努力，避免形成新的、不必要的技术贸易壁垒。注重使用和协调双方的贸易政策工具，计划共同解决相关的贸易、气候和环境问题。

（二）未来工作范围

美欧双方在 TTC 下设十个工作组来具体负责相关重要工作，各组负责工作详见表 7-1。

表 7-1　TTC 下十个工作组具体负责工作事宜表

序号	工作组	具体负责内容
1	技术标准	制定关键技术和新兴技术标准的协调和合作方法，在关键和新兴技术的国际标准化行动中捍卫双方的共同利益和民主价值；发展正式和非正式的合作机制，分享特定技术领域的技术方案
2	气候和清洁技术	寻找方法、机会和激励措施，支持技术创新，以及跨大西洋的气候中立技术、产品和服务的贸易与投资。共同探讨计算全球贸易中的温室气体嵌入式排放的方法、工具和技术
3	供应链安全	集中精力推进清洁能源、医药和关键材料等关键部门的供应链复原力和供应安全，以推动绿色和数字转型及保护公民
4	信息通信技术与服务	继续努力以确保信息通信技术供应链领域的安全性、多样性、互操性和弹性。探讨为第三国的安全和有弹性的数字链接提供发展资金的具体合作，并寻求加强 5G 和 6G 系统以外的研究和创新方面的合作
5	数据治理和技术平台	就双方各自的数据和技术平台治理方法交换信息，并在可行的情况下寻求融合。负责与其他工作组一起讨论关于发挥云基础设施及服务的作用的共同方法
6	防止威胁安全和人权的技术滥用	打击任意或非法监视，与七国集团和其他国家一起建立一个有效机制，以应对互联网停摆。致力于应对社会评分系统，并共同推进可信赖的人工智能发展
7	出口管制	就立法和监管的发展进行技术磋商，交流关于风险评估和货物许可证实践的信息以及关于合规和执行方法的信息，推动对敏感的两用技术采取趋同的管制方法，并在两用出口管制方面进行联合产业宣传

续表

序号	工作组	具体负责内容
8	投资审查	计划重点交流影响安全的投资趋势方面的信息；分享最佳实践；协同其他小组，对解决与特定敏感技术有关的风险的政策工具形成一个整体的看法
9	促进中小企业获得和使用数字工具	发起外联活动，为中小企业和数字能力不足的社区及其代表提供机会，与美国和欧盟的政策制定者分享他们的需求、经验、战略和最佳实践，进而确保更好地了解他们在数字能力方面存在的障碍；为美欧的政策制定者提供建议，加快数字技术的获取和吸收
10	全球贸易挑战	重点关注来自非市场经济国家政策和实践的挑战，避免在新兴技术产品和服务方面出现新的和不必要的技术壁垒

三、TTC 建立的战略成因

探究美欧 TTC 建立的战略成因，美国和欧盟有着不同的战略目标。

（一）从美国方面来看，TTC 的建立是拜登政府"技术联盟"构想的具体实施举措。为了保持领先的技术优势，从而维持美国的霸权地位，拜登政府将"技术联盟"作为其外交政策的重要部分，积极推进与盟友在新兴技术和关键技术领域的合作，希望修复联盟关系，通过封锁高科技技术来遏制中国的发展。拜登上任后，出台了一系列政策来加强国内科技研发，并且增进与盟友的密切往来，特别是密切关注跨大西洋关系的修复和合作。在"技术联盟"构想的推动下，拜登执政以来，多次与欧盟各国重要领导人开展会谈。2021 年 6 月 15 日美欧峰会上，在拜登表示与盟国一起推动和发展数字贸易，刺激双边的贸易和投资，加强在新技术上的开发与合作的基础上，TTC 应运而生。总的来说，TTC 的建立是由美国"技术联盟"构想所推动的，为美国更好地联系欧盟国家、修复跨大西洋经济合作关系提供了一个有效的合作平台。在这个平台中，美国将联合欧盟的力量发展新兴和关键技术，制定国际贸易往来和技术标准，排斥和遏制中国高科技技术发展，维护其自身的战略地位。

（二）从欧盟方面来看，与美国联手欧盟遏制中国的动机不同，欧盟希望通过 TTC 修复在特朗普时期遭到严重损害的美欧双边关系，减少美国和欧盟在贸易、投资和数字经济领域中的摩擦，从而避免双方的冲突和摩擦超出本身的范畴去毒化跨大西洋伙伴关系。同时，利用美国的数字经济实力，发展自身新兴技术和关键技术，从而摆脱对中国技术领域的依赖，也是欧盟主张建立 TTC 的动机之一。近年来，在"特朗普冲击波"的影响下，欧洲对美国所抱的幻想不断破灭。此前，跨大西洋关系一直是欧洲发展的外交和政策支柱，在各项事情方面欧洲始终与美国保持统一战线。特朗普对美欧关系的摧残，使得欧盟不断意识到增强自身自主性的重要性，开始谋求推动欧洲的战略自主建设（张健，2020）。随着中国科技和经济实力的不断上升，欧盟对中国的技术依赖不断增加。为了发展自身技术，减少对中国的技术依赖，欧盟希望借助美国的力量，发展自身新兴技术，制定国际标准，提高自身的实力，从而推动实现战略自主。

尽管美欧双方在 TTC 建立上有着不同的战略目标，但是双方都是从自身利益出发，在对华诉求上存在共同点，都希望借助对方的力量，加强贸易和技术的合作，从而不断给中国施压，以达到阻碍中国发展、不断增强自身实力的目的。

四、TTC 下美欧双方面临的挑战

在美欧双方建立 TTC 的动机中，美国在发布的声明中明确指出 TTC 成立的意图是应对中国的崛起，而欧盟的表述中则是针对技术论事，强调实现技术的多样化和合作，并未提及中国。双方在目的上的分歧，在一定程度上暗示了合作中产生的分歧和挑战。

（一）美欧对 TTC 定位的分歧

本次会议较多地体现了美国"联欧制华"的构想。在会议召开前，美国商务部长雷蒙多明确指出要与欧盟合作，不让中国获得先进的高科技技术，从而使中国无法实现在关键技术领域的赶超。雷蒙多甚至扬言要通过给中国施压的方式让其遵守"规矩"。反观欧盟，在 TTC 中则是意在加强和美国的合作，倾向于解决实际问题，谋求自身经济发展，而非合作对抗中国。欧盟竭力淡化 TTC 排华的性质。TTC 建立之前，欧盟委员会就不断对外释放"TTC 不针对任何第三国"的信号。经历特朗普时期的冲击，欧盟意识到实现战略自主的重要性，不依赖任何一方，提高自身实力是其目前的发展导向。美国奉行的"大国竞争"与欧盟所追

求的经济合作存在发展目标分歧。美国企图通过 TTC 拉拢欧盟进
入"大国竞争"的"陷阱"中来，这在客观上加大了欧盟对外经
济合作的成本。欧盟在追求经济合作的情况下，不愿意将中欧关
系，尤其是中欧经贸关系与美国的地缘战略挂钩，担心在经济上
遭受损失。双方在 TTC 定位上的分歧，给接下来的进一步合作带
来了深入发展的挑战。

（二）美欧双方在数字治理上的分歧

欧盟谋求"战略自主"和"欧洲主权"的政策倾向在数字时
代非常明显。欧盟运用单一市场的准入权、"数字税"以及对数
字巨头开展反垄断、反逃税的调查等措施保护欧盟内部企业，达
到限制欧盟外部企业"野蛮生长"的目的。为打破美国对芯片领
域的主导，2020 年 12 月 11 日，法国、德国以及其他 11 个欧洲
国家宣布签署"欧洲电子芯片和半导体产业联盟计划"（European
Commission，2020）。2021 年 3 月 9 日，欧盟委员会发布《2030
年数字指南针》规划，提出了 2030 年欧洲实现数字化转型的四
个愿景和相应的目标，旨在提高欧洲企业生产和服务的数字化
程度，提高欧洲数字化技术发展的自主权和独立性（European
Commission，2021）。美欧在 TTC 首次会议上虽然在人工智能、
半导体供应链等相关高科技问题上制定了一些发展规划，但是双
方在数字治理和数字化发展方面的重要问题上却未形成共识。美
国从比较优势以及谋求维护数字产业霸权出发，希望利用欧盟长
期提供的数据和拥护，支持本国科技企业在全球主导和引领发展；

在大型的数字平台和科技公司监管问题上，主张竞争，倾向于采用行业自律式的监管。这与欧盟强调"数字主权"、自称数字治理规则制定的"先行者"相悖。本次会议，欧盟曾欲以 TTC 为平台，以其《数字市场法案》和《数字服务法案》为蓝本，推动美欧统一监管步调，遭到美国坚决抵制。而美国曾力主在 TTC 会议边会时通过一份新的跨大西洋数据传输协议，但欧盟认为时机远未成熟。双方在数字治理方面的分歧在一定程度上也带来了巨大的发展挑战。

（三）欧洲主要国家对美国的战略动机存疑

欧盟委员会在 TTC 建立的首次匹兹堡会议举行中遇到了来自法国的巨大阻力。直到最后几天，欧盟的官员们还在为会议能否按计划召开而忐忑不安。法国给欧盟委员会召开 TTC 首次会议施压的原因在于美国抢走了法国同澳大利亚价值几百亿美元的核潜艇生意。更深层次的原因在于 TTC 建立的本质与法国一贯追求的欧洲"战略自主"和"欧洲技术主权"不相匹配。同样，在德国和俄罗斯"北溪 -2"的项目建立上，美国出于制裁俄罗斯的目的，一直在进行阻扰。2019 年 12 月 20 日，特朗普签订了高达 7380 亿美元的 2020 年国防法案，该法案明确提出制裁"北溪 -2"项目的内容，要求对参与"北溪 -2"项目的公司进行制裁。由法国对美国抢走价值几百亿美元生意的不满可以看出美欧双方在某些方面存在利益竞争，彼此完全信赖的局面不可能在 TTC 中出现。经历特朗普政府的冲击，美欧关系已经不再可能回到冷战时期的

"你侬我侬"的局面，冲突带来的"后遗症"使得欧洲主要国家对美国的战略动机深表怀疑，这在一定程度上会影响美欧 TTC 合作的深度。另外，欧洲各国目前都将重振后疫情经济作为工作中心，搁置或者放弃与中国的经济合作往来并非理性的决策。

　　旨在促进美欧之间的经济合作、推动贸易创新和投资而成立的 TTC，在一定程度上可能会带来促进美欧在贸易与科技领域的合作趋势。但是在欧盟寻求"战略自主"的背景下，双方在关键技术和数字治理等方面存在着难以调和的分歧，给双方在 TTC 框架下进行长期深入合作带来了巨大的挑战。

五、TTC 建立可能对中国产生的影响

（一）非关税壁垒的应用增加了中国对外贸易的压力

　　从 TTC 首次会议中形成的成果来看，双方在贸易投资上的合作、减少双边的贸易关税壁垒，以及二者所倡导的国际贸易和投资标准形成的非关税壁垒，使中国出口海外的产品面临激烈的竞争。美欧通过 TTC 形成的非关税壁垒压缩了中国出口到美欧产品的市场空间，给中国企业制造出口产品带来了巨大的风险，从而给中国的外贸带来巨大的外部压力。同时，中国外贸企业由于受到针对性生产和服务标准的限制，国际市场上份额受到影响，产品和服务出口受到抑制。后期为了增加对美欧的出口，中国政府只有采取出口补贴等措施，这不仅增加了国家预算支出以及人民的税收负担，还会成为美国"联盟"制裁中国"反市场行为"的

说辞。此外，在涉及新技术的进口方面，非关税壁垒的应用使得中国从美欧国家进口新技术面临数量限制和价格上涨的问题，从而让中国付出巨大的经济代价与相应成本。

（二）中欧关系的进一步合作受到影响

随着 TTC 框架下美欧合作关系的进一步深入发展，双方所倡导的共同价值观和共同利益会使得中国和欧洲主要国家的合作受到影响。美欧在贸易、投资和数字科技等领域形成的统一立场，使双方联起手来对中国进行遏制和排挤，这就不可避免地会带来中欧在某些方面的脱钩。尽管美欧双方之间在数字治理以及战略目标上存在较大的分歧，但是在疫情等全球不确定性因素的影响下，欧洲一些国家对美国还是采取"抱大腿"的态度。美国的"联欧制华"还是会得到欧洲的积极回应，中欧双边的务实合作面临着美国方面的阻力。在美国的推波助澜下，不仅中欧关系会受到影响，中国和美国其他盟友以及合作伙伴的关系发展也会受到不同程度的阻碍。近日，美国、欧盟、日本计划延续三方联盟，共同对抗中国等国家的"非市场化"政策和贸易行为，这在很大程度上给中国带来外部发展威胁。

（三）阻碍中国参与全球规则的制定

美国和欧盟盟友体系的构建，能够深化双方的经济联系，主张主导国际贸易规则标准，有着进一步边缘化中国等其他发展中国家的企图。如果美欧双方在 TTC 分歧上达成一致，让 TTC 成为一个由发达国家主导的经济区域，共同制定国际贸易规则标准，就会把中国以及其他发展中国家阻挡在国际贸易规则标准制定之外。规则制定意味着主动权，如果被排除在全球科技创新治理规则和全球贸易规则标准之外，中国将失去科技发展和对外贸易的主动权，进而受到美国及其盟友、合作伙伴在科技和外贸上的遏制。

（四）出口管制给中国带来的全局性影响

美国此前有关新技术出口管制领域的立法，在本次美欧 TTC 建立中在供应链合作方面得到进一步体现。美国新技术出口管制试图从供应链发展入手影响中国高新技术产品的进口，进而阻碍中国高新技术领域的发展。在出口管制的影响下，一方面中国企业面临着切断供应链、阻断技术进出口的问题，这给中国供应链安全带来了全局性和体系性的影响。另一方面，美欧在合作中带来的新技术出口限制给我国关键基础设施和资源的安全与稳定带来了严重的威胁。新技术出口限制影响了我国对 ICT 的自主控制权，而我国国内的关键基础设施和关键资源在很大程度上依赖于 ICT 系统。目前，美国是全球 ICT 领域最重要的技术发展输出国，出口管制威胁了我国 ICT 自主控制权，对我国国内政治、经济和社会安全会造成严重的影响。

（五）构筑共同价值观，欲将中国排除在现有全球体系之外

美国与盟友和合作伙伴的主要着力点集中在确保竞争条件公平，同时，在针对中国涉及的国有企业问题、补贴问题、反竞争非市场政策等方面也是以构筑共同价值观来加强合作的重点。TTC 建立在美国所倡导的共同民主价值观的基础之上，这在TTC 应对"全球贸易挑战"内容上得到体现。该内容指出，加强在 WTO 等多边框架内有关劳工问题的合作，反对强迫劳动和童工，针对非市场经济体强制技术转移、产业补贴等相关行为制定相关的贸易政策。该项内容直指所谓的中国"市场扭曲"问题，借此对中国施压，构筑共同的"民主价值观"，欲将中国排除在全球经济规则圈子之外。从 TTC 该项内容中我们可以看出，中国对进出口产业的补贴和税收优惠在美欧看来是"市场扭曲"的表现。以所谓的"中国式经济模式不符合全球经济发展所需"为由构筑美欧双方合作的价值观基础，在一定程度上体现了 TTC 成立中蕴含的"联合制华"的深层目的。同时，美国及其盟友以中国科技威胁为说辞构筑和欧盟合作的共同"安全观"，欲将中国科技企业和产品排除在现有全球体系之外。

（六）美欧加强供应链合作，遏制中国技术发展

美欧峰会中成立的TTC，面向关键技术合作，即半导体、先进封装、大容量电池等，突显了美欧对跨大西洋供应链上的合作。

TTC 中有关供应链合作相关问题由维护供应链安全小组负责。该小组成立后率先进行了一系列不同领域的供应链审查，其中主要指向半导体产业。美欧称就"全球半导体供应链的再平衡"结成伙伴关系，短期内主要讨论半导体供应链短缺问题，长期计划达成战略合作。由此，在 TTC 中，美欧或许会合力通过出口管制、外资审批等一系列手段来加强合作，进而实现双方在供应链端的利益。美欧双方处于大国竞争的格局下，在供应链端合作方面很难跳脱零和思维的框架。尽管双方在加强供应链合作有关目的的措施方面存在分歧，但是不难看出，在美国的主导下，该合作在很大程度上是遏制中国技术发展的策略之一。欧洲在美国的推波助澜下，在合作中意图明确，即"摆脱对中国供应链"的依赖。美欧在供应链合作上有关加强半导体等核心技术的发展合作以及制定新标准的决议，加大了中、美、欧三方在关键产业"脱钩"的风险，削弱了中国在供应链中的相关控制以及在国际规则研讨中的影响力。

六、中国的应对措施

（一）变被动为主动，积极寻求同美国和欧洲发展的"向心力"

中国与美国以及欧盟之间的关系不只见于博弈对峙中，更多的是要在合作共赢上发展。在 TTC 框架下，中国应保持清醒的战略定力和时代大局观念。美国和欧盟主要国家的诉求不一，在

TTC 中实施的战略领域过宽，很难实现美国所谓的对华技术遏制目标。在美国与欧盟之间存在分歧和企业层面难以形成合力的情况下，中国可以积极主动地深化中美和中欧在全球产业链和全球价值链、规制治理体系中的相互依存关系，满足双方企业发展的利益诉求，充分利用经济发展的"向心力"，稳定中美和中欧的贸易关系。同时，中国还应充分认识到自由贸易在促进国际分工、发挥各自要素禀赋优势上的益处。通过积极主动地倡导建立中美自贸区，一方面能够实现双赢，加快中美经贸协商的步伐，另一方面也是中国自身发展以及进一步对外开放的需要。

（二）积极主动推动双边和多边投资合作

无论是面对美国"技术联盟"、美欧 TTC 的建立，还是中国双循环发展战略的实施，中国都积极主动地推动更多的双边和多边投资合作，寻求新的发展、塑造新的格局，增加与发达国家竞争的筹码。目前，中国已经加入 RCEP（区域全面经济伙伴关系），而且已经申请加入 CPTPP（全面与进步跨太平洋伙伴关系协定）当中。这是中国落地双循环的一个重要内容，能够推动中国的数字贸易和服务贸易发展，从而增强中国与协议内其他经济体的贸易和投资往来，加强双方的利益链和融合。同时，还应积极联合东盟、拉丁美洲、非洲与"一带一路"沿线国家和地区，寻求 WTO 等国际协调机制；积极参与全球经济治理，推动国际经贸规则变革，通过深度参与全球合作来化解拜登政府孤立中国的企图。同时，尝试与其他国家建立在关键科技与关键战略物资领域的对话机制，化解在关键战略方面的误解。

（三）加快自主科技创新与数字化转型，以不变应万变

国家科技创新不仅是为了应对美国对华实施的"技术封锁"，也是中国"十四五"规划内外双循环战略实施中高质量发展的基本落脚点。自主科技创新要求提高国家战略性科技力量，关键在于智能制造中的十大产业的核心技术突破。《中国制造2025》所规划的核心技术突破要求进行传统企业的转型升级、实现数字化改造和数字化转型。中国的科技创新和数字化转型能够对国际格局和国内发展新格局产生重要影响。在后疫情经济时代，数字消费和数字商务得到进一步的普及，数字化带来的增值空间不断增加。中国加快自主科技创新和数字化转型、发展数字经济能够积极应对美国联合其盟友对中国核心技术和新兴技术实施的技术封锁。

（四）发展"新基建"，增强国内经济发展的确定性

对于中国而言，目前如何应对TTC未来走向最重要的是发展国内经济，增强国内经济发展的确定性。在"双循环"发展格局下，加强国内市场建设，重视国内经济发展，以自身经济发展的确定性对冲美欧TTC带来的不确定性，做好长期应对不确定性的准备。如何增强国内经济发展的确定性，关键在于推动新型基础设施建设（简称"新基建"）。"新基建"给未来新经济、新技术和新产业的发展提供了基础设施支撑，这个方法是参与国际竞争的

关键。"新基建"涉及 5G 基础设施建设、人工智能、大数据、新能源汽车等新兴技术领域的基础设施以及教育、医疗等民生领域的基础设施，此外还涉及服务业开放、营商环境、资本市场多层次化等制度领域的基础设施。"新基建"的发展，经济社会效益显著，在未来经济中起到挑大梁的作用，能够极大地增强国内经济发展的确定性。

（五）寻找合作的新焦点，转移竞争焦点

对于中国来说，在美国"联盟制华"的大背景下，稳住阵脚是关键一招。中国要积极主动维护国际关系合作的主基调，积极寻找与"竞争对手"可能存在的合作共识点，通过合作共识点转移国家关系中的"技术竞争"，把关系发展从技术竞争拉到合作共赢上来。TTC 在应对"全球贸易挑战"内容中明确提出就贸易相关的环境和气候政策展开合作，可见美欧对于环境和气候问题的重视。因此，中国政府可以将环境、气候方面作为合作的新焦点，转移国家关系中的科技竞争。2021 年 11 月 13 日，在《联合国气候变化框架公约》第二十六次缔约方大会（COP26）上，气候交流成为中美双边关系的"试金石"。中美达成《中美关于在 21 世纪 20 年代强化气候行动的格拉斯哥联合宣言》，向世界发出了积极信号。本次气候问题上的合作，两国比之前传达出更深的诚意，这给双边合作带来了良好的信号。寻找合作的焦点，就要求我们密切关注美国和其他国家之间在经济和政治方面的走向，深入剖析美国与其盟友关系中的合作内容，从中挖掘切入点。同时，增

强自身的发展实力，用自身力量创造国际关系中的合作焦点。

七、结语

美欧 TTC 的建立，其未来走向蕴含着不确定性。对于中国而言，应对不确定性的关键在于自身。拜登政府小多边俱乐部的同盟发展战略尽管给中国的持续发展增加了新的压力，但是这种战略因实施领域过宽、意识形态色彩浓厚等问题效率较低，难以达到遏制中国的目的。决定当下中国发展的内部因素是中国进一步发展的战略重点。中国要稳住阵脚，不断增强自身实力，"兵来将挡，水来土掩"，做好万全准备。

总之，尽管美欧建立的 TTC 在一定程度上会影响中国的贸易投资以及国际规则制定，但是在美欧双方战略目标不一致、在我们做好充分规划和准备的前提下，不会对中国造成根本上的影响。

参考文献

[1] 孙海泳.美国对华科技遏制与美欧跨大西洋合作 [J].宏观经济管理,2020(8):84-90.

[2] 池志培.美国对华科技遏制战略的实施与制约 [J].太平洋学报,2020,28(6):27-42.

[3] 张晏纶.中美战略竞争下两岸半导体产业发展问题研究 [D].北京：北京大学,2021.

[4] 唐永胜.中美欧三边关系结构变化及其发展前景 [J].欧洲研究,2021,39(4):20-32.

[5] 林珏.近十年的欧美经贸关系以及 TTIP 谈判的背景和难点 [J].四川大学学报 (哲学社会科学版),2019(2):48-55.

[6] 孙成昊,董一凡.美欧竞争新动向：同盟框架下的博弈与前景 [J].当代美国评论,2020,4(2): 101-121.

[7] 孙成昊.跨大西洋关系的变化与前景 [J].现代国际关系,2021(3):24-30.

[8] 任玉婷,王宁雪,高芦荟.气候经济：当今世界面临的机遇与挑战 [J].商讯,2020(5):134-135.

[9] 张健.欧美关系走向及其对中欧关系的影响 [J].现代国际关系，2020(12):15-17,59.

[10] BANNON S. Cold War Is Back: Steve Bannon Helps Revive U.S. Committee to Target "Aggressive Totalitarian Foe" China[EB/OL]. (2019-03-27)[2021-11-04]. https://www.scmp.com/news/china/diplomacy/article/3003283/cold-war-backsteve-bannon-helps-revive-

us-committee-target.

[11] The White House. Interim National Security Strategic Guidance[R/OL]. (2021-03-03). https://www.whitehouse.gov/wp-content/uploads/2021/03/NSC-1v2.pdf.

[12] Prague 5G Security Conference. The Chairman Statement on cyber security of communication networks in a globally digitalized world[C]. //The Prague Proposals, 2019.

[13] Speaker Pelosi Remarks at Munich Security Conference[EB/OL]. (2020-02-14)[2021-11-05]. https://www.speaker.gov/newsroom/21420-1.

[14] European Commission. Joint Communication to The European Parliament: The European Council and The Council, A New EU-US Agenda for Global Change[C/OL]. Brussels, 2020[2021-11-05]. https://eeas.europa.eu/sites/default/fifiles/jointcommunication_2021_24_1_en.pdf.

[15] ADMIN. The President's Interim National Security Strategic Guidance: What it Means for the U.S. Army[R/OL].(2021-03-24)[2021-11-05]. https://toddandrewschmidt.com/what-the-presidents-interim-national-security-strategic-guidance-means-for-the-u-s-military/.

[16] The White House. FACT SHEET: Biden-Harris Administration 100-Day Battery Supply Chain Review[R]. 2021.

[17] BRATTBERG E. What Are Europe's Expectations if Biden Wins? [EB/OL]. (2020-10-20)[2021-11-09]. https://carnegieendowment.org/2020/10/20/what-are-europe-s-expectations-if-biden-wins-pub-83022.

[18] BLINKEN A. A Foreign Policy for the American People[EB/OL].(2021-03-03)[2021-11-09]. https://www.state.gov/a-foreign-policy-for-the-american-people/.

[19] BADE G. Biden Won't Rule out New Tariffs, Adviser Says[EB/OL]. (2020-09-22)[2021-11-09]. https://www.politico.com/news/2020/09/22/biden-tariffs-adviser-420096.

[20] Young D K. Biden's NSC to Focus on Global Health, Climate, Cyber and Human Rights, as well as China and Russia[N/OL].The Washington Post, 2021-01-08[2021-11-10]. https://www.washingtonpost.com/national-security/biden-nsc-covid-climate-cyber-china/2021/01/08/85a31cba-5158-11eb-83e3-322644d82356_story.html.

[21] AKTOUDIANAKIS A, VAN DER LOO G, VANDENBUSSCHE T. The EU-US Trade and Technology Council : mapping the challenges and opportunities for transatlantic cooperation on trade, climate and digital[J]. Egmont Paper, 2021.

[22] European Commission. Joint Declaration on Processors and Semiconductor Technologies[R/OL]. (2020-12-07)[2021-11-13]. https://digital-strategy.ec.europa.eu/en/library/joint-declaration-processors-and-semiconductor-technologies.

[23] European Commission. Europe's Digital Decade: Digital Targets for 2030[R/OL].(2021-03-09)[2021-11-13]. https://ec.europa.eu/info/strategy/priorities-2019-2024/europe-fit-digital-age/europes-digital-decadedigitaltargets-2030_en#international-partnerships-for-the-digital-decade.

第八章

美国复兴制造业政策失灵的分析[①]

刘戒骄[②]

美国制造业政策是鼓励创新、加强关键产业链、提升劳动者技能和公共采购等内容的混合体系，特朗普政府将其加快推向保护主义。由于保护主义政策片面强调发展国内制造业，削弱国内企业参与国际分工的能力，美国没有如其所愿成为世界制造业更有吸引力的国家，其国内制造业产出和就业、结构变化和劳动生产率等指标没有出现结构性改善，制造业面临的困难和问题没有解决。特朗普政府将保护主义措施融入制造业政策的教训需要汲取，但其从供给和需求双侧发力，尤其是支持技术创新、重视关键产业链和加强STEM 教育等做法值得借鉴。中国应该顺应经济全球化的历史趋势，进一步改善制造业要素供给条件和市场需求环境，在更深度融入国际分工体系、支持创新体系建设和保障高素质劳动力供给等方面形成协同一致的合力。

[①] 本文完成于 2022 年 11 月。
[②] 刘戒骄，中国社会科学院工业经济研究所研究员、博士生导师。

制造业崛起是美国在 20 世纪成为世界第一强国的主要驱动力，制造业及其创造的高薪和相对稳定的就业造就了美国庞大的中产阶级。今天，美国仍然将制造业视为重要的创新和高薪岗位来源。20 世纪七八十年代开启并在 21 世纪持续的"去工业化"，引起经济学者对制造业的讨论。很多人将美国制造业增加值占 GDP 比重和就业人数占总就业人数比重的降低以及传统制造业集聚地区的衰退归因于去工业化，主张通过再工业化改变"在美国研发、在外国制造"的产业格局。在这一背景下，贝拉克·奥巴马和唐纳德·特朗普政府史无前例地支持制造业发展，制定了复兴制造业的政策。

国内有不少关于美国制造业及相关政策的文献，其分析多聚焦于再工业化与制造业国际分工[①]、特朗普制造业政策性质[②]与保护主义影响[③]等理论问题和税改、支持创新等具体政策。

现有文献缺乏对奥巴马和特朗普政府制造业政策的总体分析，对美国联邦政府复兴制造业发展措施和政策效应的研究也不够深入。本文以上述研究为基础，分析了奥巴马任期（2009—2017 年）

---

① 刘戒骄. 生产分割与制造业国际分工——以苹果、波音和英特尔为案例的分析 [J]. 中国工业经济, 2011(4): 148-157.
② 贾根良, 楚珊珊. 产业政策视角的美国先进制造业计划 [J]. 财经问题研究, 2019(7): 38-48.
③ 郭凛, 余振. 美国贸易政策的历史逻辑与时代特征: 特朗普与里根政府政策比较 [J]. 当代美国评论, 2020(1): 72-87.

和特朗普任期前三年（2017—2019 年）美国制造业政策和发展状况，发现美国制造业政策是鼓励创新、加强关键产业链、提升劳动者技能和公共采购等内容的混合体系，特朗普政府将其加快推向保护主义。由于相关政策含有大量违背国际分工规律的保护主义措施，美国没有如其所愿成为世界制造业更有吸引力的国家，制造业产出和就业、结构变化和劳动生产率等指标没有出现结构性改善，制造业面临的困难和问题没有解决。分析研究美国制造业复兴困境与保护主义政策失灵，汲取其中的经验与教训，对于中国完善制造业发展政策和促进制造业高质量发展很有帮助。

一、奥巴马和特朗普政府复兴制造业政策的内容

奥巴马和特朗普政府均制定实施了复兴制造业的政策。奥巴马 2009 年就任总统后，在尽快摆脱金融危机冲击的驱使下，制定实施了以振兴传统制造业、发展新兴产业和支持科技创新为主要内容的再工业化政策，相关政策聚焦于支持创新和基础设施建设，避免美国经济再度陷入大萧条。其中，影响最大的是《美国复兴和再投资法》（ARRA）。该法批准开展大规模基础设施建设，由此间接拉动美国国内制造业发展。特朗普在 2016 年竞选期间，提出扭转制造业就业长期下降趋势、复兴国内制造业并将工作岗位带回国内的主张。2017 年就任美国总统后，在重商主义信条支配下，特朗普选择性地抛弃和继承了奥巴马任期的经济政策并将美国经济的去工业化问题政治化，片面强调全球化和国际贸易关系的负面效应，认为美国财富、影响力的相对降低和贸易赤字的增

加源于其他国家相反的变化。这一理念在经济政策上体现为快速将美国制造业政策推向保护主义，不惜加剧与主要贸易伙伴的贸易摩擦和对抗，退出或修改多个已经签署的自由贸易协定，甚至威胁退出世界贸易组织。

（一）加强联邦政府对创新活动的支持，更好地发挥政府作为创新推动者的作用

尽管私人部门在美国新技术开发和应用中发挥了主体作用，但政府支持在整合创新资源、降低新技术商业化的成本和风险、弥合实验室技术与市场商业化应用之间的鸿沟等方面也发挥了积极作用。奥巴马就任总统后多次强调加强政府对创新的支持，在一些场合反复指出美国经济增长和国际竞争力取决于创新能力。其理论逻辑是，在科学研究不能使私人部门盈利时，政府要给予科学家和发明者所需要的支持[1]。奥巴马政府通过联邦政府赠款建立了一批制造业创新研究所（IMI），形成国家制造业创新网络（NNMI）。每个 IMI 具有独特持续的重点领域，与相关企业、学术界、国防部、能源部、国家科学基金会和州政府等利益相关者组成产学研合作机制；制造业企业可以申请加入 NNMI，成为制造业区域创新枢纽和创新国家网络的一部分。特朗普上台后继承了奥巴马政府的这一做法，继续为以上项目提供支持。从几年来

---

① Obama B H. Remarks by the President in State of Union Address [EB/OL]. (2011-01-25). https://obamawhitehouse.archives.gov/the-press-office/2011/01/25/remarks-president-state-union-address.

的实践看，NNMI 和 IMI 已经实现了多项预定目标，在降低识别合作伙伴的搜索成本、提高产学研合作的协同能力、加快基础研究和应用研究的商业化开发等方面成效尤其突出。

奥巴马和特朗普政府支持先进制造业的措施极为相似：直接资助企业的早期 R&D 投资，制定知识产权保护等创新友好政策，资助建立世界级实验室和研发设施，发展教育，培养科学和技术人才。联邦政府对基础研究的资助，主要通过卫生和公众服务部、国立卫生研究院和国家科学基金的 R&D 拨款实现，由此促进新兴制造业发展。对基础研究和早期应用研究的资助，主要通过国防部、能源部、国家航空航天局、商务部国家标准和技术研究院、农业部的 R&D 拨款和采购实现。美国国家安全技术加速器（NSTXL）提供早期融资，支持初创企业开发具有战略意义的商品和服务，将其推向政府和商业市场。被联邦政府选定的研究机构和企业，通过联邦资助形成世界级 R&D 能力，进而间接促进先进制造业发展。实际上，航空、武器、芯片、制药等美国领先的制造业，长期依靠联邦政府在研发方面的大量投入创造技术和人才。

在奥巴马和特朗普任总统期间，联邦政府 R&D 投入总体保持较快增长，是美国基础研究的主要资助者。联邦投资通过公私合作伙伴关系在协调组织利益相关者合作研发、搭建研究和商业化开发通道方面发挥更积极的作用。特朗普就任总统后进一步加大联邦资助力度。表 8-1 表明，联邦政府 R&D 投入从 2016 年的 1158.3 亿美元增加到 2019 年的 1415.0 亿美元，2017 年至 2019 年联邦政府 R&D 投入连续三年增长，且增速越来越快，2019 年比上年增长 9.3%。从结构上看，基础研究、应用研究和技术开发的

表 8-1　2016—2019 财政年度美国联邦政府研发支出

指标	年份与比较年份						
	2016 年（单位：亿美元）	2017 年（单位：亿美元）	2018 年（单位：亿美元）	2019 年（单位：亿美元）	2017 比 2016 年增长（单位：%）	2018 比 2017 年增长（单位：%）	2019 比 2018 年增长（单位：%）
R&D 总额	1158.3	1189.7	1294.2	1415.0	2.7	8.8	9.3
产业	358.1	378.8	397.5	435.8	5.8	4.9	9.6
大学和学院	282.0	289.6	315.3	333.6	2.7	8.9	5.8
FFRDCs	114.2	116.9	124.6	148.7	2.4	6.6	19.3
基础研究	322.9	332.7	362.0	396.8	3.0	8.8	9.6
应用研究	348.1	366.0	383.9	437.6	5.1	4.9	14.0
技术开发	487.3	491.0	548.4	580.6	0.8	11.7	5.9

注释：FFRDC（Federally Funded Research and Development Center），联邦资助的研发中心。
资料来源：National Center for Science and Engineering Statistics, Survey of Federal Funds for Research and Development. https://www.nsf.gov/statistics/ 2020/nsf20308/.

投入同样连年增长，产业、大学和联邦资助的研发中心获得的联邦政府 R&D 资助均保持增长。

（二）基于安全原因，加大支持国内发展关键产业链

奥巴马政府的产业政策主要关注促进美国经济的创新能力。特朗普政府认为离岸外包致使美国企业和消费者变得容易受到供应链中断和不稳定的冲击，进而对国家国防能力产生不利影响，因而主张在国内发展关键产业链。特朗普政府成立了一个部际工

作组来辨别关系国家安全的制造业部门和能力，提出更具目标性的政府对关键部门的投资和补贴建议。美国国防部将国内工业基础划分为私营部门和公共部门两类①。私营部门，又称为商业部门，包括各种规模公司构成的系统集成商、子系统供应商、组件供应商和服务提供商。在供应链的各个层次上，私营公司生产国防专用产品，包括平台、武器系统以及为国防用途而加固的组件。私营部门还可能生产专门指定为"双重用途"的产品。这些产品既有军事用途也有非军事用途，并可能受到出口管制，以及用于未经明确国防用途的商业项目。公共部门，又称为有机国防工业基地，特指为国防部提供特定商品和服务的政府设施，由资源提供者、购置和维持计划人员、兵工厂和弹药厂的制造和维护人员组成。公共部门的设施既可以由政府运营，也可以由承包商根据合同运营。根据法律，某些生产和维护活动必须由公共部门执行。

（三）加强 STEM 教育，解决制造业劳动力的结构性短缺问题

美国制造业岗位需求发生了新的变化，制造业越来越需要劳动力掌握科学、技术、工程和数学知识与技能，熟悉机器人和计算机集成制造系统，能够融通软件和硬件等能力，但劳动力拥有

---

① Office of the Deputy Assistant Secretary of Defense for Industrial Policy. Assessing and Strengthening the Manufacturing and Defense Industrial Base and Supply Chain Resiliency of the United States [EB/OL]. (2018-10-05). https://Media.Defense.Gov/2018/Oct/05/2002048904/-1/-1/1/Assessing-andStrengthening-the-Manufacturing-and%20defense-Industrial-Base-and-Supply-Chain-Resiliency.Pdf.

的技能与制造业需求之间存在差距。为满足先进制造业工作岗位需要的计算能力和技术技能，避免由于劳动者的技能不匹配而减缓先进制造业发展，奥巴马政府在《复兴美国制造业框架》提出，教育系统必须使劳动者获得可以竞争的工作和行业所需的技能，加大教育和培训工人技能的投资[①]。针对先进制造业所需要的 STEM 知识和技能劳动力短缺问题，特朗普政府建立了联邦、州和地方政府协同机制，支持初中、高中、职业学校、高校和企业面向制造业未来需求开展 STEM 教育和培训，培养拥有学位、证书和更高技能的工人，如软件开发人员、计算机程序员和工程师。联邦政府还鼓励各州制定战略计划，建立一支受过教育和有技能的劳动力队伍，同时帮助求职者获得行业认可的就业资格证书。联邦政府通过支持研发和教育与劳动力发展，在促进先进制造业发展方面发挥关键作用。美国加强教育和培训的措施对于青年和未来劳动者具有积极效果，但对于缺乏学习和掌握新知识、新技能能力的失业者和中老年劳动者很难产生积极作用。美国制造业还面临合格劳动力数量不足的挑战，因为潜在合格劳动力越来越有限，将制造业作为职业选择的人越来越少。

（四）利用"购买美国货"法律，保护国内企业

尽管美国加入了世界贸易组织的《政府采购协议》，但其在

---

① Executive Office of the President. A Framework for Revitalizing American Manufacturing [EB/OL]. (2009-12-16). https://obamawhitehouse.archives.gov/sites/default/fifiles/microsites/20091216-maunfacturing-framework.pdf.

确定向外国供应商开放政府采购范围上有很大的自由权利，美国国防制造业尤其受益于这一点。为支持国内企业，美国法律限制外国公司获得美国公共采购合同。自 1933 年《购买美国产品法》颁布以来，多届政府一再制定类似法律，要求联邦和州政府优先购买美国国内生产的商品和服务。当采购超过特定阈值时，购买国产产品和服务是联邦机构的法律要求。2009 年，奥巴马政府在 ARRA 中插入了"购买美国货"条款，要求任何由 ARRA 资助的公共基础设施或公共工程项目只能使用美国国内生产的钢铁和其他制成品。其目的是确保 ARRA 用于基础设施建设的投资被用来促进美国制造业发展。特朗普政府则直接颁布"购买美国货、雇佣美国人"的行政命令，将"购买美国货"实施领域扩大到所有联邦资助项目和公共采购，明确要求上述项目和采购中本国产品必须优先，并且只有在没有国内生产的情况下才能采购进口产品。尽管相关政策声称在不违反现有贸易协议规定的义务条件下适用，但许多国家认为该条款是保护主义措施，要求美国纠正。美国国内还有一些呼声，要求退出世界贸易组织的《政府采购协议》。

美国经常利用其强势地位要求对方向美国公司开放政府采购市场，而自己则利用"购买美国货"法律保护本国企业。当然，许多国家和地区通过多边和双边贸易协定豁免某些"购买美国货"条款。但是，这些豁免仍然受美国法律、行政决定和法规的约束，联邦机构能够通过许多机制在公共采购活动中优先支持美国公司，至今仍然这样做。在政府采购中，其他国家很少像美国这样拥有严格而明确的购买国货法规。美国巨额军费支出中提供了大量与军事有关的公共采购合同，包括航空航天、舰船、核能和远程控制。公共采购合同为新技术和新产品提供了一个可预期、有保证的市场需求，促进美国在相关领域的私人投资和飞机、通信、电子和计算机产业快速发展。美国具有国际竞争力的许多企业都是通过联邦政府的研发资助和公共采购而发展起来的，这些企业至今仍然在很大程度上依赖于这些合同。

二、美国制造业复兴困境和政策失灵的表现

奥巴马和特朗普政府都认识到制造业的重要性，强调恢复和重建国内制造能力，包括改造提升现有制造业和发展新兴制造业。他们努力复兴制造业的标志是美国持续实施了十多年的再工业化战略。其核心目标是提高制造业的结构地位，扭转制造业增加值和就业比重持续下降的趋势，即提高制造业增加值占 GDP 的比重和制造业就业人数占总就业人数的比重。与美国经历过的工业化过程相比，奥巴马和特朗普复兴制造业的努力实际上是一种扭转去工业化和开启再工业化的战略。奥巴马第二任期和特朗普任期前三年，尽管美国经济总体保持复苏态势，GDP 增长和就业指标明显好转，但由于科技创新、关键产业链建设、政府采购等政策加快转向保护主义，制造业复兴仍然没有起色。

（一）从制造业产出和就业比重看，趋势性降低的态势没有得到扭转

由表 8-2 可见，美国制造业增加值除 2009 年以外，总体呈

表 8-2　美国制造业就业与产出指标

指标	元首与任期						
	布什八年任期		奥巴马八年任期		特朗普任期前三年		
任期时间	2001 年	2009 年	2009 年	2017 年	2017 年	2018 年	2019 年
世界 GDP（亿美元）	336206	637818	605052	760190	807892	847403	877520
美国 GDP（亿美元）	102523	147128	144489	187150	195194	204941	214277
美国制造业增加值（亿美元）	15502	18008	17021	21012	21851	23212	23599
美国国内总就业人数（万人）	13769	14286	13651	15020	15215	15466	—
美国制造业就业人数（万人）	1729	1341	1184	1234	1244	1267	—
美国制造业增加值占世界 GDP 比重（1%）	4.61	2.82	2.81	2.76	2.70	2.71	
美国制造业增加值占本国 GDP 比重（1%）	15.12	12.24	11.78	11.23	11.19	11.28	11.01
美国制造业就业占美国总就业比重比重（1%）	12.56	9.39	8.67	8.21	8.18	8.19	—

资料来源：Bureau of Economic Analysis and the U.S. Census Bureau. https://www.bea.gov/data/industries.

现增长态势，但制造业增加值占本国 GDP 的比重由 2001 年的
15.12% 降低到 2008 年的 12.24%。在奥巴马任总统的八年和特朗

普任期的前三年，这一比重始终徘徊在略高于 11% 的水平。制造业增加值占世界 GDP 的比重从 2001 年的 4.61% 降低到 2008 年的 2.82%，奥巴马和特朗普执政时期始终稳定在这个水平之下。2001 年以来，美国总就业人数从 13769 万人增加到 2008 年的 14286 万人，但同期制造业就业人数却从 1729 万人降低到 1341 万人。奥巴马和特朗普执政时期这种总就业人数增长而制造业就业人数占比降低的态势没有改变，结果美国制造业就业人数占本国总就业人数的比重从 2001 年的 12.56% 降低到 2008 年的 9.39%，接着又从 2009 年的 8.67% 降低到 2018 年的 8.19%，制造业就业占比降低趋势至今未能得到扭转。白宫（前）顾问彼得·纳瓦罗（Peter Navarro）试图将美国制造业就业占总就业比重提高到 20%，达到与德国相当水平的计划再次流产[1]。

美国流行一种观点，认为企业离岸外包导致中间产品进口增加，减少美国制造业就业人数。美国国家经济研究局使用美国人口普查数据，发现没有证据表明中国进口竞争导致美国净工作机会损失。在人力资本较低的南部和中西部地区，工厂萧条和关闭导致大量失业。但在人力资本较高的西海岸和新英格兰地区，服务业就业增加显著多于制造业工作机会减少，制造业就业损失被服务部门就业增长所抵消[2]。因此，中国进口竞争导致就业结构变

---

[1] BELVEDERE M J. Trump's Point Man on Trade: 'We Envision a More Germany-Style Economy' [EB/OL]. (2017-01-25). http://www. cnbc.com/2017/01/25/trumps-point-man-on-trade-we-envision-amore-germany-style-economy.html.

[2] BLOOM N, KURMAN A, HANDLEY K, et al. The Impact of Chinese Trade on U.S. Employment: The Good, The Bad, and The Debatable [EB/OL]. (2019). https://nbloom. people.stanford.edu/sites/g/files/sbiybj4746/f/bhkl_posted_draft.pdf.

化，产业层面就业从制造业转移到服务业，区域层面就业从美国中心地区转移到沿海地区。娜塔莉娅·诺夫塔（Natalija Novta）和叶夫根尼娅·普加切娃（Evgenia Pugacheva）发现美国制造业失去的岗位转向服务业。公司层面的数据显示，几乎所有制造业工作岗位的损失都来自大型跨国公司，这些公司在制造业就业岗位减少的同时增加了服务业就业岗位[①]。此外，今日美国制造业与20世纪七八十年代以前完全不同，蓝领工人的岗位基本为机器人和高技能专业人员所取代，制造业新的发展不可能为高中毕业后未继续接受教育的劳动者和结构性失业的蓝领工人带来大量工作岗位，因为制造业需要具有更高水平教育和培训的劳动者。为获得低成本劳动力和贴近市场，美国企业仍有动力将生产转移到发展中国家。美国与其试图扭转全球化和技术发展的趋势，不如采取从国际分工中受益的策略。

从产出构成看，劳动报酬占增加值的比重降低，营业盈余占比提高，表明制造业新创造财富的分配向资本倾斜，劳动者分配的份额降低。由表8-3可见，2009年以来美国制造业增加值率保持在37%的高水平。2018年与2000年相比，尽管中间投入占比降低了1.21个百分点，增加值率提高了1.21个百分点，但劳动报酬占比却降低了3.63个百分点，而营业盈余占比提高了4.5个百分点。

---

① NOVTA N, PUGACHEVA E. Research Department Manufacturing jobs and inequality: Why is the U.S. experience difffferent? [EB/OL]. (2019-09-13). https://www.imf.org/en/Publications/WP/Issues/2019/09/13/Manufacturing-Jobs-and-Inequality-Why-is-the-U-S-47001.

表 8-3　美国制造业产出构成

单位：%

指标	时间（年）					
	2000	2008	2009	2016	2017	2018
增加值率	36.13	32.78	37.73	37.85	37.55	37.34
劳动报酬占比	21.40	16.96	18.51	18.25	18.17	17.77
税减补贴占比	1.09	1.19	1.67	1.53	1.51	1.42
营业盈余占比	13.64	14.63	17.55	18.07	17.88	18.14
中间投入占比	63.87	67.22	62.27	62.15	62.45	62.66
能源投入占比	2.47	2.67	2.09	1.27	1.26	1.29
材料投入占比	50.27	56.03	49.83	51.60	50.51	50.97
购买服务占比	11.14	8.52	10.34	9.28	10.67	10.40

注释：表中各比例均为占制造业总产值的比重，税为生产税和进口税。
资料来源：Bureau of Economic Analysis and the U.S. Census Bureau. https://www.bea.gov/data/industries

（二）从行业结构看，制造业结构调整缓慢

由表 8-4 可见，2000 年至 2019 年间，美国国内市场耐用品占比降低了 2.76 个百分点，非耐用品增长了 2.76 个百分点，这个显著的变化主要发生在 2009 年之前。在 2000 年至 2019 年间，耐用品和非耐用品比重变化不大。2019 年与 2000 年相比，纺织、服装和纸制品等占比有较大下降，原油和煤炭、化学产品占比有较大提高，联邦政府大力支持的计算机和电子产品、电气设备和零部件、汽车和零部件等先进制造业占比变化不大，有的还略有降低。尽管上述结构变化分析不能反映美国制造业在产业链、价值链中所处位置，即在同一细分行业美国倾向于生产和出口高质量产品，但总体上仍然可以得出结论，美国制造业结构相对稳定。

表 8-4　美国制造业产出的行业结构变化

单位：%

产品	时间（年）						
	2000	2008	2009	2016	2017	2018	2019
耐用品	59.66	55.51	51.76	56.66	56.32	55.85	56.90
木制品	1.83	1.42	1.25	1.68	1.77	1.75	1.76
非金属矿产品	2.75	2.48	2.28	2.73	2.71	2.66	2.71
初级金属	3.03	3.82	2.42	2.69	2.66	2.75	2.74
金属制品	7.83	7.39	6.89	6.94	6.84	6.88	7.04
机械	7.29	7.31	6.97	6.82	6.78	6.71	6.80
计算机和电子产品	14.54	12.89	13.14	13.05	12.86	12.81	13.29
电气设备、电器、零部件	2.95	3.08	2.98	2.77	2.91	2.86	2.90
汽车、车身和拖车及零部件	8.87	5.02	2.81	7.37	7.23	7.00	7.04
其他运输设备	4.59	6.36	6.90	7.04	6.97	6.97	7.09
家具和相关产品	2.16	1.55	1.34	1.44	1.34	1.30	1.30
杂项制造产品	3.82	4.19	4.78	4.15	4.25	4.17	4.22
非耐用品	40.34	44.49	48.24	43.34	43.68	44.15	43.10
食品、饮料和烟草制品	10.53	11.06	13.97	12.53	12.08	11.59	11.54
纺织制品	1.81	0.99	0.89	0.87	0.84	0.81	0.79
服装和皮革及相关产品	1.43	0.64	0.58	0.46	0.43	0.40	0.40
纸制品	4.01	2.85	3.48	2.77	2.53	2.45	2.46
印刷和相关支持产品	2.82	2.51	2.33	1.95	1.82	1.74	1.74
原油和煤炭	3.40	8.58	6.51	4.03	5.87	7.42	6.05
化学产品	12.12	14.74	16.94	16.94	16.57	16.29	16.65
塑料和橡胶制品	4.23	3.11	3.55	3.79	3.53	3.45	3.46

注释：表中比值为某一行业增加值占制造业增加值的百分比。

资料来源：Bureau of Economic Analysis and the U.S. Census Bureau. https://www.bea.gov/data/industries

联邦政府重点支持的战略性行业，特别是通信和计算机产业、国防工业，其发展未能实现政策期望的目标。

（三）劳动生产率增长停滞，加剧劳动力成本劣势

表 8-5 表明，2019 年与 2000 年相比，美国国内劳动生产率有一定增长。其中，2000 年至 2007 年增长较快，2011 年至 2019 年间变化不大，其间数个年份还略有降低。2008 年、2012 年、2014 年至 2017 年都出现了负增长。在制造业产出和就业占比徘徊情况下，提高劳动生产率成为美国制造业复兴的重要途径。劳动生产率的持续提高能够在就业减少的情况下，使制造业产出得

表 8-5　美国制造业劳动生产率变化

年度	劳动生产率较上年变化（%）	劳动生产率较基年变化（%）	单位劳动产出较基年变化（%）	单位劳动成本较基年变化（%）	总产出较基年变化（%）
2000	3.4	69.472	68.853	100.610	99.139
2007	4.8	93.577	92.308	95.822	107.458
2008	−0.4	93.222	91.348	99.013	102.55
2009	1.0	94.200	90.634	101.214	90.301
2010	6.4	100.232	99.197	96.326	96.067
2011	0.8	101.036	100.577	97.328	98.707
2012	−1.0	100.0	100.0	100.0	100.0
2013	1.1	101.147	101.298	99.416	101.934
2014	−0.4	100.721	101.126	102.578	103.113
2015	−1.8	98.868	98.987	107.109	102.199
2016	−0.2	98.654	98.809	107.897	102.023

续表

年度	劳动生产率较上年变化（%）	劳动生产率较基年变化（%）	单位劳动产出较基年变化（%）	单位劳动成本较基年变化（%）	总产出较基年变化（%）
2017	−0.4	98.225	98.443	112.225	102.601
2018	0.4	98.584	99.076	114.255	104.933
2019	0.1	98.680	97.876	117.816	104.938

注释：2012 年为基年，基年为 100。
资料来源：Bureau of Economic Analysis and the U.S. Census Bureau. https://www.bea.gov/data/industries。

以持续增长。长期以来，美国劳动力成本明显高于中国、印度和墨西哥，但其相对高的制造业生产率弥补了这一差异。2011 年之后，劳动生产率的停滞徘徊加剧了美国制造业的劳动力成本劣势，使美国难以成为一个吸引制造业投资的地方。劳动生产率停滞不增，可能促使特朗普政府维持削减中产阶级工资和福利的政策，加剧收入和财富的不平等，阻碍美国制造业复兴和经济长期发展。

美国制造业结构地位下降从现象上看是全球化，但全球化动力在于资源禀赋和技术进步。正是由于资源禀赋和技术进步的综合作用，企业在全球生产能够比一国生产更有效地利用资源禀赋差异。相对于劳动力，美国的资本禀赋条件更好，全球生产能够提高资本回报率并降低劳动力回报率。尽管美国复兴制造业的努力收效甚微，但其制造业规模仍稳居世界第二位，拥有高生产率、高技能的劳动力和先进装备，作为世界制造业主要引领者的地位仍没有改变。从结构地位看，美国制造业占国内生产和就业份额下降，主要源于服务业更快的发展，而不是制造业增加值的绝对降低。事实上，美国制造业增加值除受美国金融危机冲击影响的 2009 年以外，其余年份均保持一定速度的增长。

三、对美国复兴制造业政策的讨论

加强政府支持是奥巴马和特朗普政府制造业政策的重要理念和内容。奥巴马政府在第一任期颁布的多项法规含有直接支持制造业增长、增加研发补贴、降低国内制造商使用的原材料和中间产品关税、国内制造企业优先获得公共采购合同以及促进制造业出口等措施。特朗普政府在指责其他国家实施产业政策和干预经济发展的同时，自己却对国内制造业采取选择性保护主义促进政策，加强了联邦政府在确定支持哪些产业和如何使用联邦资金方面的作用。特朗普政府的制造业政策引起发达国家对产业政策的再次热论。

（一）关于去工业化的讨论

最近几年，美国各界对去工业化问题的讨论十分激烈。支持去工业化的逻辑是，去工业化是一种合理变化，是发达国家工业化进程的自然阶段。持这一观点的经济学家主要从生产专业化、消费结构变化和技术进步等内生因素解释这个现象①。从生产专业化看，国际分工导致发展中国家利用自己的资源和劳动力优势将

---

① 刘戒骄.美国再工业化及其思考［J］.中共中央党校学报,2011(2): 41-45.

部分制造过程吸引到本国，发达工业化国家的优势已经从工厂转移到办公室、管理网络和贸易谈判桌上。与新兴工业化国家相比，美国企业在制造环节的优势减弱，与制造业相关服务的优势增强，结果企业将核心能力转向掌握品牌、营销渠道和知识产权。反对去工业化的观点重新梳理了经济史上的产业结构转换，强调由于农业增加值占国内生产总值比重下降速度比就业比重下降速度快，服务业增加值占国内生产总值比重的增长速度慢于就业比重增长。相比之下，制造业增加值占国内生产总值比重下降速度慢于就业比重下降，说明制造业劳动生产率增长速度高于全国平均水平。从劳动生产率的这一差异可以推断，劳动力从传统农业向制造业转移会加快经济增长，从制造业向服务业转移会减缓经济增长。

尽管讨论还在继续，但很多研究认为，去工业化是经济发展内生的结构变化，是经济发展到一定阶段不可避免的现象。各经济体制造业在其国内生产总值和就业中的份额变化遵循如下规律，即随着人均收入增加而提高，在人均收入达到较高水平后开始下降。费利佩（Jesus Felipe）注意到一些人均收入相对较低的发展中国家制造业产出和就业占比存在降低趋势，并将其视为去工业化现象[1]。费利佩、阿施伊什·梅塔（Aashish Mehta）和李昌镛（Changyong Rhee）揭示了全球竞争和劳动替代技术减少了发达国家的制造业就业。制造业产出和就业占比两个指标，就业占比更

---

[1] FELIPE J. Asia's Industrial Transformation: the Role of Manufacturing and Global Value Chains (Part1) [J/OL]. Adb Economics Working Paper Series ,2018(549). http://dx.doi.org/10.22617/WPS189457-2.

重要①。除石油输出国外，高收入经济体在其发展历史上，制造业就业占总就业的比重都曾经保持在 18% 以上，都是在人均收入增加到某一个高水平后才出现下降。过早出现去工业化是近期的一个现象。

由于全球化和信息技术进步推动，科技、金融和专业服务的市场范围快速扩张，服务业出口增长很快。消费者对服务需求的收入弹性较高，服务业长期发展前景乐观。经济增长使经济体系变得更复杂，需要消耗更多的服务。联合国工业发展组织在《2020 年工业发展报告》中分析了过去 50 年经济结构变化，发现长期经济发展存在从农业到工业再到服务业的转换趋势，且这种转换与财富、经济发展、技术领导力、政治能力和国际影响力呈正相关，工业特别是制造业增长及其引发的技术变革是推动这一转换的主要驱动力②。Martin Neil Baily 和 Barry P. Bosworth 指出，强大的国内制造业可以为国际经济和政治冲击提供一定程度的保护，制造能力薄弱以及由此导致的过度依赖进口面临供应链中断的风险较大③。Haraguchi 和 Kitaoka（2015）通过实证研究进一步证实，经济增长与结构转换具有正相关关系，制造业生产率高于

① FELIPE J, MEHTA A, Rhee C. Manufacturing matters···but it's the jobs that count[J/OL]. Cambridge Journal of Economics, 2018, 43(1):139-168. https://doi.org/10.1093/cje/bex086.

② United Nations Industrial Development Organization. Industrial Development Report 2020 : Industrializing in the digital age[R/OL]. Vienna, 2019.

③ BAILY M N, BOSWORTH B P. US Manufacturing: Understanding Its Past and Its Potential Future[J/OL]. Journal of Economic Perspectives, 2014, 28(1): 3-26. https://pubs.aeaweb.org/doi/pdfplus/10.1257/jep.28.1.3.

其他产业，能提供更高收入的工作岗位[①]。通过溢出和间接效应，制造业增长可以促进其他产业的就业。无论是当今的发达国家还是发展中国家，产业结构转换都是经济增长、就业和提高生活水平的关键驱动力。Kym Anderson 和 Sundar Ponnusamy 通过实证分析发现，经济增长必然伴随去工业化的发生，旨在减慢去工业化速度的保护性政策是徒劳的[②]。政策应该聚焦如何以更有效和更公平的方式来支持选择或被迫离开衰退行业的人们。

（二）关于政策过于迷恋国内制造业的讨论

美国制造业政策不顾资源禀赋条件和国际分工要求，过度迷恋和强调发展国内制造业，相关措施主要有关税、非关税壁垒和政府采购。关税方面，对从许多国家进口的商品加征关税，加征关税的产品涵盖原料、中间产品和最终产品。利用关税保护国内产业面临一个无解循环，即对中间产品征收关税会增加国内最终产品生产成本，关税因而转向最终产品。对最终产品征收关税相当于直接对消费者征税，降低消费者购买力。非关税壁垒方面，以国家安全、反垄断等为借口，阻止外国企业获得技术和交易，甚至对欧盟和中国企业进行制裁。政府采购方面，不顾 WTO 规则约束和贸易对方反对，出台购买本国产品的保护性政策，为本

---

① HARAGUCHI H, KITAOKA K. Industrialisation in the 2030 Agenda for Sustainable Development [J]. Development, 2015, 58(4): 452-462.
② ANDERSON K, PONNUSAMY S. Structural Transformation to Manufacturing and Services: What Role for Trade? [J/OL]. Asian Development Review, 2019, 36(2): 32–71. https://doi.org/10.1162/adev_a_00131.

国企业和出口企业提供金融支持，将购买国货要求扩大到所有联邦政府投资或资助建设的基础设施项目。阻止技术获得和限制交易方面，2012 年奥巴马政府采取措施限制中国科技公司与联邦机构签订合同。2018 年，特朗普政府宣布动用行政权力禁止中国公司进行与技术相关的收购，并对关键技术实行新的出口管制。加强技术出口管制使美国高科技公司失去不断增长的中国市场，减少其可以用于进一步研发的利润。美国联邦政府一些机构也对特朗普政府不顾客观规律过于迷恋国内制造业的做法感到担忧。例如，美中经济和安全评估委员会认可离岸外包对美国公司的生产率具有显著的积极影响，美国从开放向自给自足的转变将导致生产率下降[①]。与许多较小的经济体不同，美国在研发新技术和新产品时较少依赖全球生产体系，但是在规模化生产阶段则需要依靠国际分工保持竞争优势。全球生产体系使美国公司能够将精力集中于最有生产率的研发、设计、营销等服务化环节，而将效率较低的环节转移到更具优势的国家和地区。Y Robert D. Atkinson 和 Stephen Ezell 指出，尽管警告公司外包风险和将工作岗位转移到墨西哥的弊端占据了经济新闻头条并受到嘲讽，但特朗普的政策"完全是微不足道的"，"将永远不会起作用"，"选择赢家只会减少经济福利"。明智的美国制造业战略应关注哪些问题对美国经济未来至关重要。特朗普政府的制造业政策存在过度反应的风险，使事情变得更糟而不是更好。关于制造业是否可以重返美国，该文

[①] U.S.-China Economic and Security Review Commission. Report to Congress of the U.S.-China Economic and Security Review Commission [EB/OL]. (2019-11). https://www.uscc.gov.

认为将任何制造业带回美国都是愚蠢的，因为这只能带回美国不具有竞争优势的企业和低工资、低技能的工作岗位，强制制造业回归还会导致更高的价格。从消费者福利看，大多数消费者也是工人，并且返工带来的更高工资将被消费成本增加所抵消。

（三）关于产业政策非中性性质与全球生产网络的讨论

奥巴马和特朗普政府的制造业政策都包含支持特定产业和技术、改变要素投入成本和产出价格、规制改革等影响资源跨部门配置的政策。Christian Stensrud 研究了美国的产业政策，发现对特定制造业给予特殊支持是美国制造业政策长期存在的鲜明特征。由于战略意义以及工会政治力量强大，美国钢铁行业在整个发展史上都获得了保护。20 世纪七八十年代以来，美国制造业面临日本、德国等国家企业的挑战，历届总统都利用政府政策和公共资金支持企业应对这些挑战[①]。Todd N. Tucker 更清晰地指出，与财政政策和货币政策不同，产业政策不是中性政策，而是具有使命目标并影响劳动力和资本等要素跨产业配置的政策，能够对一些活动提供正向激励，对另外一些活动提供负向激励。与美国的盟友和竞争对手不同，美国政治的最大神话之一是美国不实行产业政策，而是按纯粹新自由主义和自由市场原则运行[②]。然而，美

---

① STENSRUD C. Industrial policy in the United States[J/OL]. Institute for the Study of Civil Society, 2016. https://www.civitas.org.uk/content/files/IndustrialpolicyintheUnitedStates.pdf.
② TUCKER T N. Industrial Policy and Planning: What It is and How to Do It Better[EB/OL]. (2019-07). https://rooseveltinstitute. org/wp-content/uploads/2019/07/RI_Industrial-Policy-and-Planning-201707.pdf?utm_ source=rss&utm_medium=rss.

国确实有一些特别政策，资助生物医学研究促进制药公司产品开发，采购国防承包商的战斗机和核武器。这些企业享有参与从国际贸易协议到国内税改在内的公共政策讨论和制定特权。Adriano Cozzolino 使用"特朗普主义"一词，并将其视为一种国家间贸易关系的经济民族主义和加强国内新自由主义宏观经济政策的结合。该文对这种政治经济学理念持批评主张，认为尽管特朗普政府在国际贸易方面秉持"零和博弈"和冲突愿景，但就国内领域而言，2018年及以后显示出有利于企业和高收入者的倾向[①]。基于此，特朗普政府减少社会支出和增加国防项目支出的做法，被认为是新自由主义的进一步演变，可能进一步发展为更为激烈的新自由主义政策与经济民族主义元素的结合。

由于全球生产网络的形成，不少制造业产品都是中国产品中有美国零部件，美国产品中有中国零部件。Prema-chandra Athukorala 研究了中国在全球生产网络中的角色演变及其影响[②]，该研究基于零部件和最终产品全球生产共享，表明中美贸易现状是由中国在全球生产网络作用驱动的结构性现象。美国跨国公司的全球竞争力取决于他们能否利用中国作为向世界其他地区供应产品的生产基地，而中国现在已成为美国制造业中重要的零部件供应商。鉴于全球生产网络中两个经济体之间这种错综复杂的相

---

① COZZOLINO A. Trumpism as nationalist neoliberalism. A critical enquiry into Donald Trump's political economy[J/OL]. Interdisciplinary Political Studies, 2018, 4(1): 47-73. http://siba-ese.unisalento.it/index.php/idps.
② ATHUKORALA P. China's evolving role in global production networks: Implications for Trump's trade war[EB/OL]. https://www. econstor.eu/bitstream/10419/175870/1/890438382.pdf.

互依存关系，对中国征收惩罚性关税必然面临美国商业利益的强大反对。即使贸易保护主义威胁成为现实，其影响也不会像通常认为的那样具有破坏性，因为全球生产共享大大削弱了相对价格与贸易流之间的联系。正如 Chad P. Bown 所强调的，全球生产网络将供应链上所有企业的利益紧密联系在一起，特朗普关于贸易赢家和输家的判断无视这一现实①。Daniela Arregui Coka 等指出，世界经济秩序旨在减少经济壁垒并避免单方面的贸易保护主义措施，美国已不再是可靠的国际政治和经济合作伙伴②。John Edwards 写道，毫无疑问，美国正在政策和做法上寻求重大变化，试图阻止中国参与全球经济。美国和中国将在未来几十年争夺技术领导力，自由经济秩序和 WTO 都不能解决这个问题。与之前的冲突不同，美国和中国的斗争不是为了领土、文化、宗教、民族至上，甚至也不是为了争夺意识形态的胜利。两个伟大竞争对手中的任何一个都没有威胁对方的生存，任何一方都不能对另一方行使经济否决权。这场斗争从根本上讲是关于向包括中国在内的家庭销售商品和服务的竞争③。这不是第一次而是以往争夺世界消费者的继续。明智的处理很容易解决，不明智的处理则会威胁全球繁荣。

① BOWN C P. Economics and Policy in the Age of Trump [EB/OL]. http://giovanniperi.ucdavis.edu/uploads/5/6/8/2/56826033/ageoftrump_june2017.pdF.
② COKA D A, et al. Learning from Trump and Xi? Globalization and innovation as drivers of a new industrial policy [J/OL]. GED Focus Paper, 2020. http://aei.pitt.edu/102551/1/MT_Learning_from_Trump_and_Xi_2020_ENG.pdf.
③ EDWARDS J. Economic conflict between America and China: A truce declared, the talks begin[EB/OL]. (2018). https://www.lowyinstitute.org/sites/default/files/Edwards_Economic%20confflict%20between%20America%20and%20China_WEB_0.pdf.

四、若干启示

从奥巴马政府到特朗普政府，美国制造业政策越来越具有保护主义倾向。美国复兴制造业的努力和困境说明，无论科学技术和经济结构怎样进步提升都不能忽视制造业的发展，政府对制造业的支持必须遵循国际分工规律。政府可以采取横向和纵向措施支持制造业发展，但保护主义措施无助于制造业复兴。中国应该顺应经济全球化的历史趋势，进一步改善制造业要素供给条件和市场需求环境，在更深度融入国际分工体系、支持创新体系建设和保障高素质劳动力供给等方面形成协同一致的合力。

（一）更深度融入国际分工体系，以开放抵消保护主义和对抗性遏制措施的影响

由于特朗普政府的制造业政策转向保护主义，二战后形成的以 WTO 为代表的自由贸易体制受到挑战，世界经济一体化特别是资本、技术和商品的跨国流动必将遭遇新的阻碍，必须对美国保护主义逆全球化措施及其影响给予关注。但是，从根本和长期看，只有有效率的企业和产业才能生存。保护主义的逆全球化政策，阻止美国企业将价值链的一些环节向发展中国家转移，必然削弱其利用全球资源提升国际竞争力的能力。由于技术变得更加复杂和综合，企业几乎没有动力将生产地点保持在高成本地点，任何一个国家都不可能独立完成复杂产品制造的所有环节，制造商转向专注于特定领域的专家和分包商，各国制造业已经发展成

一个相互依赖和融合的体系，包括美国企业在内的任何企业都不能独善其身。特朗普试图重现 20 世纪大型垂直一体化制造商自行构建完整产业链的想法，必然受到国际分工规律和企业追求国际分工利益的制约。

由于数字化推动信息化和模块化造就的全球生产网络，以及市场需求、劳动力资源、营商成本的不均衡分布，美国企业仍然具有在综合成本较低和市场需求机会较好地区投资建厂的强大动力。美国政府采取支持措施阻止企业参与国际分工，由于片面强调国内化并试图创建由国内企业组成完整产业链，违背了经济全球化趋势和国际分工要求，必然引起美国制造业成本上升和国际竞争力减弱。从中国出口到美国的产品中包含大量亚洲、欧洲和北美等许多国家的中间产品和技术，实行贸易保护措施使包括实施贸易保护国家在内的多个国家遭受损失。考虑到美国大公司的国际化程度更高，美国进口的大多数制成品多由跨国公司在发展中国家生产，美国制造业对增长放缓和贸易不确定性更敏感，关税造成的损失也就更大。对他国征收关税使本国和其他国家受损，每个国家受损程度取决于其为最终产品提供的中间产品和技术占比。中国可以利用全球生产网络企业利益紧密联系的性质，坚持和扩大开放，更深入地融入国际产业分工体系，通过干中学提高吸纳国际先进技术和资本的能力并激励创新，打造具有全球竞争力、以创新为基础的制造业，从而抵消美国贸易保护主义和对抗性遏制措施的影响。

（二）依靠制造业规模和体系优势，加强自主创新能力建设

锁定追赶者并打压其获取技术的空间是领先者惯用的伎俩。美国等许多发达国家都在谋求在半导体、人工智能、机器人技术、超级计算机、量子计算、自动驾驶汽车、5G 和下一代通信以及生命科学和生物技术等领域的领先地位。发达国家普遍认为这些技术对于国家安全和产业国际竞争力至关重要。美国在先进制造业领域将继续采取领先者策略，技术封锁可能成为美国一项逐步加强的长期干预措施，以往从发达国家引进技术、国内吸收、消化和再创新获得先进技术的空间在收窄，通过国际合作和并购获得技术的渠道也将受到拦截。由于外部性效应，投资于知识创造的企业很难获得由此创造的全部经济利益，知识创造还具有风险和不确定性。政府为基础研究和高风险应用研究提供资金，可以降低私营部门投资于此类研究的风险，并加强对私营部门从事知识创造的激励。政府不仅应当支持高风险基础研究和应用研究，而且应当成为许多关键技术商业化开发的源头促进者。在创新组织方式上，应当进一步聚焦协同创新，构建产学研深度融合和融通基础上的新型创新组织，解决关键核心技术过度依赖国外的问题。中国制造业零部件制造和产品组装规模大、体系完整，有利于在空间上实现制造与研发、设计邻近布局，开展持续不断的正反馈与融通互动，锻炼培育工程师和企业管理者。为此，政府除激励外国企业自愿进行技术转让外，还应依托制造业体系最全、规模最大的优势，通过制造与研发的紧密联系，强化技术创新能力，

培育从事知识密集型、高技术产品制造的企业，提高从低附加值向高附加值攀升的能力。

（三）积极响应制造业就业岗位的新要求，增强劳动者数字知识和技能

新一轮工业革命正在颠覆传统的职业结构，推动就业向新的职业岗位转换。尽管具体影响还在发展并有待于观察，但数字技术在制造业的应用使越来越多的岗位要求劳动者具备与科学、技术、工程和数学相关的知识与技能和分析能力。掌握高级软件、人工智能、机器学习等数字知识和技能的劳动者面临令人兴奋的机会，缺乏这些知识和技能的人则意味着不确定性和无法应对的挑战。数字技术正在引发制造业的根本变化，数字技术及广泛深度应用，嵌入式传感器、物联网和分布式计算能力与先进信息传输结合在一起，采集和储存前所未有的数字数据量，由高性能计算（HPC）支持的人工智能将使人们能够处理和分析这些数据。基本的数字素养将成为绝大多数岗位的绝对要求，因为随着制造业向数字化、智能化和网络化发展，人机交互更普遍，人类劳动价值向提供机器无法轻易复制的创造力和个人触觉转变。中国应该顺应以数字技术和软件操作为代表的软技能变得越来越重要的趋势，大力培养更多掌握数字新知识和技能的劳动者，更好地满足制造业不断变化的职业需求。

第九章

美国生物医药产业政策动向分析[①]

朱华晟[②]　代嘉欣[③]　刘若彬[④]

新冠肺炎疫情的暴发对全球经济造成强烈冲击，多国政府迅速进行制度响应。本章以生物医药产业为例，通过政策文本聚类分析新冠肺炎疫情暴发后美国在高科技战略产业方面的制度韧性调控手段，同时提出中国相应产业的发展建议，阐明美国疫情之下生物医药产业政策动向：

（1）美国生物医药政策内容集中于产业链监管、金融贷款、法律补充、政府补贴、人才培养五类；

---

① 本文完成于 2022 年 2 月。
② 朱华晟：北京师范大学地理科学学部教授，博士研究生导师。研究方向为产业集群与区域发展，创新与创业地理。
③ 代嘉欣：北京师范大学地理科学学部研究人员，研究方向为跨区域创新网络。
④ 刘若彬：北京师范大学地理科学学部研究人员，研究方向为产业地理与产业空间规划。

（2）疫情前期美国的生物医药产业以市场调节为主，而在中后期政策开始介入促进创新，通过提供资金支持和措施干预保证生物医药创新的平稳发展，且并未出现促进海外合作交流的策略；

（3）美国联邦政府通过鼓励本国核心制造业回流、限制他国企业在美发展等方式增强美国生物医药产业供应链的安全与韧性，保证其在全球供应链的控制权。

一、引言

2020年以来，新冠肺炎疫情的暴发对全球经济造成强烈冲击，大量产业损失惨重。各国政府迅速采取疫情防控政策响应，例如加强疫情防控管理、集中医疗资源、帮扶小微企业、倡导产业发展新业态等，并逐步出台有关产业创新发展的帮扶和指导政策，着力发挥公共政策在平息突发事件和调控市场两方面的作用。其中，短期政策侧重于减少突发事件的损失和恢复原状，长期政策则有助于产业转型及新业态、新市场的拓展。这些政策对减缓疫情冲击和促进产业创新发展至关重要。

多数国家对疫情的政策响应主要针对本国内部的调控，而且比以往更关注本国的供应链安全监管及国际合作。美国即是典型的一例，尤其在对中国的态度与关系上，从种种迹象来看，表现更为极端。中美贸易战在疫情暴发前就进入双方对峙阶段，疫情暴发后美国更是直接出台了一系列有针对性的政策，对中国的"卡脖子"技术的发展和产品出口采取全方面打压。这是其历史政策的延续，还是疫情期间政策响应的一部分？值得深入关注与分析。

生物医药产业是全球公认的战略产业。在新冠肺炎疫情的影响下，该产业受到的冲击相较其他产业更小，甚至由于疫情防控的大量需求，部分地区生物医药产业实现持续增长态势。由此可确定，生物医药不仅是促进社会恢复运作的关键产业，还具有能够发掘出巨大经济利益的潜能，正在走上多样化和常态化研发创新的道路。这个产业将越来越紧密地与国家安全联系在一起，具有战略价值。结合如上所述，本文将以生物医药产业为例，通过政策文本分析新冠肺炎疫情暴发后美国在高科技战略产业方面的制度韧性调控手段，并给出我国相应产业的发展建议。美国不仅是全球最大的生物医药市场，其生物医药研发实力和人才储备也远远超过其他国家和地区。但在新冠肺炎疫情中，美国的医疗产业暴露出从前迅速发展下被忽略的问题：大资本对医疗行业的垄断让平民阶层在感染新冠病毒后无法得到及时救治，即使得到救治也要面临高昂的医疗费用，而与此同时，大型医药公司股价一路攀升。公共卫生基础设施相较于医药研发能力的落后也让美国陷入更为激烈的社会阶层冲突中。疫情暴发后，美国联邦政府的政策如何引导其医药产业发展引发全世界的关注。

与此同时，美国也在加速将制药产业从国外带回本土，并且对中国等国家生物医药产业实施持续的高压管制手段。近年来，美国不断点名该领域美国政府需"重点关注"的中国头部企业，在全球疫情暴发后，拜登政府也针对生物医药创新中关键原料获取与研发两大"卡脖子"环节对中国进行进一步限制，在资金、高端设备和人才流动方面均有所体现。其目的不仅在于加大美国国内对于生物医药产业创新的重视，同样也积极推动国际多方联合对中国医药产业正常出口活动进行限制。分析美国的政策动向，对我国破解战略产业"走出去"困境具有现实意义。

二、产业政策动向分析模型

（一）文本分析——政策文件与数据

本文以美国新冠肺炎疫情暴发以来的生物医药产业政策为研究对象，拟通过文本分析刻画美国对疫情密切相关的高科技战略产业发展的制度响应。由于美国控制着全球生物医药最大的市场、拥有最强的研发实力，因此本文不仅关注美国鼓励国内生物医药产业发展的措施，还将重点分析其对国际生物医药产业的管控和针对中国等国家生物医药产业发展的遏制手段。本文选取的新冠肺炎疫情下生物医药产业政策响应文本来自美国联邦政府网站下"新冠肺炎疫情的政策响应"（Government Response to COVID-19）板块①。由于涉及的政策文件较多，为保证文本的代表性，本研究按照以下原则选取政策文件：（1）美国第一例新冠肺炎病例于 2020 年 1 月 21 日正式报告，因此选择发布时间在 2020 年 1 月至 2021 年 10 月的美国联邦政府文件；（2）直接与新冠肺炎疫情、生物医药密切相关，是为应对新冠肺炎疫情政府对生物医药产业的扶持与调整；（3）主要选取法律法规、建议、通知等体现政府应对疫情策略的文件，不计入行业标准等文件。本研究最终选取美国联邦政府文件 18 份，具体如下表（表 9-1）：

---

① 美国联邦政府新冠肺炎疫情政策响应文件来源：https://www.usa.gov/federal-covid-response.

表 9-1　新冠肺炎疫情下美国联邦政府生物医药产业政策文件

发布时间	发布部门	政策标题	文件编号
2020 年 3 月 10 日	National Institutes of Health 美国国立卫生研究院	Urgent Competitive Revision to Existing NIH Grants and Cooperative Agreements(Urgent Supplement-Clinical Trial Optional) 对美国国立卫生研究院现有拨款和合作协议的紧急竞争修订（紧急补充 - 临床试验可选）	1
2020 年 3 月 12 日	Office of the Director, National Institutes of Health 美国国立卫生研究院院长办公室	Flexibilities Available to Applicants and Recipients of Federal Financial Assistance Affected by COVID-19 受 COVID-19 影响的联邦财政援助申请者和接受者可享受的灵活制度	2
2020 年 3 月 16 日	National Institutes of Health 美国国立卫生研究院	Guidance for NIH-funded Clinical Trials and Human Subjects Studies Affected by COVID-19 受 COVID-19 影响的美国国立卫生研究院资助的临床试验和人体受试者研究指南	3
2020 年 4 月 2 日	Food and Drug Administration 美国食品药品监督管理局	FDA Guidance on Conduct of Clinical Trials of Medical Products During the COVID-19 Public Health Emergency 美国食品药品监督管理局关于在 COVID-19 突发公共卫生事件期间进行医疗品临床试验的指南	4

发布时间	发布部门	政策标题	文件编号
2020 年 4 月 17 日	National Institutes of Health 美国国立卫生研究院	Coronavirus Update: Guidance for NIH Peer Reviewers 冠状病毒更新：美国国立卫生研究院同行评审员指南	5
2020 年 5 月	Food and Drug Administration 美国食品药品监督管理局	Policy for Coronavirus Disease-2019 Tests During the Public Health Emergency (Revised) 突发公共卫生事件期间的 2019 年冠状病毒病检测政策 (修订版)	6
2020 年 6 月 18 日	Office of the Director, National Institutes of Health 美国国立卫生研究院院长办公室	Financial Assistance Directly Impacted by COVID-19 due to Loss of Operations 对直接受到 COVID-19 影响停止运营部门的经济援助	7
2020 年 7 月	National Institutes of Health 美国国立卫生研究院	NIH-Wide Strategy Plan For COVID-19 Research 美国国立卫生研究院针对 COVID-19 的研究战略计划	8
2020 年 7 月 6 日	National Institutes of Health 美国国立卫生研究院	NOSI regarding the Availability of Emergency Competitive Revisions for Select Research Activities related to SARS-CoV-2 and COVID-19 NOSI 关于 SARS-CoV-2 和 COVID-19 相关研究活动的紧急竞争修订的可用性	9

续表

发布时间	发布部门	政策标题	文件编号
2020 年 8 月	Food and Drug Administration 美国食品药品监督管理局	Manufacturing,Supply Chain,and Drug and Biological Product Inspections During COVID-19 Public Health Emergency Questions and Answers Guidance for Industry 新冠疫情期间的制造、供应链以及药品和生物制品检查行业公共卫生紧急问答	10
2020 年 10 月 23 日	Office of the Director, National Institutes of Health 美国国立卫生研究院院长办公室	Exceptions to Use of a Single IRB During the Coronavirus Disease 2019(COVID-19) Public Health Emergency 在 2019 年新型冠状病毒(COVID-19) 突发公共卫生事件期间使用单一 IRB(内部评级法) 的例外情况	11
2021 年 1 月	The White House 白宫	National Stratedy for the COVID-19 Response and Pandemic Preparedness COVID-19 应对和大流行防范的国家战略	12
2021 年 1 月 22 日	The White House 白宫	Executive Order on a Sustainable Public Health Supply Chain 关于可持续公共卫生供应链的行政命令	13

续表

发布时间	发布部门	政策标题	文件编号
2021 年 2 月 2 日	Office of the Director, National Institutes of Health 美国国立卫生研究院院长办公室	Requesting Extensions for Early Career Scientists Whose Career Trajectories Have Been Significantly Impacted by COVID-19 为职业轨迹受到新冠疫情显著影响的早期职业科学家申请延期	14
2021 年 8 月 20 日	National Institutes of Health 美国国立卫生研究院	Funding Opportunities Specific to COVID-19 针对新冠疫情的资助机会	15
2021 年 8 月 30 日	National Institutes of Health 美国国立卫生研究院	Considerations for New and Ongoing Human Subjects Research During the COVID-19 Public Health Emergency 新冠疫情突发公共卫生事件期间新的和正在进行的人体研究的注意事项	16
2021 年 9 月 8 日	Small Business Administration 美国联邦中小企业局	COVID EIDL Loans Information as of September 8,2021 截至 2021 年 9 月 8 日的新冠肺炎疫情经济伤害灾难贷款信息	17
2021 年 10 月 1 日	Small Business Administration 美国联邦中小企业局	COVID-19 Relief Assistance to Small Businesses: Issues and Policy Options 对新冠疫情下小型企业的救济援助：问题和政策选择	18

（二）基于 LDA 模型——研究方法的政策分析

政策分析方法通常分为内容分析（Content Analysis）和文本挖掘（Text Mining）。前者需要研究人员通读文章或文件，在解释文本和归纳文本时容易受到研究人员主观意识和知识基础的影响。而文本挖掘则能快速将大量非结构化的文本材料定量转化为分析数据，并且摒除个体主观影响。主题建模是一种从大量文本集合中估计多个主题，并且得出每个文本主题的文本挖掘方法。Latent Dirichlet Allocation(LDA) 是典型的参数贝叶斯主题建模，其核心在于：假设文本由若干主题构成，而主题由若干特征词构成，忽略词语的先后顺序和语法结构。故可将 LDA 的层级结构分为文本层、主题层和特征词层，其结构图如图 9-1 所示：

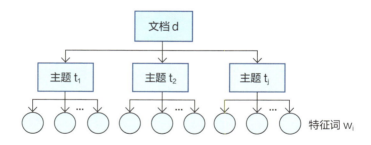

图 9-1　LDA 模型层级结构示意图

假设文本 d、主题 t、特征词 w 的数量分别为 D、T、W，则特定文本中第 i 个词汇 w_i 出现的概率可以表示为：

$$P(w_i) = \sum_{j=1}^{T} P(w_i|z_i = j)P(z_i = j)$$

其中，z_i 表示第 i 个特征词 w_i 属于主题 j，$P(w_i|z_i=j)$ 表示特征词 w_i 属于主题 j 的概率，$P(z_i=j)$ 表示主题 j 属于当前文本的概率。令 $\varphi_{w=j}^{(z)} = P(w|z=j)$，表示对于主题 j，特征词 w 满足 Dirichlet(α) 先验概率假设，其中 $\alpha = \frac{1}{T}$；令 $\varphi_{t=j}^{(d)} = P(z=j)$ 表示对于文本 d，主题 t 满足 Dirichlet(α) 先验概率假设，其中 $\beta = 0.01$。因此，文本 d 中词汇 w 的概率为：

$$P(w|d) = \sum_{j=1}^{T} \varphi_{w=j}^{(z)} \cdot \varphi_{t=j}^{(d)}$$

本文运用 Python 语言编写 LDA 模型，输入期望主题数 T 和每个主题下的特征词数目 w，使计算机进行迭代运算，得到每个主题（Topic #1,2,3……）的 w 个特征词，并且得出每个文本属于哪一主题（Topic #1,2,3……），再根据特征词对主题进行概括。

为了进一步确定最佳主题数目，引入内容困惑度指标。内容困惑度被广泛应用于主题模型效果评估。困惑度越低，主题模型效果越好。其计算方法如下：

$$\text{perplexity}(X) = \exp\left(-\frac{\sum_{d=1}^{D} \log_X w_d}{\sum_{d=1}^{D} N_d} \right)$$

其中，为第 d 个文本的长度，$p(w_d)$ 表示 LDA 产生文本的概率：

$$p(w_m) = \sum_d \prod_{n=1}^{N} \sum_{j=1}^{T} p(w_j|z_j=j) \cdot p(z_j=j|w_m) \cdot p(d)$$

三、结果分析

（一）政策文本聚类分析

对所选政策文本进行聚类分析，其内容困惑度迭代计算结果如图 9-2 所示。在主题数小于等于 5 时，内容困惑度显著下降；在主题数大于 5 时，内容困惑度下降幅度趋于平缓。故在 LDA 模型中将 18 份美国生物医药产业政策的主题数设定为 5，最终结果如表 9-2 所示。由表 9-2 可知，主题 1 为产业链监管，是指政府对生物医药产业上下游各个方面的监督，包括研发技术、贸易管制、企业贷款、机构合作、创新奖励、产品安全等方面。主题 2 为金融贷款，包括拓宽受疫情负面影响较大的中小企业的融资渠道，支撑疫苗、检验试剂等生物医药项目的持续研究开发。主题 3 为法律补充，用于针对财政援助、融资贷款、行业监管等原有法律条文进行补充，解决资助效率低、融资渠道少等问题，补充条例漏洞。主题 4 为政府补贴，联邦政府对治疗效果好、检验效率高、发展潜力大的企业和生物医药项目进行重点财政资助，并定期核查资助项目成果、更新资助名单。主题 5 为人才培养，政府加大对教育资金的资助，并推迟生物医药相关职业奖项评选，以避免因疫情停滞而研究员无法按期完成项目并参与评奖。

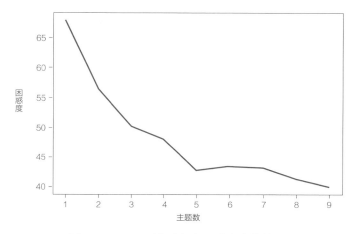

图 9-2　LDA 模型内容困惑度迭代结果

表 9-2　美国生物医药政策的主题分类

主题	主题对应单词	文件编号
Topic #1： 产业链监管	research applicant award grant require guide fund recipients supply clinical	5、6、8、10、12、13、16、18
Topic #2： 金融贷款	loan business applicant advance payment approve require eligible provide request	1、2
Topic #3： 法律补充	test trial guidance investigator product laboratory manufacture participant study clinical	7、9、11
Topic #4： 政府补贴	act provide fund agency assist emergency appropriate avail authority	3、4、15
Topic #5： 人才培养	test vaccine develop pandemic response community support provide care administration	14、17

（二）重点主题政策文本内容分析

《关于可持续公共卫生供应链的行政命令》（*Executive Order on a Sustainable Public Health Supply Chain*）由白宫总统办公室于 2021 年 1 月发布，题目中的"Supply Chain"与美国生物医药产业链安全稳定的远期目标直接相关。为进一步了解美国增强生物医药产业链韧性的具体举措，本文将对该政策进行内容分析。可以发现，该文本尤其强调公共卫生事件威胁下维持美国本土生物医药产品持续供应的重要性，确保为美国未来的流行病和公共卫生紧急情况做好充分准备。联邦政府督促各州政府完善生物医药紧急供应机制，排除生物医药供应链故障点，同时组织专家评价和分析外国供应链对美国的重要程度及影响，关注美国生物医药供应链对全球供应链的影响和控制能力。

另一份文件《美国国立卫生研究院针对新冠病毒的研究战略计划》（*NIH-Wide Strategy Plan For COVID-19 Research*）为美国国立卫生研究院于 2020 年 7 月发布的纲领性文件，其中回顾了过去一年联邦政府以调节生物医药市场为主的即时政策，同时对未来生物医药产业应对疫情冲击的长期发展战略提出总领意见，能够充分反映疫情环境下美国联邦政府在生物医药产业领域的政策响应全过程。因此，本文选取该政策进行内容分析。该文件强调疫情前期政府市场调节对美国生物医药中小企业的恢复的重要贡献，同时引出未来美国生物医药产业的技术创新将对产业链的韧性产生关键作用，并有针对性地提出五类重要生物医药技术的项目支持清单（图 9-3），包括发展基础生物医药研究、改良病毒识别技术、推进传染疾病治疗、加强新冠病毒预防、减少无效研究产出。从新冠病毒的临床模型、传播机理等基础生物医药研究，到检验、诊断、治疗、预防等环节的关键技术开发与评估，同时还特别关注如何降低和阻止一些无效产出，聚焦疾病易感人群、提高创新领域的有效性。这一政策看上去着眼于疫情防控的技术支撑，但实际上涵盖了生物医药创新链的全过程，体现出创新链全程设计与系统协同的思想。而该文本主题对应特征词"research""clinical""fund""supply"等均涉及全链条创新，与内容分析结果基本一致。

综合以上两份政策来看，美国强调生物医药产业创新的最终目的是长期占据全球价值链的制高点，并可以对全球供应链拥有

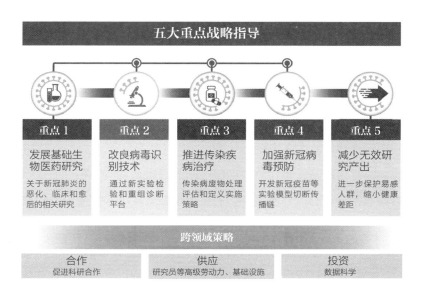

图 9-3　新冠肺炎疫情下美国生物医药产业发展目标

较强的控制权。为此，美国政府一方面限制了中国生物医药企业在美发展，财政部以"涉及人权问题"为由将中国基因测序企业列入其出口管制实体清单；另一方面，通过为 Phlow 公司等生物医药公司提供 3.54 亿美元的订单，带动生物医药制造环节回流，增强其供应链的安全和韧性，进一步巩固美国在全球供应链中的话语权。

四、结论与启示

（一）结论

本文基于 LDA 主题挖掘模型，以新冠肺炎疫情为基本背景，探讨疫情期间美国政府的产业政策响应手段，通过对美国生物医药产业联邦政策文件进行文本挖掘分析，得出结论如下：

1. 美国政府在疫情暴发后的响应较多来自联邦尺度，相较临床治疗而言，更加侧重关注产业链监管、金融贷款、法律补充、政府补贴和人才培养五个方面，这与美国自身的生物医药产业创新监管体系和政策环境相关。

2. 疫情前期，美国的生物医药产业以市场调节为主，而在中后期政策开始介入促进创新，通过提供资金支持和措施干预保证生物医药创新的平稳发展，且并未出现促进海外合作交流的文件，这与美国在疫情后强调产业韧性，并重提制造业回流有关。

3. 美国联邦政府除了通过财政直接资助、贷款条件放宽等即时政策帮助生物医药产业应对新冠肺炎疫情负面影响之外，还通过鼓励本国核心制造业回流、限制他国企业在美发展等方式增强美国生物医药产业供应链的安全与韧性，保证其在全球供应链的控制权。

（二）启示

疫情期间的政策响应实际上反映了一国或一地区的制度韧性，即公共制度。尤其政治制度因与外界互动而产生抵御冲击、自我演进和修订发展的机制，以预防和控制灾难的发生。在新冠肺炎疫情暴发后，各国对制度韧性的重视提升到新的高度。不同执政者根据自身国情，采取不同的公共政策手段来提升制度韧性，以支撑国家经济发展和社会稳定。本文通过分析新冠肺炎疫情背景下美国生物医药产业政策响应，对我国生物医药产业的未来发展思路提出以下两点启示：

1. 中国政府应当通过优先财政支持、促进人才培养、税收减免与优惠等方式，重视生物医药产业核心技术的研究与开发，于技术封锁困局中破解美国针对我国制定的贸易限制，实现"中国制造"到"中国智造"的转变。

2. 我国生物医药产业应当积极融入全球化过程，加强与多方制造业强国的合作，构建以中国为主的多方合作体系，保证我国生物医药产业的安全与韧性，为我国生物医药国际话语权的提升奠定扎实的基础。

参考文献

[1] 陈雅薇, 朱华晟, 姚飞. 长三角地区新冠肺炎疫情应急与产业政策响应——基于政策文本的词频分析 [J]. 现代城市研究, 2021(1):45-51.

[2] LINCICOME S. Manufactured Crisis: 'Deindustrialization', Free Markets, and National Security[J]. Cato Institute, Policy Analysis, 2021 (907).

[3] THIERER A D, HAALAND C. Does the United States Need a More Targeted Industrial Policy for High Tech?[J]. Mercatus Research Paper, 2021.

[4] 江育恒, 赵文华. 研究型大学在区域创新集群中的作用研究：以美国五大生物医药集聚区为例 [J]. 高等工程教育研究, 2017(5):102-108.

[5] KWARTLER T. Text Mining in Practice with R[M].Hoboken: John Wiley&Sons, 2017.

[6] BLEI D, Ng A, JORDAN M. Latent dirichlet allocation[J]. Journal of Machine Learning Research, 2003, 3(4/5).

[7] 刘少鹏, 印鉴, 欧阳佳, 等. 基于 MB-HDP 模型的微博主题挖掘 [J]. 计算机学报, 2015, 38(7):1408-1419.

[8] NATHAN A J. Authoritarian Resilience[J]. Journal of Democracy, 2003, 14(1).

第十章

日本的产业政策失败了吗？[①]

宋磊[②]

随着《中国制造2025》规划的发布，中国的产业政策实践进入了新的阶段。日本是最早大规模地推行现代产业政策的国家，其政策实践对于中国本应具有重要的借鉴意义，但是中国学术界从未清晰地揭示日本产业政策的作用机制。同时，近年来中国学术界出现了对于日本产业政策的质疑，而肯定日本产业政策的研究者没有令人信服地回应这种质疑。针对上述问题，本文指出日本实践失败论在事实确认和研究方法方面存在的问题，讨论为什么先行研究难以回应日本实践失败论的挑战，挖掘产业政策的管理学研究传统，从动态企业理论的角度对其进行扩展并对日本的政策实践进行解读。

---

① 本文完成于2021年9月。
② 宋磊：北京大学政府管理学院教授。

一、日本实践失败论为什么流行

（一）政策实践的两种类型

国内学术界关于战后日本产业政策的研究出现过两次热潮。第一次热潮出现在 20 世纪八九十年代，主要内容是对于日本的政策实践的介绍，基调是肯定的。第二次热潮出现在近十年，主要内容是对于日本的政策实践的质疑，基调是直接或间接的否定。[①] 本文将第二次研究热潮中的典型研究称为日本实践失败论。实际上，中文文献中日本实践失败论的基本观点和主要论据在相当程度上来自 20 世纪八九十年代以来国际学术界对于日本实践的批评（Sakoh，1984；Porter，et al.，2000；Stiglitz and Yusuf，2001）。值得注意的是，这种研究是在中国的政策实践进入新阶段的背景下出现的，同时，对于产业政策持肯定态度的国内研究者没有对于这种批评做出有效的回应。

总的来说，日本实践失败论在中国学术界的流行具有表层和深层两个原因。所谓表层原因，是指这些研究以借用国际学术界之中对于产业政策持否定意见的学者使用过的一些似是而非的

---

① 在产业政策研究领域，国内外学术界的主流认识似乎一直存在背离。在 20 世纪八九十年代，尽管国际学术界肯定和否定日本产业政策的研究基本势均力敌，但是国内学术界主要选取了肯定产业政策的研究进行介绍。类似地，在近年来国际学术界关于产业政策的正面评价开始增加的背景下，国内学术界的主流对于产业政策却呈现出批判的态度。

"事实"的形式来否定日本的政策实践。这些"事实"似乎具有说服力并符合国内学术界近年来的主流分析框架，因此这种研究获得了较多的支持。所谓深层原因，是指支持产业政策的研究者所采用的研究方法导致他们难以对于日本实践失败论做出有效的回应。本节主要讨论日本实践失败论得以流行的表层原因，第二节转入关于日本实践失败论得以流行的深层原因的分析。

日本实践失败论者强调的"事实"主要有两类，一类涉及政策资金的投放方向，另一类涉及政策资金和全要素生产率之间的关系。第一类"事实"指大量的政策资金并没有被投向后来在国际市场上获得竞争优势的重工业，而是被投向缺乏国际竞争优势的流通、农业等产业（任云，2006：13，16）。因此，这些学者认为，日本的产业政策并没有按照计划实施。第二类"事实"指统计分析表明，即使那些投向重工业的政策资金也没有显著地推动这些产业的全要素生产率上升（任云，2006：16；张鹏飞、徐朝阳，2007：32-33；江飞涛、李晓萍，2012）。

对于以上批评进行回应的要点有二。对于第一类批评，回应的要点是产业政策的所得分配效果。由于产业政策具有所得分配效果，因此产业政策的制定和实施必然是政治过程。为了推动战略性产业的发展，政府需要对于主要面向国内市场的低成长产业进行补偿。因此，为了避免针对战略性产业的政策受到阻挠，代议制政府往往需要向低成长产业投入政策资金。实际上，在很多西方国家的政策实践之中，对于低成长产业的支持都占有重要地位。

对于第二类批评，回应的要点是产业政策的结构。尽管实践中的产业政策具有很多类型，但是这些不同类型的政策主要围绕结构政策和合理化政策展开，而合理化政策不以大量的资金投入为前提，其效果也难以通过回归的方法进行展示。

所谓结构政策，是指主流文献强调的重点发展重工业、不断推动产业升级的产业政策。不同于结构政策，尽管合理化政策一直是日本政策实践的要点之一，但是没有受到关注。依据通产省企业局于 1957 年发布的《产业合理化白皮书》，合理化政策主要指企业内部的合理化、企业外部条件的合理化、行业的合理化和产业结构的合理化。因此，所谓合理化政策就是在上述四个方向推动合理化的政策。从上述定义可以看出，在战后初期，合理化政策包括结构政策但不限于结构政策，其重点之一在于企业层面的合理化。实际上，只是在 20 世纪 60 年代之后，结构政策在合理化政策中的地位才开始提高并开始涵盖企业层面的合理化政策（日本通商产业政策史编纂委员会，1994: 289-290）。

在实践中，企业层面的合理化政策涉及企业的会计、工资制度、现场管理等诸多方面。需要注意的是，企业层面的合理化政策不以大量的资金投入为前提。因此，中国的日本实践失败论者反复引用的统计分析（Beason and Weinstein，1996）难以体现企业层面合理化政策的作用，依据这种分析来否定日本的政策实践是不得要领的。

（二）先行研究的学科背景

日本实践失败论得以流行的深层原因是肯定日本实践的研究

难以正面回应日本实践失败论者的挑战。一般而言，肯定日本实践的研究主要由产业政策的政治经济学研究和发展经济学研究构成：前者主要指重视政企互动的政治经济学研究，而不是一般意义上的理论经济学研究；类似地，后者主要指倾向于政府介入的发展经济学研究（Chang，1994；小野，1999）。[①]需要注意的是，在前者的研究之中，日本的产业政策和经济成长之间的关系不是研究的重点；同时，后者的研究重点难以触及日本产业政策的微观逻辑。由于日本实践失败论者的研究主要集中在产业政策的微观机制（三轮，1998）以及政策效果的统计分析方面，因此肯定日本产业政策的两种学术研究难以回应这种挑战。

首先，尽管强调政企互动的政治经济学研究在肯定日本实践的研究之中占有重要位置，但是这种研究的内在逻辑使得其难以回应关于产业政策是否有效的挑战。一般而言，这种研究具有两种类型。第一种研究详细地罗列政策措施或具体地讨论政策过程（约翰逊，1982/2010；松井，1997），第二种研究则主要分析日本的政治经济体系或经济意识形态如何推动产业政策的实施（Okimoto，1989；Gao，1997）。很明显，第一种研究更多的是现象描述。而在第二种研究之中，日本的政治经济体系或经济意识形态是自变量，产业政策是因变量。但是在日本实践失败论之中，产业政策被视为自变量，研究重点在于产业政策和经济绩效之间的关系。因此，支持产业政策的政治经济学研究自然难以回应日本的政策实践在统计学的意义上是否有效应对这一挑战。

---

① 张夏准的研究主要讨论韩国的政策实践，但也涉及日本的产业政策。

其次，尽管支持政府介入的发展经济学研究为产业政策提供了经济学基础，但是这类研究难以从正面回应实践中产业政策是否失败的问题。比如，这些研究或者重视后进国家经济活动中的边际费用递减现象或者强调政府保护幼稚产业、推动资本形成的必要性（村上，1992: 3-86；Chang，1994）。客观地说，这些研究以后进国家经济发展中的市场失败为基础，从若干侧面论证了推行产业政策的必要性，但是这些研究难以否认广泛存在于后进国家经济发展中的政府失败。因为产业政策的纯收益由介入的正面效应和介入的负面影响共同决定，所以这类研究难以否定实践中的产业政策在总体上陷入失败境地的可能性。在日本实践失败论强调实践中产业政策的正面效应不明显、负面影响较大的情况下，支持产业政策的发展经济学研究难以回应这种挑战。

总的来说，作为支持产业政策研究的主体，政治经济学研究和发展经济学研究的研究方法和议题设定使得这些研究难以直接回应日本实践失败论的挑战。具体而言，日本实践失败论强调的是实践中产业政策的效果并不明显，而支持产业政策的研究重视的则是产业政策为什么出现以及产业政策为什么可能成功。很明显，两种研究并不对应。正是在这样的背景之下，产业政策的批评者指出，"（肯定日本实践的）这些研究充满实证主义的言词，但是违背实证主义的方法"（许宝强，1999: 19）。[①]

---

① 本文讨论的主要是日本产业政策研究中的争论。实际上，和日本产业政策研究中的对立格局一样，世界范围内的产业政策研究之中也存在类似的争论。在日本之外的国际学术界，支持产业政策的研究也难以回应产业政策失败论。

二、 产业政策管理学

（一）意义与问题

　　笔者认为，在产业政策的政治经济学和发展经济学研究不尽如人意的背景下，日本实践失败论只有在产业政策管理学视角之下才能得到回应，而产业政策管理学研究主要存在于日本学术界。确认并发展这一研究传统，不但可以有效地分析作为产业政策的企业合理化政策的作用，而且有助于克服关于日本产业政策的政治经济学和发展经济学研究所存在的问题。值得注意的是，西方学者认为很少存在将产业政策和管理学联系起来的研究（Lazzarini，2015: 97）。但是，出现这种认识的主要原因是西方学者不熟悉日文文献。实际上，在关于日本产业政策的日文文献之中存在管理学研究传统。一方面，关于日本产业政策的部分开拓性研究就是从管理学角度来分析产业政策的；另一方面，20 世纪90 年代以来，日本学术界出现了一批从管理学角度来分析产业政策的研究。[1]

　　一般而言，约翰逊关于日本产业政策的研究被视为产业政策研究和发展型国家论的开山之作（约翰逊，1982/2010）。但是，笔者曾经指出，阿贝格兰关于同一问题的日文研究（阿贝格兰、BCG，1970）远早于约翰逊（宋磊，2015a）。更为重要的是，阿贝格兰的相关研究以提示政府对于企业的战略选择和组织形态的

---

[1] 陈建安（2007）关于日本实践的分析接近这一思路，但是他的研究没有得到重视。

影响的方式间接地将管理学和产业政策联系起来。具体而言，阿贝格兰的研究思路实质是首先通过管理学的分析框架确认企业竞争力的主要来源，然后分析政府介入和竞争力的主要来源之间的关系。由于企业竞争力的来源是管理学文献的经典主题之一，因此这种研究思路潜在地为具体分析政府介入的必要性、评价政府介入的效果提供了空间。20世纪90年代以来，一批管理学者和重视生产过程的经济史家学者关于日本产业政策的研究实际上可以理解为对于阿贝格兰开创的研究传统的发展。

比如，伊丹敬之在分析日本主要产业几轮兴衰的过程中对于产业政策和产业兴衰之间的关系给予了系统化的关注，尾高煌之助等人的企业史研究则详细地介绍了产业政策的政策措施如何强化企业竞争力；在同一时期，桥本寿朗和大野健一等人则从政策科学的角度讨论了产业政策和企业竞争力之间的关系。这些研究实际上可以理解为对于阿贝格兰开创的研究传统的发展。但是，这些研究缺乏关于企业能力构筑和政府介入之间的关系的清晰的理论框架，没有从根本上超越阿贝格兰。为解决这一问题，笔者在生产主义工业战略观的分析框架之下，借助产品建构理论，比较系统地总结了日本的政策实践如何影响企业竞争力的形成（宋磊，2015b，2016: 150-172）。产品建构理论从产品的技术特征入手，为理解企业竞争力的形成机制提供了具体的思路（葛东升、宋磊，2014）。因此，基于产品建构理论的产业政策分析具有坚实的微观基础。但是，由于产品建构理论是技术管理领域（Management of Technology，MOT）的一种分析方法，因此基于这一理论的产业政策研究容易流于细节。为了解决这一问题，我们在下文中将依据动态企业理论——产品建构理论或基于产品建构的竞争力分析也属于这一流派——构筑一个理解产业政策和企业竞争力之间的关系的分析框架,并对作为产业政策的企业合理化政策的影响进行总结性评论。

(二)基于动态企业理论的扩展

为了在有限的篇幅内从管理学角度解决日本产业政策是否失败这一重要问题,本文采取以下研究策略:首先,从产业政策批评者的角度出发,提出在新古典经济学的分析框架之下推行产业政策所需满足的条件;然后,依据动态企业理论,指出企业竞争力形成的基本逻辑和关键环节;再次,论证作为战后日本产业政策重要组成部分的企业合理化政策不但满足在新古典经济学的分析框架之下推行产业政策所需满足的条件,而且促进了企业竞争力的形成。[①]

1. 新古典经济学关于产业政策可行性的限定条件

在产业政策领域的文献之中,存在大量论证产业政策必要性和可能性的研究。但是,这些研究没有说服新古典经济学家。新古典经济学家之所以难以接受产业政策,主要原因是他们认为产

[①] 采用这样的研究策略并不意味着我们认为只有满足最为严格的条件的产业政策才是成功的。采用这样的研究策略的意义在于指出部分产业政策实际上满足了产业政策的批评者设定的严格的条件。由于这些条件过于严格,因此如果我们可以完成上述证明,那么接下来我们就可以适当地放宽条件的苛刻程度,论证更多的产业政策实践的可行性。

业政策影响市场机制，引起资源的浪费。在原理层面，上述认识实际上可以表述为以下判断：第一，在判断发展什么产业更为有利的问题上，市场机制远比政府有效；第二，与产业政策相关的寻租成本以及政策资金的机会成本远大于零。寻租成本远大于零指政府分配政策资金的过程伴随寻租成本，机会成本远大于零指政府投入的政策资金本来可以找到更为有效的使用途径。第一个判断意味着新古典经济学允许政府在产业层面进行介入的前提是企业在政府介入之前已经主动地进入相关产业，第二个判断则意味着新古典经济学允许政府在产业层面进行介入的另外一个前提是政府所投入的政策资金非常少。

一般而言，寻租成本的规模主要取决于政策资金的规模。因此，尽管存在关于如何抑制寻租成本的大量研究，但是这些研究只能证明寻租成本可以被抑制，很难证明与产业政策相关的寻租成本可以为零（或趋近于零）。类似地，因为被投入特定领域的政策资金大多存在潜在的其他用途，所以很难证明这些政策资金的机会成本为零（或趋近于零）。需要注意的是，在新古典经济学框架之下，由于与产业政策相关的寻租成本和机会成本主要由政策资金的规模决定，因此这样两种成本为零（或趋近于零）的条件实际上是政府在推行产业政策过程中投入的政策资金为零（或趋近于零）。产业政策的支持者们更为关注政府如何通过投入大量政策资金来推动产业发展。因此，在逻辑上，他们的研究不可能考虑政府以几乎不投入政策资金的方式来推动产业发展的可能性。但是，如果要从根本上说服新古典经济学家，我们就必须论证：（1）企业在政府介入之前已经在相关产业进行投资；（2）在投入的政策资金为零(或趋近于零)的情况下,产业政策也可以推动产业或企业的发展。

2. 产业政策与动态企业理论视角下的企业能力构筑过程

在微观层面,战后日本经济成长是企业成长的过程,而企业成长的过程是企业能力构筑的过程。如上文所述,在相当长的时间内,支持产业政策的研究主要关注政府如何通过投入大量的政策资金来推动目标产业的发展。这样的研究方法不但无法满足新古典经济学关于产业政策可行性的限定条件,而且忽视了企业能力构筑在产业政策中的重要地位。

在理解企业能力的问题上,动态企业理论具有重要的价值。[1][2]在这一理论的分析框架之下,企业能力特别是以管理惯例和特殊资产为代表的核心能力是企业实现扩张、获得竞争优势的基础。依据动态企业理论,这种能力难以通过市场交易获得,只能通过管理实践在企业内部的学习过程之中形成。

对于产业政策研究而言,动态企业理论的意义在于提示了理解产业政策的必要性和有效性的全新角度。首先,由于企业的核心能力是企业获得竞争优势和相关产业实现发展的基础,而企业

---

[1] 企业战略理论中的其他理论,比如定位学派也可以分析企业能力的构筑过程。因此,从定位学派出发来分析企业能力的形成并将其与产业政策联系起来也是一种可行的分析思路。但是,强调政府影响企业的定位往往意味着政府在企业尚未在相关产业进行投资的情况下进行介入(Hausmann and Rodrick, 2003)。这种情况不符合新古典经济学关于产业政策可行性的限定条件。因此,本文不采取这种研究策略。
[2] 动态企业理论和基于资源的企业理论具有细微的区别。本文不涉及这种区别,将两者视为一个整体。

未必可以通过自身的管理行为获得这种能力，因此产业政策有可能以协助企业形成核心能力的形式推动企业以及目标产业的发展。其次，政府协助企业形成核心能力未必以投入大量政策资金为前提。换言之，在这样的理论视角之下，产业政策有可能在满足我们上文中提出的两个条件的情况下推动企业以及目标产业的发展。

至此，我们发现，动态企业理论实际上为论证日本的政策实践的效果提供了思考方向。如果可以证明在满足企业在政府介入之前已经在相关产业进行投资且投入的政策资金为零（或趋近于零）的情况下，政府介入促进了企业核心能力的形成，那么我们就可以对于"日本的政策实践是否失败"这一问题给出明确的回应。

笔者试图依照以下顺序完成上述论证。具体而言，如图 10-1 所示，我们首先将企业能力分解为抑制交易成本的能力和降低生产成本的能力。依据动态企业理论，所谓企业能力的成长可以理解为这样两种能力的交点从左下方向右上方转移的过程。进一步地，如图 10-2 所示，我们随后将企业降低生产成本的能力分解为组织能力和技术能力。在动态企业理论视角之下，所谓企业能力的成长就是这样两种能力的交点从接近左下方的区域向接近右上方的区域转移的过程。接下来，我们以企业合理化政策为例，论证这种政策实践如何在满足新古典经济学关于产业政策可行性的苛刻条件的情况下推动了企业能力，特别是组织能力的构筑。

在关于日本产业政策的研究之中，企业合理化政策长期被视为产业结构政策的一部分，处于被忽视的状态。但是，在企业合理化政策之中存在不能被产业结构政策概括的内容，即企业内部

（1）交易成本与生产成本

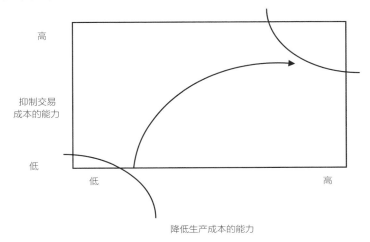

图 10-1　动态企业理论视角下的企业能力构筑过程

（2）组织能力与技术能力

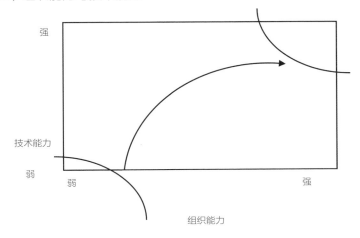

图 10-2　动态企业理论视角下的企业能力构筑过程

的合理化政策。企业内部的合理化政策主要指政府协助企业改进管理方法、提高管理效率的政策（日本通商产业政策史编纂委员会，1995: 104-105，237-241；1997: 237；约翰逊，1982/2010: 29）。由于企业合理化政策不以大量投入政策资金为前提，因此在强调政策资金规模的配置主义产业政策观（宋磊，2015b）的影响之下，先行研究没有重视这类产业政策。但是，正是因为不以大量的资金投入为前提，所以这类产业政策符合新古典经济学对于产业政策的限定条件。因此，如果我们能够论证企业合理化政策推动了企业能力的提高，那么我们就在严格的意义上回应了日本的政策实践是否失败这一问题。接下来，我们试图以合理化审议会和日本生产性本部的活动为例来进行这种论证。

合理化审议会作为通产省的政策咨询机构，积极地参与了合理化政策的实施。1952—1960 年，合理化审议会向通产省提出的报告涉及从工序管理、作业管理、培训管理、管理自动化、节能管理到事业部的财务制度等企业管理中的基础性问题。在合理化审议会的各个部会之中，管理部会的活动最为活跃。笔者曾经讨论过管理部会下属的财务、生产、劳务分科会的活动内容以及这些活动如何推动了日本企业管理水平的提高、促进了日本企业管理惯例的形成（宋磊，2016: 116-118）。在这里，我们简要地介绍质量管理、产业培训分科会的活动。

质量管理分科会在统计的质量管理方法被引进、日本工业规格（JIS）得以确立之后，对于企业在上述领域的工作进行了调查，对如何在中小企业普及质量管理进行了专题研究。类似地，产业培训分科会在 1952 年、1953 年就大学、高中毕业生的培训问题进行了专题研究并提出报告。1954 年，这一分科会对企业的培训体制进行了评估，推动了产学协同的教育、培训制度的确立（日本通商产业政策史编纂委员会，1994: 297-299）。很明显，这些工作和日本企业管理惯例的形成有关。

1955 年，在通产省的推动下，财团法人日本生产性本部成立。尽管这一机构形式上是民间团体，但是与通产省关系紧密，其主要任务是配合政府的相关政策，在民间开展提高劳动生产率的运动。生产性本部不但确立了后来成为日本企业管理一般原则的、通过劳资合作来提高劳动生产率的"生产率三原则"，而且通过有效的具体活动提高了劳动生产率。1955—1960 年，生产性本部共向美国派遣了 306 个考察团，超过 3000 人。这样的考察为企业管理者提供了认识日本企业和美国企业管理水平的差距、思考如何赶超的机会。值得注意的是，这些考察团回国后在各地进行巡回报告，参加人数达到 9 万，促进了提高劳动生产率的运动在全国发展。另外，生产性本部以举办讲座等形式，在一般管理原则、劳资关系等领域积极普及当时国际上的先进管理方法。

生产性本部的贡献典型地体现在科学管理方法的普及方面。尽管以科学管理为核心的管理工程学（Industrial Engineering，IE）在战前已经传入日本，但这一管理方法的真正普及是在生产性本部组织的钢铁行业考察团认识到美日两国钢铁产业的主要差距之一在于管理工程学之后。在科学管理之外，生产性本部也积极地推动引进美国企业的财务和决策制度（日本通商产业政策史编纂委员会，1994: 332-337；1997: 239-240）。众所周知，战后的日本企业开发出了以精益生产方式为代表的企业管理方法，而这样的管理方法是日本企业竞争力的源泉。但是，需要指出的是，这种原创性的管理方法是对于美国企业管理方法的扬弃。从这个意义上来说，生产性本部对于美国企业管理方法的引介为日本企业开发出具有原创性的管理体系提供了基础。

以上讨论意味着即使在新古典经济学所设定的苛刻标准，即企业在政府介入之前已经开始生产、政策资金的规模极小的条件之下，我们仍然可以论证企业合理化政策提高了企业能力，推动了企业能力从图10-1、图10-2的左下方向右上方移动。

笔者曾经详细地讨论过日本政府如何在不投入大量政策资金的情况下提高企业的技术能力（宋磊，2016: 155-157）。笔者关于企业合理化审议会管理部会之中的财务、生产、劳务分科会的活动总结以及本节关于企业合理化审议会管理部会之中的质量管理、产业培训分科会的工作以及生产性本部的活动分析则表明，如果将战后日本企业组织能力的形成区分为以学习欧美为主的初期阶段以及在欧美经验的基础上进行"自主创新"的后续发展阶段，那么我们可以发现，政府的介入不但在前一个阶段直接提高了企业的组织能力，而且为企业的组织能力进入后续发展阶段、开发出具有原创性的管理方法提供了基础。①对于政府介入在这样两个阶段之中的作用，我们可以将其归纳为图10-3。

---

① 正如财务、生产、劳务管理在战后形成的日本式经营之中占有重要地位一样，质量管理和企业内培训也是日本式经营的重要组成部分。正是从这个意义来说，我们认为，企业合理化审议会对于日本式经营的形成具有重要意义。

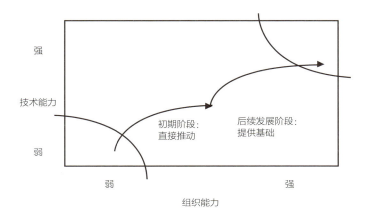

图 10-3　企业合理化政策与企业能力的构筑过程

注：如果忽视政府介入在企业能力形成的初期阶段的影响，则会低估作为
　　产业政策的企业合理化政策的作用。如果忽视企业在后续发展阶段的
　　地位，则会高估作为产业政策企业合理化政策的作用。

三、结语

所谓日本实践失败论其实是一种误解，这种误解的出现主要
与两个问题有关。

第一，先行研究没有重视企业合理化政策。第二，先行研究
主要基于政治经济学或发展经济学展开。本文的分析表明，在将
企业合理化政策纳入视野并引入管理学的视角之后，我们可以在
企业能力的层面上确认日本产业政策的积极作用。在中国产业政
策的实施范围有扩大趋势的背景下，本文的研究结论有助于思考
提高中国产业政策的政策收益的具体途径。

参考文献

[1] SAKOH K. Japanese Economic Success: Industrial Policy or Free Market? [J].Cato Journal, 1984, 4(2): 521-543.

[2] PORTER M, TAKEUCHI H, SAKAKIBARA M. Can Japan Compete? [M]. New York: Perseus Publishing, 2000.

[3] STIGLITZ J, YUSUF S. Rethinking The East Asian Miracle [M]. Oxford: Oxford University Press, 2001.

[4] 任云 . 日本产业政策再评价及对我国的启示 [J]. 现代日本经济，2006(4): 11-16.

[5] 张鹏飞，徐朝阳 . 干预抑或不干预？——围绕产业政策有效性的争论 [J]. 经济社会体制比较, 2007 (4): 28-35.

[6] 江飞涛，李晓萍 . 中国产业政策取向应做重大调整：从直接干预市场到增进与扩展市场 [J]. 比较，2012(3): 174-190.

[7] 日本通商产业政策史编纂委员会 . 日本通商产业政策史第 6 卷 第 II 期 奠定基础时期 (2) [M]. 中国·日本通商产业政策史编译委员会，译 . 北京：中国青年出版社，1994.

[8] BEASON R, WEINSTEIN D. Growth, Economics of Scale, and the Targeting in Japan (1955-1990) [J]. Review of Economics and Statistics, 1996, 78(2): 286-295.

[9] CHANG, H-J. The Political Economy of Industrial Policy [M]. London: Macmillan,1994.

[10] 小野五郎 . 現代日本の産業政策：段階別政策決定のメカニズム [M]. 東京：日本経済新聞社 , 1999.

[11] 三輪芳朗. 政府の能力 [M]. 東京：有斐閣, 1998.

[12] 查默斯·约翰逊. 通产省与日本奇迹：产业政策的成长 (1925-1975) [M]. 金毅，等，译. 长春：吉林出版集团有限责任公司, 2010.

[13] 松井隆幸. 戦後日本産業政策の政策過程 [M]. 福岡：九州大学出版会, 1997.

[14] OKIMOTO D. Between MITI and the Market: Japanese Industrial Policy for High Technology [M]. Stanford: Stanford University Press, 1989.

[15] GAO B. Economic Ideology and Japanese Industrial Policy: Developmentalism from 1931 to 1965 [M]. Cambridge: Cambridge University Press, 1997.

[16] 村上泰亮. 反古典の政治経済学（上）[M]. 東京：中央公論社, 1992.

[17] 许宝强. 发展主义的迷思 [J]. 读书, 1999(7): 18-24.

[18] LAZZARINI S. Strategizing by the Government: Can Industrial Policy Create Firm-Level Competitive Advantage?[J]. Strategic Management Journal, 2015(36): 97-112.

[19] 陈建安. 日本的产业政策与企业的行为方式 [J]. 日本学刊, 2007(5): 69-81.

[20] アベグレン. J.C., BCG. 日本経営の探求：株式会社につぽん [M]. 東京：東洋経済新報社, 1970.

[21] 宋磊. 发展型国家论的研究传统与新李斯特主义的管理学基础 [J]. 教学与研究, 2015(3): 15-18.

[22] 宋磊. 生产主义的产业政策观 [J]. 经济学家，2015(8): 13-23.

[23] 宋磊. 追赶型工业战略的比较政治经济学 [M]. 北京：北京大学出版社,2016.

[24] 葛东升，宋磊. 产品建构理论的日本学派为什么逆势发展 [J]. 现代日本经济，2014(3): 72-79.

[25] HAUSMANN R, RODRIK D. Economic Development as Self-Discovery [J]. Journal of Development Economics, 2003, 72(2): 603-633.

[26] 日本通商产业政策史编纂委员会. 日本通商产业政策史第 3 卷 第 I 期 战后复兴时期 (2) [M]. 中国·日本通商产业政策史编译委员会，译. 北京：中国青年出版社, 1995.

[27] 日本通商产业政策史编纂委员会. 日本通商产业政策史第 1 卷 总论 [M]. 中国·日本通商产业政策史编译委员会，译. 北京：中国青年出版社, 1997.

第十一章

韩国产业政策的发展与革新[1]

李冬新[2] 盛翠萍[3]

新冠肺炎疫情的世界大流行，对全球经济造成了极大的影响。为了应对疫情的冲击，尽可能减轻消极影响，韩国政府采取一系列举措，以恢复发展经济。新冠肺炎疫情背景下，韩国经济面临国内生产总值增速下降、贸易条件恶化、出口贸易受限、内需下滑的挑战。从产业角度来看，韩国产业发展不景气，企业家情绪低迷。为此，韩国实行制造业复兴、非制造业调整、绿色新政、数字新政、生物产业发展的产业发展政策。展望中韩未来经济合作前景，需强化区域经济合作，积极推动区域产业链重塑；加强对企业的政策引导和制度保障，推动企业合作；提高劳动力素质，发展高技术产业；打破疫情限制，加强文化产业合作。

---

① 本文完成于 2021 年 11 月。
② 李冬新：山东大学东北亚学院副教授，管理学博士，应用经济学博士后；山东大学东北亚学院国际政治与经济系主任、东北亚研究中心副主任、中日韩思想库网络研究基地（威海）执行主任，研究方向：东北亚经济合作，国际市场管理，国际经济治理等。
③ 盛翠萍：山东大学东北亚学院世界经济专业研究助理。

一、引言

新冠肺炎疫情的世界大流行，对全球造成了极大的冲击，不仅在身体和精神上严重威胁着人类健康，更为突出的是给全球经济带来了极为严重的消极影响，影响着正常的生产生活秩序和国际间贸易的发展。受疫情影响，出现了全球范围内的经济下滑、失业剧增等问题。为了应对新冠肺炎疫情的冲击，尽可能减轻消极影响，韩国政府和有关部门采取一系列举措，以应对新冠肺炎疫情冲击，恢复发展经济。

本文就新冠肺炎疫情背景下韩国经济现状、产业发展现状，韩国产业政策的应对与革新，中韩产业合作思考与展望几个方面展开论述。本文用图表展现了韩国经济，尤其是产业经济受新冠肺炎疫情的影响，总结了韩国政府为应对新冠肺炎疫情推行的相关产业政策，旨在挖掘新冠肺炎疫情背景下韩国经济恢复发展的政策经验，为中韩两国接下来的经济合作做出展望。

二、韩国经济现状

韩国被称为"世界经济的金丝雀"。作为一个出口导向型国家，韩国对出口的依赖程度很大，出口总额约占其国内生产总值的三分之一，其经济发展深受国际市场的影响。2020年新冠肺炎疫情的全球蔓延，在产品生产贸易的各个环节严重影响韩国的经济发展，使得其经济增长显著放缓，内外需求均遭遇重创，就业压力增加，通胀风险上升，阻碍了国际贸易。2021 年，受出口和投资的反弹、新冠肺炎危机的缓解以及经济活动的恢复影响，韩国经济回暖，呈现复苏态势，但疫情带来的消极影响仍未完全消除，经济复苏仍有很长一段路要走。

（一）经济增长创后回暖

表 11-1 为韩国 2015—2021 年国内生产总值（GDP）及基于 2010 年不变价计算的 GDP 增长率情况。2015—2019 年，韩国经济平稳增长，呈正增长趋势。受到新冠肺炎疫情的影响，全球经济遭受重创，韩国在 2020 年出现了 0.71% 的负增长。进入 2021 年，经过制造业和服务业扩张，韩国经济增长 4%，实现了较快回暖。

从图 11-1 韩国 GDP 的季度环比增长情况可以看出，2015 年至 2019 年韩国 GDP 除了 2017 年第四季度、2019 年第一季度分别出现环比增长 -0.3% 和 -0.2%，其他各季度在总体上呈现正的环比增长，增长幅度为 0.3% 至 1.4%，经济呈现平稳增长态势，季度间差异不大。但是受新冠疫情的冲击影响，2020 年第一、二季

表 11-1　韩国国内生产总值及其增长率

年份	2015	2016	2017	2018	2019	2020	2021
GDP（万亿美元）	1.47	1.50	1.62	1.72	1.65	1.64	1.81
GDP 增长率（%）	2.81	2.95	3.16	2.91	2.24	-0.71	4.15

资料来源：世界银行，https://data.worldbank.org.cn

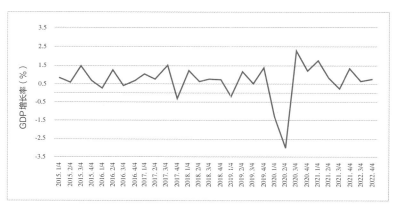

图 11-1　韩国国内生产总值季度环比增长情况

资料来源：韩国统计门户网站（KOSIS），https://kosis.kr/statHtml/statHtml.do?orgId=301&tblId=DT_200Y002&language=en&conn_path=I3

度 GDP 环比增长大幅下降，特别是在 2020 年第二季度 GDP 环比增长 -3.0%，显示出疫情对经济增长产生了较为明显的阻滞效应。从 2020 年第三季度开始，韩国 GDP 季度经济皆有所回升，环比正增长。

（二）贸易条件恶化

根据图 11-2 的韩国贸易条件指数 [①] 来看，自 2015 年至今（2022 年 5 月），韩国贸易条件呈现先平稳增长，后大幅下滑，再

---

① 贸易条件指数是出口物价指数和进口物价指数之比，可反映一国每出口各单位的商品可获得的进口商品的数量。指数超过 100% 意味着贸易条件有利；指数下跌，则意味着出口同样数量的商品只能换回比原来更少的商品，贸易条件处于不利地位。

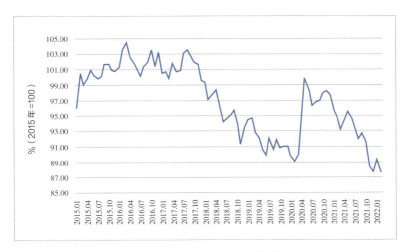

图 11-2　韩国贸易条件指数

资料来源：韩国统计门户网站（KOSIS），https://kosis.kr/index/index.do

火箭式增长，后阶梯式下滑趋势。韩国贸易条件的总体趋势是先利好后恶化。

（1）自 2015 年第一季度到 2017 年第三季度，韩国贸易指数总体呈现上升趋势，由 96.04% 上升到 103.46%。但其中在 2016 年第二季度和 2017 年第一季度也有小幅下滑的波动。

在 2016 年至 2017 年间呈现的贸易条件利好可以追溯于中韩两国自贸协定的签署。自 2015 年 6 月 1 日起，自贸协定（FTA）正式签署，并于年底前生效，使得双方超过 90% 的产品在过渡期后进入零关税时代，特别是逐步取消 6.5%—10% 的韩国化妆品关税，对韩国贸易，尤其是化妆品、旅游、航空、运输板块产生了良好刺激；在 2016 年第四季度到 2017 年小幅下滑的波动，或与

2017 年 2 月开始的萨德事件影响中韩关系有关，韩国对华出口贸易量减少。

（2）从 2017 年末，特别是 2018—2020 年第一季度呈较大幅下降趋势，下降幅度甚至达两位数，特别是在新冠肺炎疫情暴发后的 2020 年初达到历史最低点 88.95%。此阶段，受各主要经济体的需求问题、新兴市场压力和贸易摩擦升级的影响，国家贸易和全球经济正在降温。此时，韩国贸易条件的恶化主要受两方面的影响：

① 韩国和中国作为东亚产业链重要的两个链条，其中一方需求量的下降，势必会对另外一方造成直接冲击。中国作为韩国第一大出口市场，韩国对华出口量的下降，对韩国影响较大。

② 韩国作为一个严重依赖出口的经济体，出口数据的下降会进一步影响国内消费信心的下降，导致整体经济数据下跌。

（3）贸易条件指数在 2020 年上半年实现火箭式上升，2020 年 2—5 月上升了 11 个百分点。此阶段，得益于主要国家经济复苏，原材料价格上涨，全球电子产品需求增加的利好形势，韩国出口额大幅增长。货物运输、数字服务、金融服务交易正在活跃，但旅游业仍处于低迷状态。

（4）2020 年 5 月至今（2022 年 5 月），呈阶梯式下滑趋势。受新冠肺炎疫情变异毒株冲击影响，从第二季度起新冠肺炎病例显著上升，第三季度疫情继续加重。根据杨盼盼在《疫情加剧和量宽退出的双重阴影（2021年第3季度全球宏观经济季度报告·东盟韩国）》中的分析，第三季度末时，区内主要国家的疫情可能已经见底，除越南以外的其他经济体经济景气触底回升，但疫情冲击还将持续一段时间。疫情加之美联储退出量宽的双重阴影，使得韩国在通胀风险中贸易条件也有一定的下滑。目前，韩国已经成为全球疫情最严重的地区之一，相对放宽的防疫政策导致社会面极高的新冠肺炎疫情传播率，中小企业面临极大的经营压力；进出口贸易也因疫情和国际局势的影响，成本剧增，利润率下滑。

（三）出口贸易受限

从图 11-3 韩国进出口情况来看，2015 年至今，韩国进出口量都呈现上升趋势。韩国是一个出口大国，2015—2019 年韩国出口金额远超进口金额，但 2020 年新冠肺炎疫情暴发以来，进出口贸易差额愈渐缩小。这是由于疫情一定程度上阻隔了跨国贸易与合作，出现中间产品供应困难等问题。又由于韩国产业对外依存度较高，对韩国经济造成了较大的不利影响。

但在韩国产业研究院于 2021 年 6 月 16 日发布的《韩国近期出口向好背景及启示》报告书中也指出，韩国出口呈现良好势头。这主要得益于因新冠肺炎疫情而发展的非接触式经济和环保产业。为防止气候变化，国际环境规则得到强化，部分出口产品获得了反射利益。新能源汽车在新冠肺炎疫情的影响下出口业绩超过上一年同期，保持增长势头；船舶以使用绿色燃料的双重燃料船舶、液化

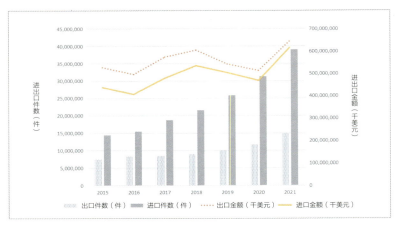

图 11-3　韩国进出口情况

资料来源：韩国统计门户网站（KOSIS），https://kosis.kr/index/index.do

天然气（LNG）运输船等高附加值船种为中心出口增加；生物健康、二次电池等新增长品目的出口同比增长 12.4%，表现良好。

（四）内需下滑

由图 11-4 韩国私人消费及国内需求 [①] 折线图可以看出，2015年至 2019 年底，韩国私人消费及国内需求总体呈平稳波动。在2020 年初，受新冠肺炎疫情冲击，韩国私人消费及内需情况均呈现断崖式下滑状态，在 2020 年第一季度达到最低点，私人消费降至 −6.6%，国内需求萎缩至 −2.9%。内需的急剧萎缩，加之出口受限，韩国经济受到了极大的冲击。自 2020 年第二季度开始，韩

---

① 国内需求是私人消费和固定资本形成总额之和。

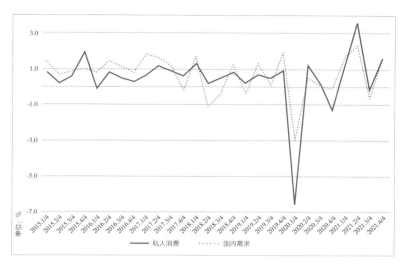

图 11-4　韩国私人消费及国内需求

资料来源：韩国统计门户网站（KOSIS），https://kosis.kr/index/index.do

国内需触底反弹，究其原因，或与韩国政府采取的一系列措施有关。一方面，韩国政府对于实体经济的扶持带来相对向好的经济预期；另一方面，韩国政府积极推进各种消费鼓励政策和加强投资项目建设在内的提振内需行动方案。

三、韩国产业发展现状

（一）韩国产业发展不景气

如图 11-5 所示，从制造业来看，2015 年至 2019 年底，韩国制造业发展呈现波动式发展，产业水平变化不大；在 2020 年初受

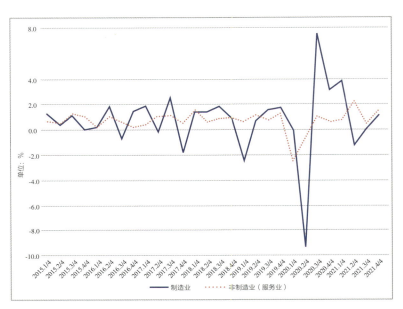

图 11-5　韩国制造业与非制造业发展情况

资料来源：韩国统计门户网站（KOSIS），https://kosis.kr/index/index.do

新冠肺炎疫情影响发展出现陡崖式下滑，跌幅高达 9.3%。但在第三季度，经过国家对疫情的管控和产业支持后，制造业呈现上升趋势，涨幅高达 16.9%，远超此前水平；在第三季度之后，受疫情反复影响，又显现出下滑趋势。从以服务业为代表的非制造业来看，2015 年至 2019 年底，韩国产业发展平稳。但在 2020 年初，受新冠肺炎疫情影响，出现较大幅度的下滑，二、三季度时出现了较大幅度的回升，恢复至疫情前水平，此后缓慢增长。总的来说，新冠肺炎疫情以来，韩国非制造业发展水平比制造业波动较小，显示出非制造业面对危机具有更好的弹性表现。

（二）企业家情绪低迷

根据图 11-6 显示的韩国企业景气调查指数（BSI）[①]，韩国企业经济指数在疫情前平稳波动，疫情后先断崖式下滑后迅速恢复并跃升至高于疫情前水平。面对疫情冲击，制造业较非制造业所受影响的程度较高。

（1）2018—2019 年呈现较为平稳的波动，此阶段韩国企业景气调查指数（BSI）维持在 75 左右。

（2）在 2020 年初新冠肺炎疫情暴发以来，一、二季度全行业 BSI 呈现断崖式下滑，2020 年 4 月下降到最低值 51。在疫情冲击

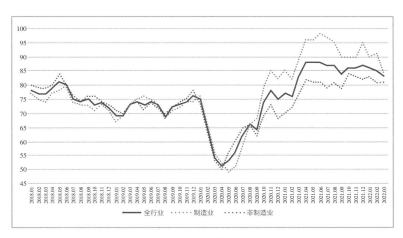

图 11-6　韩国企业景气调查指数（BSI）

资料来源：韩国统计门户网站（KOSIS），https://kosis.kr/index/index.do

[①] 企业景气调查指数（BSI）反映企业家对经营情况的感受。BSI 指数以 100 为基准，当对业绩消极评价的人数超过积极评价人数时，指数将降至 100 以下。

下，受休假季导致汽车生产作业天数减少，以及疫情扩散导致电子行业遭遇零部件等中间产品供应困难等因素影响，韩国无线通信设备、家电、汽车、纺织等消费品板块出现较大跌幅，特别是汽车、纤维等企业持续低迷。

（3）2020 年 5 月起逐步呈较大幅度的恢复，在 2021 年 4 月至 6 月达到最高值 88。一方面，为应对新冠肺炎疫情冲击，韩国在财政、税收、金融领域扶持三大新兴产业（半导体、未来汽车[①]、生物健康），并对受疫情冲击的航空业、汽车业、航海业提供税收、贷款等支持。另一方面，韩国产业研究院 2021 年 6 月 16 日发布的《韩国近期出口向好背景及启示》报告书称，近期韩国出口呈现良好势头，主要得益于因新冠肺炎疫情而发展的非接触式经济和环保产业。受新冠肺炎疫情影响，远程授课、会议、诊疗、居家办公等非接触经济蓬勃发展，对信息技术（IT）品目比重较高的韩国出口产生了积极影响。

此外，为防止气候变化，国际环境规则得到强化，部分出口产品获得了反射利益。新能源汽车在新冠肺炎疫情的影响下，2020 年出口有所增加，2021 年第一季度出口业绩超过上一年同期，保持增长势头；船舶以使用绿色燃料的双重燃料船舶、液化天然气（LNG）运输船等高附加值船种为中心出口增加；生物健康、二次电池等新增长品目的出口同比增长 12.4%，表现良好。

（4）2021 年 7 月至今（2022 年 5 月）呈较为平稳、略有下滑趋势。据韩联社 2021 年 10 月 11 日报道，韩国产业研究院预计继

---

① 未来汽车：韩国的未来汽车概念指的是未来出行交通运输工具，主要包括电动汽车、氢燃料电池汽车、自动驾驶汽车和飞行汽车等项目。

第三季度之后，第四季度的经济恢复势头也将放缓，大部分企业的销售额上升幅度有限。与上一季度相比，除半导体、汽车、造船以外的大部分行业都出现了下跌或持平的趋势。

四、韩国产业政策的应对与革新

由于疫情给国民经济带来巨大影响，且病毒不断变异，疫情持续时间带有不确定性，为了更好地应对新冠肺炎疫情带来的冲击，韩国政府颁布并实施了一系列旨在促进经济恢复、稳定宏观经济、扶持企业经营、保障民生发展的法规与政策措施。在法律层面，出台或修订了《产业发展法》（2021年）、《应对地区产业危机和恢复地区经济的特别法》（2022年）、《加强和保护国家先进战略产业竞争力特别措施法》（2022年）。韩国应对新冠肺炎疫情的产业政策措施主要包括以下内容：

（一）制造业复兴

制造业是韩国经济增长的引擎、工作岗位和革新的源泉。然而第四次产业革命、环境管制和中国的跃进使全球竞争环境发生了巨变，韩国制造业存在智能、环保、融创等应对大变革的能力不足、新产业发展滞后，技术、人力、金融等产业的企业革新促进作用不足等问题，需要探索新的增长方式。

新冠肺炎疫情使全球供应链处于重组状态。面对新冠肺炎疫情，人们愈发认识到保证全球供应链安全、重塑制造业重要性的认识。为基本确保卫生医疗、生活必需品安全供给，同时保障尖端技术领域的持续开发，韩国实行了一系列促进制造业发展的产业战略和政策。在战略方面，为以打造"世界四大制造强国"为目标，形成高附加值的产业结构，韩国提出四大制造业复兴推进战略，旨在通过智能化、环保化、融合复合化，加快产业结构创新；将新产业培育成新的主导产业，通过革新，实现现有主力产业的蜕变；以挑战和积累为中心全面重构产业生态系统；建设创新创业型政府。在政策方面，韩国在半导体、汽车等产业颁布并出台具体的产业发展计划，包括月度《韩国新政重大项目推进计划》、《人工智能半导体产业发展战略》（2020年）、《白色生物产业振兴战略》（2020年）、《环保汽车第四个基本计划》（2021年）、《汽车零部件企业未来汽车改装支持计划》（2021年）、《航空工业发展第三个十年计划》（2021年）等。

以扶持汽车行业发展的产业政策为例：面对生产活动和生产设施运行的限制下汽车制造商存在的生产运营与销售困难，韩国政府一方面免征、缓征汽车零件的关税和增值税，另一方面通过加大政府购买、支持环保汽车来弥补海外市场需求的大幅下滑。

（二）非制造业调整

韩国政府为推动非制造业（服务业）的发展，着力保障国际贸易与投资，在原有《贸易保险法》等法律、政策和规则的基础上颁布并出台一系列新政策，包括《2020年贸易通商振兴政策》《缓解COVID-19企业困境和出口援助政策》《新冠肺炎疫情下的韩国对外直接投资政策（Korea's FDI Policy under COVID-19）》等，旨在搞活电子贸易，加强中小、中坚企业出口竞争力，营造和搞活自由贸易区，向国内进出口企业提供贸易保险、保证支持，制定战略物资管理制度，加强原产地管理，制定招商引资政策，支援回国企业，支持国内回程公司，支援入驻开城工业园区的企业，推进经济自由区吸引外资，完善贸易协调援助系统。

为打破出口僵局，2020年8月，韩国产业通商资源部提出了《韩国服务业海外市场进军推动方案》，将旅游、医疗和健康服务、教育技术、数码服务、金融科技、工程技术指定为六大朝阳服务业，并根据各领域特点制定出口推动战略，争取到2025年使韩国跻身服务业出口强国。

以扶持旅游业的发展为例，根据韩国文化体育观光部网站资料所示，2020年，韩国政府为遭遇史无前例危机的旅游行业和从业人员实施了紧急资金支援和税收减免等措施，并制定了应对危机的政策，包括对小工商业者提供超低利率的金融支持、创业和运营资金支持、雇佣维持资金支持、旅游业特别雇佣支持，四大社会保险延期缴纳及减免；国内税、地方税、关税延期，推迟酒店等级评估审查，运营COVID-19咨询窗口，减免机场商业设施租金，等等。这些财政援助及税收减免政策对新冠肺炎疫情冲击下的旅游业恢复和发展产生了积极作用。

（三）绿色新政

资源环境破坏所导致的全球气候变暖等一系列自然灾害频繁

发生，全球性环境污染和能源短缺问题日益得到人们的重视。作为一个环境污染较为严重、自然资源和能源都十分贫瘠的国家，韩国以传统能源为主的能源消费结构导致其对海外能源有过高的依存度，深受"能源危机"的影响。韩国政府充分认识到低碳绿色经济在促进就业、拉动经济增长方面的巨大潜力。在新冠肺炎疫情带来的经济低迷背景下，韩国政府推出绿色新政，在多领域推进碳中和政策，制定国家绿色战略，推动能源转型，并通过加强国际合作、培养专业人才，持续推进碳中和战略的实施。

在 2020 年发布的《2050 碳中和推进战略》中，韩国政府提出将改善钢铁、水泥、石油化工、炼油等 4 个高碳排放产业的结构，鼓励使用可再生能源替代化石燃料，结束韩国对煤炭的依赖，增强企业环保意识；通过政府投资，建设环保基础设施，投资清洁能源和电动汽车，推进减少发电厂和扩大可再生能源等能源转换。在能源转换方面，韩国的政策要点分别为：向安全清洁能源的转换、可再生能源产业提供竞争力强化方案、可再生能源 3020 实施计划和能源福利。韩国政府还出台了《第三次采矿基本计划（2020—2029）》《第五次新能源·可再生能源技术开发及利用、推广基本计划》《第六次合理化利用能源基本计划（2020—2024）》《第九次电力供需基本计划（2020—2034）》等。在政策实施方面，举例而言，2021 年韩国产业通商资源部制定了在全北等五个地区建立氢能产业集群的计划，推动构建氢产业生态系统。在国际合作方面，2022 年 2 月，韩国产业通商资源部公布了"2022 年度产业技术国际合作项目"综合实施计划，计划通过"双边共同基金型研发支援"（346 亿韩元）、"多边共同基金型研发支援"（249 亿韩元）、"全球需求联系型研发支援"（112 亿韩元）等的财政预算，支援国内产学研与国外优秀研发机构开展国际合作，旨在积极支援韩企通过全球研发合作，抢先应对碳中和，主导技术高度化和国际标准，引领世界市场。此外，韩国还加强相关人才培养，新建了国内唯一一所专门致力于能源研究的 Kentech 大学，聚焦于能源人工智能（AI）、新能源材料、下一代电网、氢能以及环境和气候技术这五大主要研究领域。

（四）数字新政

作为由韩国政府确定的"十大新引擎产业"之一的数字产业具有拉动经济发展的强大力量。在新冠肺炎疫情背景下，韩国政府分别于 2020 年、2021 年出台了"数字新政"和"数字新政 2.0"计划。该计划通过财政投入、建设数字产业基础设施，发展"非接触经济"。"数字新政"涉及的重点领域包括 5G 网络建设、人工智能人才培养、"数据大坝"、人工智能政府、智能医疗基础设施等，着力推动各经济领域的数字化转型，促进社会间接资本的数字化发展，发挥数字产业在后疫情时代拉动韩国经济恢复发展的强大动力，并推动韩国成为世界数字强国。

韩国强化多领域的数字化发展。2020 年 10 月，韩国政府宣布将制定 ERP、MES、PLM 等用于制造领域的 IT 系统数据交换方式为国家标准。11 月，韩国政府建立自动驾驶汽车数据标准 K 联盟，以促进基于数据的自动驾驶服务；发布《贸易数字化转型政策》。2021 年 2 月，韩国政府开放"数字产业创新大数据平台"，为国内企业数字化转型奠定基础。3月，韩国工信部公布《加强数字材料创新实施方案》，推动实现材料开发领域的数字化转型。8月，为了加强数字领域的国际合作，韩国政府完成加入《数字经济伙伴关系协定》（DEPA）的国内程序，9月中旬正式向其他DEPA成员国通报加入意向。2022年3月，在《产业数字转换促进法》基础上，韩国政府产业部门着手制定《产业数据合同指南》。

（五）生物产业发展

起步于20世纪80年代的韩国生物医药产业，在韩国政府资助基因工程项目、鼓励高校—科研单位—企业建立产学研体系，培养相关人员的一系列产业发展支持政策下，经过几十年的发展，其药品监管和质量管理体系不断完善，生物医药产业发展势头强劲，生物药尤其是生物类似药的研发进展令人瞩目。

在新冠肺炎疫情背景下，生物医药产业显示出强大的发展潜力。为支持生物产业的发展，韩国政府采取一系列产业支持政策。2020年1月，为提高在疫苗、新药开发等生物产业研究开发中必需的生物材料和相关信息的质量，支持国内生物资源银行确保国际信誉，韩国产业通商资源部宣布将在国内引入国际生物资源银行认证制度，以便对国内生物资源银行的能力、服务质量、信赖度等进行评估和机构认定。3月，韩国政府启动国家生物大数据构建试点项目，在2年内以罕见疾病患者为对象收集数据，构建1万名临床信息和基因组数据。此外，计划支援依赖于海外的基因组数据相关材料的分析、零部件和装备的国产化以及开发新药和医疗器械产品等，同时还将扩大与个人健康信息相联系的数字健身器材等相关服务，以奠定生物健康产业基础。8月，为支持生物融合领域的国际联合开发，韩国—以色列工业研究与发展基金会发布了"2021韩以国际联合技术开发项目生物融合新任务"，鼓励相关组织参与。9月，韩国政府通过了部分修订《转基因生物法施行令》的决议，修订重点为重新利用已批准的转基因生物，使其在进口、生产和使用时能够简化风险筛查程序，这放宽了对生物塑料等白色生物产业的限制，有利于减轻企业负担，促进利用转基因生物资源的工业需求增长。12月，为进一步加快生物塑料研发和推广，韩国政府发布《白色生物产业振兴战略》。2022年3月，韩国政府还推动制定疫苗产业的国家标准，系统地培养疫苗企业、原料企业、设备企业等疫苗相关企业，建立疫苗产业支援体系。韩国政府经讨论后决定在2022年上半年参照生物产业分类代码，制定疫苗产业专用的韩国产业标准（KS）草案，并按照疫苗产业的要求，建立"疫苗行业协议"。

五、中韩产业合作思考与展望

中韩未来的经济合作，应进一步挖掘机会和可能，特别是要发挥比较优势，加强科技创新，树立产业竞争优势，在竞争中求合作、在合作中求发展，推进产业链、供应链的优化与布局调整，完善制度构建，激发企业活力，推进人才培养与积累，以恢复发展经济并奠定后疫情时代国家及经济地位。

（一）强化区域经济合作，积极推动区域产业链重塑

中韩都应该加强国际交流与合作，进一步加强双边、多边联系；依托现有的中韩 FTA、RCEP、"一带一路"等区域合作框架，继续探索合作深度，拓宽经济合作的广度。近几年，中韩关系受政治、经济和疫情的影响，对外投资规模也呈波动态势。如图 11-7 所示，2015—2020 年韩国对华投资呈"倒 W"态势。特别是受新冠肺炎疫情影响以来，韩国对华投资规模大幅下降，从 2019 年的 55.4 亿美元降至 2020 年的 36.1 亿美元。

为了加强经贸合作、减轻新冠肺炎疫情对产业合作的影响，

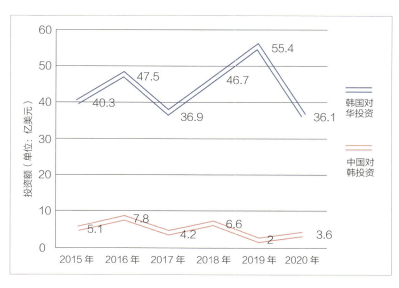

图 11-7　2015—2020 年中韩经贸投资

数据来源：根据中华人民共和国商务部网站数据整理。

两国可以通过网络经济、数字经济等新兴产业、重点经济领域的合作，开展技术共同研发，逐步推动更高层次的制度构建；适应全球产业链区域化的变化趋势，积极推动在更高层次上重构区域产业链，寻求各方共赢的产业链合作方式。

以清洁能源合作为例，中韩两国具有互补优势。一方面，韩国在海洋潮汐能、氢燃料电池车、浮动海上风电、生物质能等方面技术优势突出，韩国对氢燃料电池等产业发展的政府支持力度大、补贴高，产业链较为完善；另一方面，中国的优势在于市场广阔、劳动力成本相对较低，如在氢能发展上中国拥有较为完备的重化工产业链，在氢能规模化和产业化的推进速度上占据优势，已具备大规模氢能利用的供应条件与市场空间。

（二）加强对企业的政策引导和制度保障，推动企业合作

企业是市场经济活动的微观主体。韩国政府为应对老龄化，发展数字、环保、生物产业等也颁布法规和出台政策措施，引导相关产业发展，对产业发展起到有效的保护、支持和引导作用。特别是疫情以来出台的韩国新政，重点关注绿色环保产业、数字产业和生物产业等新兴产业的发展。为应对疫情冲击下国内消费需求的下降，我国也通过多项措施刺激消费，尤其在共同富裕、碳中和、新型消费、非接触式服务、中式元宇宙，即"5C"领域商机凸显。受新冠肺炎疫情影响，国际贸易在物流运输、人员流动等方面受限，中韩两国可以依托比较优势和国家战略走向，重点关注新能源、新基建、电子商务、数字经济、服务业等。

中韩两国在政策措施方面具有相似性，可以继续完善政策保障，并针对两国贸易为企业提供便利。中韩两国要激发企业活力，推动企业形成并自觉坚持以规则、规制、管理和标准为主的制度，增强转型升级紧迫感，提高管理水平，提升参与国际合作与竞争的本领。

（三）提高劳动力素质，发展高技术产业

人是生产力发展中的重要力量，劳动力的规模和素质关乎经济发展的规模和质量水平。一方面，在机器化生产规模日益扩大、简单劳动日益被替代的当代，唯有掌握独特技艺和不断学习能力的劳动者才能不被社会所淘汰。要培育更多专门化人才，通过宣传教育，引导人们不唯学历论英雄；通过职业技能培训，培育具有"工匠精神"的高技术工人，努力提升现有劳动力的素质，引导人们自觉学习、终身学习。另一方面，经济发展需要产业革新，新兴产业需要更多高素质人才来创新技术。中韩两国都要积极培育高素质人才，以迅速适应后疫情时代经济环境的快速变化，包括公共医疗保健和IT行业的扩张，推进绿色环保、生物医疗、数字经济等新兴产业的发展。

中韩两国目前在短周期技术产业行业发展水平相近，但是由于短周期技术进入壁垒低，易追击，也易被追击。中韩两国都应继续培育长周期技术产业，即投资和研究时间长的领域，形成技术优势，从单品技术转变为融复合技术，从形式技术转变为默契技术，如加强在生物研究和零部件材料生产等领域的技术突破。

（四）打破疫情限制，加强文化产业合作

中韩两国地理位置接近，自古以来文化交流频繁，在文化资源和产业发展上各具特色、各有优势，具有相似性与互补性。而且，文化合作与贸易对时间、地点、人员的限制较小，受新冠肺炎疫情的影响也有限。中韩两国可以在明确本国文化资源的基础上整合相似资源进行合作，并挖掘本国文化产业的独特优势，拓展两国文化产业合作的深度和广度，发挥文化产业主管部门的职能主动性，交流经验，优势互补。在2021年"中韩文化交流年"系列活动基础上，以2022年中韩建交30周年的时间节点为契机，更多地开展研讨会、博览会等多种形式的交流活动，深化经贸合作，促进经济复苏，实现中韩两国文化产业的强强联合，发挥文化产业对经济增长的拉动作用。

在国际政治经济形势日益纷繁复杂、新冠肺炎疫情仍在肆虐的当下，中韩两国加强合作交流，要顺应国际形势的变化，在两国政府、企业及民众的共同努力下，从多角度、全方位展开，在国际贸易过程中达成正和博弈，共赢发展。

参考文献

[1] YOO I, KANG H & JEONG D. Changes in the Incidence of Intussusception and Infectious Diseases After the COVID-19 Pandemic in Korea[J]. Journal of Korean medical science, 2022, 37(8): 60.

[2] 마학삼김석태 . A Study on the Changes in the Trade Environment of Korea and the Prospect of Trade between Korea and China after COVID-19[J]. e- 비즈니스 연구 , 2021, 22(2): 89-103.

[3] LEE E. The Impact of the Covid-19 Crisis on the 21st General Election in Korea[J]. The Journal of Industrial Distribution & Business, 2021, 12(12): 25-33.

[4] PARK Y, KIM J. Anger, Life Satisfaction, Happiness and Nursing Work Environment of Hospital Nurses in South Korea during COVID-19 Pandemic[J]. 한국간호과학회학술대회 , 2021, 2021(10): 185.

[5] LEE H, NOH Y, SEO J et al. Impact of the COVID-19 Pandemic on the Mental Health of Adolescent Students in Daegu, Korea[J]. Journal of Korean medical science, 2021, 36(46): 321.

[6] 王帆 . 韩国新冠肺炎疫情防控观察 [J]. 群众，2020(10):64-65.

[7] 董向荣，安波 . 韩国公共卫生危机管理体系应对新冠疫情的得失与启示 [J]. 东北亚学刊 , 2020(5): 84-96.

[8] 丁柏予 . 新冠肺炎疫情下各国宗教活动状况及其对我国宗教治理的启示——以韩国、美国、意大利为例 [J]. 科学与无神论 , 2021(4): 63-70.

[9] 孙正民 . 新冠肺炎疫情笼罩下的韩国劳务市场——2020 年韩国劳务市场发展述评 [J]. 国际工程与劳务 , 2021(3): 76-79.

[10] 陆嘉宽 . 韩国新冠肺炎疫情下的语言服务 [C]// 国家语言文字工作委员会 . 语言生活皮书——世界语言生活状况报告（2021）, 商务印书馆（The Commercial Press)2021:139-143.DOI:10.26914/c.cnkihy. 2021.040445.

[11] 宁赋魁 . 疫情下的韩国经济和应对策略及中韩经贸合作重点领域展望 [J]. 东疆学刊 , 2022, 39 (1): 35-40.

[12] 宋扬 . 新冠肺炎疫情期间韩国主流媒体《中央日报》涉华报道标题的及物性分析 [J]. 浙江外国语学院学报 , 2020(6): 46-54.

[13] 刘淑芳 , 杨虎涛 . 新冠肺炎疫情对中日韩三国旅游业的影响研究 [J]. 亚太经济 , 2020(2): 21-29.

[14] 张诚 , 祝铠 . 国外灾后措施对新冠疫情后旅游业振兴的启示 [J]. 哈尔滨职业技术学院学报 , 2020(3): 79-81.

[15] 白玫 . 韩国产业链供应链政策变化及其影响研究 [J]. 价格理论与实践 , 2022 (1): 54-60.

[16] 나종민 윤혜진 . 관광산업 위기와 영향에 따른 정책 대응 전략 연구 : COVID–19 에 대한 중앙정부 공무원들의 관점 탐색 [J]. Tourism Research, 2021, 46(2):135-159.

[17] 王峻霞 , 李梦颖 , 蒋蓉 . 基于 Celltrion 公司案例分析韩国生物药产业发展政策及其启示 [J]. 中国医药工业杂志 , 2021, 52(8): 1121-1127.

第十二章

全球变局下日本的产业政策与中国应对[①]

田正[②]

当前世界政治经济形势日趋复杂,大国间科技竞争博弈加剧,经济绿色转型任务迫切,经济安全日益受到重视。在长短期因素作用下,日本经济增长乏力,且新冠肺炎疫情暴发形势下凸显日本在数字化转型、绿色经济、产业链供应链稳定等方面的问题。为应对这一挑战,日本重新调整产业政策,加大国家对经济的投入力度,推动产业政策与绿色经济、经济安全、社会分配等社会经济稳定相协调。岸田在上台后,提出"新型资本主义"经济政策,调整"新自由主义经济政策"。中日两国面临共同的经济课题,应加强对话,深化中日经贸合作,加强第三方市场合作。

---

① 本文完成于 2021 年 11 月,受到国家社会科学基金一般项目"战后日本经济内外循环关系的历史、理论与政策研究"(编号:21BGJ057)、中国社会科学院青年启动项目"日本产业再生政策研究"(编号:2021YQNQD0067)、中国社会科学院日本研究所登峰战略子课题"RCEP 背景下日本东亚战略转移对我国影响综合评估"的资助。
② 田正:中国社会科学院日本研究所副研究员,研究方向为日本产业、日本经济政策。

一、全球变局下的日本经济

当前世界经济政治局势复杂多变，在科技竞争、气候对策、经济安全等方面出现新动向，而日本经济在疫情冲击下经济增长乏力，数字化、绿色经济转型、产业链供应链稳定问题突出，亟须通过实施产业政策应对国际形势的变化和日本经济的结构性问题。

（一）世界政治经济变局

当前，世界国际政治经济形势日趋复杂，大国间的科技竞争日趋激烈，经济绿色转型任务日益迫切，对于经济安全和产业链供应链稳定的重视程度不断提升。

首先，大国间的科技竞争博弈更加激烈。当前，新一轮科技革命和产业革命正在迅速发展，云计算、物联网、人工智能等数字技术不断融合生物、新能源、新材料等先进技术，实现科技交叉融合发展，大量新技术不断产生。大国地缘经济博弈色彩日益表面化，经济因素在地缘经济领域的作用日趋重要，科技竞争博弈在大国的经济较量中发挥关键作用。世界各主要国家均开始通过制定产业政策，加大对科技创新的投入力度。例如，2021 年 6 月美国颁布《竞争与创新法》，用于增强半导体生产、促进新能源产业发展、改革美国国家科学基金会、建立科技中心等，总额超过 2500 亿美元。① 欧盟推出总额达 955 亿欧元的"地平线欧洲"框架计划（2021—2024 年），加强健康、社会安全、数字科技、工业技术等领域的科技创新支持力度。② 此外，美国还试图构建"科技联盟"，以打造美国等西方国家主导的"技术治理多边体系"。2021 年 9 月，美国欧盟贸易技术委员会举行首次会议，推动美欧加强在高科技和半导体领域合作，以确保领先地位。

其次，积极对接碳中和目标，注重实现经济绿色转型。人类的活动导致全球气候变暖已经成为共识，全球气候变暖不仅会造成自然环境变化，而且会对人类社会经济发展及健康产生巨大影响，全球生态变局日益显现。拜登政府上台后，重视气候变化问题。2021 年 2 月，美国发布"创造就业和应对气候变化的创新政策"，以促进清洁能源技术的发展和应用，确保美国在 2050 年之前实现 100% 的清洁能源经济和净零排放。③ 欧盟则持续围绕碳中和布局战略性产业。2021 年 7 月，欧盟推出"应对气候变化一揽子提案"（Fit for 55），扩大欧盟碳市场建设，推动新能源汽车发展，通过加征航空燃料税、设置碳边境税等，推动欧盟经济绿色转型。

再次，强调经济安全，注重产业链供应链稳定。新冠肺炎疫情暴发在短期内阻断了工业生产环节中所需要的原材料和零部件，

---

① The United States Innovation and Competition Act of 2021[EB/OL]. [2021-01-05]. https://www.democrats.senate.gov/imo/media/doc/USICA%20Section-by-Section%205.19.21.pdf

② 参见 Horizon Europe 官方文件。

③ 赵明昊. 统合性压制：美国对华科技竞争新态势论析 [J]. 太平洋学报，2021，29(09):1-16.DOI:10.14015/j.cnki.1004-8049.2021.09.001.

暴露出全球产业链供应链的脆弱性问题，对全球经济发展产生重大负面影响。世界各国纷纷意识到维护经济安全和提升产业链供应链稳定的重要性，持续出台措施，加强经济安全，提升产业链供应链稳定性。例如，美国在 2021 年 6 月发布《构建弹性供应链、重振美国制造业及促进广泛增长》的评估报告，指出提升产业链供应链稳定性对美国至关重要，美国需要加强半导体、蓄电池等战略性物资的产业链供应链安全。2021 年 9 月，欧盟宣布将推出《欧洲芯片法案》，重建芯片研发和生产能力，打造先进的芯片生态系统，以降低对美国和亚洲芯片供应商的依赖，并争夺半导体技术主权。[①]

（二）日本的宏观经济现状

新冠肺炎疫情的暴发不仅给世界经济带来了前所未有的冲击，对日本经济也形成了严重打击。新冠肺炎疫情对日本的宏观经济运行造成严重冲击。2019 年第四季度，扣除物价变动后的日本实际 GDP 下降 7.5%，2020 年第二季度更是达到惊人的 28.1%，第三季度出现恢复性增长达到 23.2%，第四季度为 11.9%。2020 年全年日本经济实际 GDP 整体下降 4.8%，是 2009 年以来时隔 11 年的首次负增长。进入 2021 年，受到第三波疫情冲击，日本实际 GDP 再次陷入负增长，2021 年第一季度为 − 4.9%，第二季度则缓慢恢复至 0.5%，第三季度则再次下降为 − 3%。当前，日本的出

---

① 李山. 欧洲迈向芯片自主的雄心与现实 / 科技创新世界潮 [N/OL]. 科技日报，2019-09-27. http://stdaily.com/guoji/shidian/2021-09/27/content_1222547.shtml.

口虽然保持增长，但居民消费增长乏力，企业设备投资恢复速度
较慢，拖累了日本经济的恢复进程。2021 年，日本汽车、电子机
械产品出口状况良好，对中国、欧盟等国家和地区的出口持续攀
升。2021 年 9 月，日本出口同比增长 13%，进口同比增长 38.6%。
日本的消费者信心持续疲弱，消费动力不足。日本消费者耐用品
消费意愿指数（Japan Consumer Willingness to Buy Durable Goods
Index）从 2021 年 4 月的 114 下降至 2021 年 8 月的 104，日本制
造业采购经理人指数也从 2021 年 7 月的 53 下降至 8 月的 52.4。
此外，日本企业的设备投资活动增长较慢。虽然 2021 年第二季度
日本的设备投资实现了 2.7% 的正增长，但从投资总额看，仍未恢
复至疫情发生前 2019 年的水平。为克服疫情对日本经济的冲击，
日本政府出台大规模的财政和货币刺激政策。2020 年 4 月，日本
出台应对新冠肺炎的紧急经济对策，总规模达 108 万亿日元。同
时，日本银行进一步扩大交易所交易基金（ETF）和日本地产信
托基金（J-REIT）购买力度，加码货币宽松政策。①

　　未来日本经济复苏步伐仍然迟缓。受潜在增长率低、政府债
务率高等供给侧因素制约，日本经济仍将维持长期低迷的态势。
在短期内，受到出口增长以及企业设备投资恢复的带动作用影响，
日本经济有望在短期内恢复增长趋势。但是，随着全球主要经济
体增速放缓，日本出口增速也将会放缓，同时受到库存调整的影
响，日本的企业设备投资也将进一步放缓。另外，除了上述短期
因素，一系列供给侧因素也将阻碍日本经济的长期增长。近年来，

---

① 中国现代国际关系研究院. 国际战略与安全形势评估（2020—2021）[M]. 北京：
时事出版社, 2020: 112.

日本经济的潜在生产率持续下滑，从 20 世纪 80 年代的 4% 左右下降至当前的 0.5% 左右。日本政府债务水平持续升高，与国内生产总值之比达到 230%。这些因素的存在，导致日本居民对未来经济发展持悲观态度，从而减少消费，增加储蓄，而企业则将收益用作内部资金储备，经营方式保守，设备投资行为谨慎，企业职工收入增速也长期低迷。

（三）日本在数字化进程、经济绿色转型、产业链供应链等领域存在的问题

新冠肺炎疫情的冲击不仅对日本的宏观经济运行造成负面影响，还凸显出日本在数字化进程、经济绿色转型、产业链供应链等领域存在的问题。

第一，疫情暴发暴露出日本在数字化领域进程缓慢。在疫情应对方面，由于政府数字化水平不高，大量感染者统计手续仍然需要通过手工方式制成表格来完成，导致日本无法快速实现感染者人数统计，从而无法有效应对疫情的发展与变化。此外，近年来日本在持续推动"个人编号卡"的使用，但普及率仍不理想。截至 2020 年 12 月，个人编号卡的使用率仅占日本总人口数量的 23.1%。① 为此，个人编号卡在日本政府应对疫情中没有发挥应有作用，大部分居民主要通过邮寄这一传统方式申请和获得补助金。疫情暴发还导致对非接触式的数字服务需求上升，但是日本数字

---

① デジタル改革規制壊す [N]. 日本経済新聞, 2020-12-30.

经济并没有出现质的突破。日本的远程办公、在线教育、远程教育的利用率水平增速缓慢，远不如同时期美国、中国、英国、韩国等国家的增长速度。这反映出日本在行政和企业两个层面数字化水平有待提高。

第二，日本经济面临绿色转型调整。2020年，日本政府提出在2050年实现碳中和的目标，致力于推动经济的绿色转型发展，从而实现经济与环境的良好循环。为实现2050年碳中和目标，日本经济面临发展绿色转型的挑战。一方面，日本需要加速能源转型的进程。预计到2050年日本的电力需求将比现在增加30%—50%，为此就需要推动氢能、合成燃料、生物燃料等技术发展，加强碳捕捉技术创新，着力实现电力行业的脱碳化发展。另一方面，日本在实现碳中和的目标下，仍需要维持制造业的竞争优势。日本政府计划在2030年中期开始停止销售传统的燃油汽车，只销售混合动力汽车和电动汽车，这对日本汽车产业造成巨大冲击。根据日本东海东京调查中心的数据显示，推行新能源车发展战略，将会对90万名日本汽车从业者的就业产生影响，而日本汽车产业的经营收益也会因此减少8700亿日元。①

第三，提升产业链供应链韧性的必要性凸显。新冠肺炎疫情的冲击严重影响了日本的汽车和医疗产业的供应链。以汽车产业为例，中国是日本汽车零部件的重要来源国，2019年日本从中国进口的汽车零部件占到其海外零部件进口总额的37%。在疫情冲击背景下，来自中国的汽车零部件短缺，导致日本国内的汽车生

---

① EV100%化でトヨタ壊滅危機[N]. 週刊ダイヤモンド, 2021-02-20.

产厂商无法生产，出现了停产现象。[①] 另一方面，中国也是日本医疗用品的重要来源国，中国医疗用品对日出口减少，也导致日本国内出现了医药品供应不足的问题。为此，疫情冲击促使日本认识到维护自身产业链供应链安全性的必要性，需要提升产业链供应链韧性。

二、日本产业政策的变化

在国际政治经济形势复杂转变的背景下，日本的产业政策再度发生转变，注重加强国家对经济的投入力度。当前，日本的产业政策在实施上更加注重与绿色、安全、社会分配等社会经济问题的协调。岸田文雄上台后将会进一步调整此前的"新自由主义"经济政策，通过产业政策措施，推动日本经济绿色转型，加快数字化转型进程，构建更为合理的收入分配制度体系。

（一）日本产业政策思想的变化

首先，日本认识到需要加大产业政策的实施力度。日本在实施产业政策方面，具有较长的时间，政策手段复杂多样，但总体可以分为 20 世纪五六十年代直接干预资源配置的传统产业政策、20 世纪七八十年代在对外开放条件下减少对市场干预的产业政策以及 20 世纪 90 年代后针对特定企业的精准产业政策三个阶段。

---

① 大木博巳. コロナ禍と対中依存リスク - 中国をサプライチェーンのハブにしたのが賢い選択だったか [J]. 国際貿易と投資，2020(1):1-26.

日本的产业政策思想从"发展主义"调整为"新自由主义"，不再强调实施针对特定产业发展的产业政策手段，而是致力于完善市场竞争环境构建，减少市场转入障碍，向着"小政府"的方向发展。但是在世界经济变局和日本宏观经济持续低迷的当下，日本政府的产业政策思想再次出现转变，要求加大国家对经济的投入力度，政府需要再次加强措施，加快数字化转型力度，促进经济绿色转型，提升产业链供应链稳定性。2021年6月，日本政府经济产业省出台"经济产业政策新机轴"的研究报告，指出日本需要开展"新自由主义"结构改革，通过官民合作的方式，集中国家力量，促进关键技术发展，确保战略性物资供应稳定，以应对气候变化、经济安全、社会分配等新问题。这一报告标志着日本产业政策思想的再一次重大调整。

其次，日本认为产业政策不仅要发挥促进产业发展的作用，而且需要与绿色、经济安全、分配等社会经济发展目标相协调，发挥更多作用。与此前产业政策致力于促进特定产业，或者特定企业发展的目标不同，当前的日本产业政策更加注重与其他社会经济发展目标间的相互协调，试图通过产业政策的实施达到更多战略目的。一方面，强调经济要与环境问题相协调。为了实现在2050年的碳中和目标，日本就必须促进能源、材料、资源循环、绿色金融等领域的发展，通过实施绿色产业政策，推动日本经济的绿色转型。另一方面，促进经济与安全问题相协调。在国际政治经济形势复杂变化的背景下，日本认为经济和安全领域是不可分割的，需要强化经济安全保障以应对新的国际形势，促进关键技术发展，防止关键技术流出，并构建富有弹性的产业链供应链，以确保物资供应的稳定和安全。此外，经济与社会分配相协调。在新冠肺炎疫情冲击背景下，日本的中小企业经营环境恶化，劳动者就业问题突出。此前"新自由主义"经济政策的实施也在客观上扩大了日本社会的贫富差距，如今需要推动劳动和雇佣改革，提升劳动生产率，实现更合理的社会收入分配安排。

（二）近期日本产业政策的主要措施

其一，促进经济绿色转型。2021 年 6 月，日本政府公布《2050 年碳中和绿色增长战略》，将"成长战略"与"实现脱碳社会"相结合，形成独具特色的"绿色增长战略"，致力于应对2050 年实现碳中和的调整。这也成为近期日本产业政策的一个重要组成部分。一是设立总额达 2 万亿日元的绿色创新基金，促进可再生能源技术发展。二是构建碳中和税制，促进企业开展脱碳设备投资。三是构建绿色金融体系，为制定长期脱碳路线图的企业提供融资支持。四是促进海上风电、燃料氨、氢能源、核电、蓄电池等与绿色转型息息相关的产业发展，为每个产业制定产业发展路线图，明确产业发展目标和空间。

其二，加强科技投入和经济安全。一方面，日本推出"第六期科学技术创新基本计划"。2021 年 3 月，日本政府公布"第六期科学技术创新基本计划"，将科学技术预算提升至 30 万亿日元规模，积极推动 5G、后 5G、人工智能、超级计算机、空间系统、量子技术、半导体等新一代信息技术发展，强化国家级研究开发活动，拨款 10 万亿日元用于加强青年研究人员培养，促进日本构建世界一流研究型大学，建立可持续激发学习意愿的教育体系。另一方面，实施半导体数字战略，强化半导体产业发展。2021 年 6 月，日本经济产业省发布"半导体数字产业战略"，试图在中美竞争的背景下，发挥国家力量，完善日本半导体产业的生产基础，维护日本半导体产品的供应能力。此外，日本加强产业链供应链安全维护措施。日本在 2020 年 4 月提出了 108 万亿日元的"紧急经济对策"，其中用于供应链调整的资金为 2435 亿日元。在这之中，2200 亿日元用于促进日本制造业企业回归本土，另外 235 亿日元则用于支持企业在东南亚地区的供应链多元化布局。① 最后，日本持续强化技术安全维护。2021 年，日本推出总额达 18.2 亿日元的"重要技术管理体制强化事业"，展开对日本国内和国外先进技术开发动向的调查，掌握应该实施管制的技术信息，在中小企业和大学中构建相应的技术管理体制，加强对留学生和访问学者的审查力度，防止技术流向国外。②

其三，注重完善社会分配。一方面，注重推动中小企业发展。受疫情影响，日本中小企业的经营状况恶化，从 2020 年 5 月 1 日开始，通过民间金融机构向中小企业提供总额达 1.8 万亿日元无利息、无担保的融资支持，以改善中小企业经营状况。此外，构建第三方事业继承支持制度，推动无继承人的中小企业业务延续。推动中小企业制定事业再构筑计划，推动中小企业经营业务转换，基于预算税制等综合配套措施，建立统一的业务继承诊断、转移、

① 参见日本《经济产业省相关令和二年度补充预算》(「経済産業省関係令和2年度補正予算」)
② 参见日本《令和3年度关键技术管理系统项目》(「令和3年度重要技術管理体制強化事業」)

承接对口支援体系，促进中小企业业务整合重组。另一方面，注重完善劳动雇佣和社会保障制度构建。推动公司治理改革，加强日本企业对于女性、外国人的雇佣，支持再就业和创业，推动企业组织和企业文化变革。此外，制定"少子化社会对策大纲"，构建能够安心结婚、生育、育儿的社会环境，推动实现社会"期望出生率1.8"的目标。[①]

（三）岸田文雄内阁的"新型资本主义"经济政策中的产业政策

日本新首相岸田文雄上台后提出"新型资本主义"的经济政策。从其内容上看，一方面继承了此前"安倍经济学"的主要政策框架，也实施积极的财政和货币政策，但是在"增长战略"方面与"安倍经济学"出现了较大分歧，试图方向性调整21世纪以来日本的"新自由主义"的结构改革政策。岸田在竞选中提出"没有分配，就没有增长"的口号，认为缩小贫富差距，构建合理的社会分配制度，将会改善日本消费者的消费意愿，提振日本消费者的消费信心，从而扩大产品的消费市场，提升消费物价水平，从而带动日本企业收益情况的改善，进而能够形成"增长与分配"的良性循环。实现"增长与分配"良性循环的重要手段是改善现有的社会分配状况，促使企业的收益能够更多用于员工工资收入的提升，而非仅仅被用作企业内部的留存资金。

---

① 参见日本《2021年经济和财政管理与改革基本政策》(「経済財政運営と改革の基本方針2021について」)。

日本新首相岸田文雄的"新型资本主义"经济政策中也包含产业政策内容，体现在以下方面。其一，"新型资本主义"中的增长战略。首先，要推动日本的数字化发展进程。要在日本新设置的数字厅的领导下，推动远程教育、远程医疗、防灾预警系统、自动驾驶等技术发展，促进"数字自由流通可信规则（DFFT）"制定，推动数字化田园都市建设，在日本地方推动建设5G基站、半导体、数据中心等信息技术领域基础设施。其次，要继续加强经济安全保障政策。岸田文雄上台后，随即设置"经济安保"大臣，负责统合日本的经济安保工作。其目的在于加强关键技术流出的防范措施，提升产业链供应链韧性，推动"经济安全保障推进法"的制定。其二，"新型资本主义"中的分配政策。首先，要提升员工的工资水平。推动实施税制改革，促使企业增加基本工资支出，推动企业经营利润更多分配给中产阶层和低收入阶层，消除男女性别工资差异，加强员工职业技术培养，提升非正式雇佣员工的收入水平，提升劳动力市场流动性。其次，完善社会保障措施。降低大学生学业负担，完善育儿领域法制保障，推动构建全世代型社会保障，增加幼儿教育与保育支出，等等。①

三、对中国的影响

中日两国面临共同的经济课题。深化中日经济关系，有利于构建契合新时代要求的中日关系，但中日两国在科技创新领域的

---

① 参见日本《紧急提案概要——向"新资本主义"未来开拓迈进》（緊急提言 概要 ～未来を切り拓く「新しい資本主義」とその起動に向けて～）。

竞争将会加剧，日本注重产业链供应链稳定也会对中国制造业发展产生影响。中日两国应加强对话和沟通，加强绿色经济领域合作，深化中日第三方市场合作。

（一）对中国的影响

第一，为深化中日经贸合作创造空间。当前，中日两国均认识到缩小社会贫富差距的重要性，需要扩大中等收入群体，以提振居民的消费意愿。这意味着中日两国在宏观经济、社会分配制度构建、包容性增长实现等领域存在对话空间。此外，日本是中国重要的经贸合作伙伴，2021年1月至6月，中日贸易总额1812.9亿美元，较上年增长23.7%。[①] 为提振当前持续低迷的日本经济，日本政府将继续推动积极的货币和财政政策，从而在短期内改善日本的宏观经济情况。这不仅有利于促进中国出口增长，也为进一步扩大中日经贸合作创造了空间。

第二，中日两国在科技创新领域的竞争增强。目前，日本加大对科学技术创新的投入力度，增加国家对物联网、人工智能、大数据等新一代信息技术的科研投入。通过设立数字厅加速日本经济社会数字化转型速度，推动日本政府和企业的数字化转型进程。可见，日本政府当前致力于发展重点科技领域，与中国所提出的数字经济重点发展具有相当程度的重合之处。在未来发展过程中，随着中日两国政府投入的增加，两国在科技创新领域的竞

---

① 参见《2021年1月—6月中国—日本经贸合作简况》。

争程度也会随之提升。

第三，对中国产业链供应链稳定产生影响。近期，日本持续注重加强产业链供应链安全，一方面注重推动关键零部件产品生产企业赴日设厂，另一方面则着力促进日本企业在东南亚地区实现产业链供应链的多元化布局，并着重加强与美国、印度、澳大利亚等国在产业链供应链稳定领域的合作。虽然从日本产业链供应链重构政策的实施结果看，迁出中国的日本企业数量少、规模小，但其"示范效应"明显，不利于中国吸引日本对华直接投资，从而使得中国的制造业发展面临更大挑战，不利于中国维持产业链供应链稳定。

（二）应对策略

一是构建契合新时代要求的中日关系。2022 年是中日邦交正常化 50 周年，同时中国也将在 2022 年举办北京冬奥会，这将为中日两国进一步开展对话和合作创造契机。中日两国可以开展经济、体育、社会、文化等各领域的有效交流活动，促进中日双方加深相互理解，增进互信，从而促进中日关系行稳致远，推动构建契合新时代要求的中日关系。

二是以绿色经济为切入点，深化中日经贸合作。中日两国的经贸关系始终发挥着"压舱石"的作用，需要继续推动中日经贸合作深化，扩大中日两国经贸领域合作空间。目前，日本政府非常重视经济发展绿色转型问题，提出 2050 年实现碳中和目标，加强蓄电池、氢能源、碳固定等技术发展，着重发展海上风电、燃料氨等重点产业。中国也提出了 2060 年实现碳中和的目标，并围绕碳中和目标采取有力措施，持续加快能源消费转变，积极发展绿色经济。可见，中日两国可以拓展在绿色经济领域的合作，加强绿色创新技术合作，将有利于拓展中日经贸合作空间。

三是在 RCEP 框架下加强中日第三方市场合作。中日两国于 2020 年 11 月正式签署了 RCEP 合作协议。日本国会也在 2021 年 4 月完成了 RCEP 国内批准程序，有望在近期内生效。RCEP 的成功签署对于推动东亚区域经济合作具有重要意义，中日两国在推动东亚区域经济合作过程中可以共同发挥积极作用。中日两国可以在 RCEP 框架下，在东南亚地区探索基础设施、科技创新、能源环保、金融物流等领域务实合作，加强中日两国的第三方市场合作。

第十三章

日韩数字经济政策[1]

蒋媛媛[2]

　　新冠肺炎疫情暴发加速了全球各国的数字化进程。在此背景下，日本迅速调整对内政策姿态，努力提升数字经济竞争力；韩国数字经济发展迅猛，继续强化数字经济领域的战略布局和政策重点。本章在回顾全球数字经济发展态势基础上，对日韩两国数字经济发展趋势及政策布局动态、战略演变进行梳理分析，最后讨论中日韩数字经济发展所面临的共同挑战及合作机遇。

---

[1] 本文完成于 2022 年 2 月。
[2] 蒋媛媛：上海社会科学院应用经济研究所产业经济研究室副主任、副研究员、硕士生导师。

数字经济，近年来一直是举世瞩目的关键词。随着 5G、移动互联网技术普及和消费互联网兴起，共享经济、平台经济、流量经济、零工经济等新业态、新模式层出不穷，成为各国经济中最活跃的领域，推动世界经济增长实现新动能转换。随着以新一代信息技术主导的铺天盖地的数字化应用推广和场景落地，"云—网—端"新基建加速发展，颠覆性创新、云计算迭代创新每时每刻都在发生，我们常用"未来已来"来形容当下数字经济的发展。世界发达国家、发展中国家齐头并进，纷纷在数字经济领域密集出台战略政策，从之前数字经济 1.0 或互联网时代的信息化政策，到现在演化为更加聚焦到数字化、大数据、云计算、人工智能、智能制造等领域的具体政策和项目。而相关发展政策的导向路径也越来越趋于明晰和具体，各国结合自身经济社会发展需求，通过数字化转型、网络化发展，以及追求最高阶段的智能化社会进行大量人财物力和政策的投入，如美国加大在人工智能、超级计算机和量子技术等数字技术领域的投入。以此为背景，本文在回顾全球数字经济发展态势基础上，对日韩两国数字经济发展趋势及政策布局动态、战略演变进行梳理分析，最后讨论中日韩数字经济合作的机遇与挑战，并展望三国数字经济合作的路径和方向。

一、全球数字经济发展态势

（一）新冠肺炎疫情暴发加速了全球各国数字化的进程

　　新冠肺炎疫情大流行所引发的全球危机进一步推进了数字经济发展，发展数字经济已成为各国推动经济疫后复苏的重要举措，也成为世界经济增长的新引擎，将对全球经济复苏产生持久影响。虽然疫情扩散蔓延冲击了全球供应链和国际贸易，但是也提高了数字解决方案、工具和服务的使用，增进了服务贸易、数字贸易和电子商务的发展，经济数字化、数字支付与数字货币、新消费趋势等发展领域备受关注。以网络零售为代表的新消费也在消费增速整体低迷的大背景下实现逆势增长，加速了全球经济向数字化过渡。在复工复产方面，数字化也提供了极大的帮助，如无接触服务，远程办公、远程医疗、在线教育等在线服务。2020年初，中国疫情暴发使得很多工人返乡滞留，上海洋山港进行了无人吊装、无人港口等尝试，提质增效的效果十分明显，物流效率提高约 15%—30%。促进全球经济复苏和实现高质量发展，数字化转型将成为其重要途径。此外，数字化促进数字技术应用与实体经济逐步融合，还会产生巨大的创新效应。如在生物医药领域，通过数字化技术可以实现迭代创新，极大地缩短创新药的研发周期，提高创新效率。

（二）全球各国数字化发展进程

实际上，在新冠肺炎疫情暴发前，各国的数字化进程也在不同程度加快。2019 年，全球数字经济达到了 30 万亿美元的规模，同时数字经济的 GDP 占比也在逐年提高，2019 年提升至 25% 左右。在经济增速方面，数字经济已经成为全球经济的快车头，其增长远远高于全球经济平均增长水平。新冠肺炎疫情暴发以后，全球数字经济表现出十分强劲的韧性。根据中国信通院发布的报告，2020 年，全球 47 个国家数字经济总体规模达到 32.6 万亿美元，数字经济在 GDP 中的占比接近一半，达到 47.5%。其中，传统产业的数字化转型占绝大比重，为 84.4%，是数字经济发展的主引擎。同时，在全球经济负增长 2.84% 的情况下，全球数字经济还实现了 3% 的增长，展现出良好发展势头。与此同时，数字

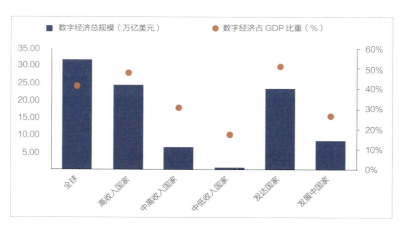

图 13-1　全球数字经济规模与增长分化（2019 年）

资料来源：中国银河证券研究院（2020）。

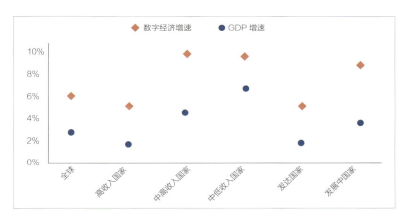

图 13-2　各国数字经济增速与 GDP 增速对比（2019 年）

资料来源：中国银河证券研究院（2020）。

经济正与实体经济深度融合。2020 年，数字化占服务业增加值比例达到 43.9%，工业为 24.1%，农业为 8%。

图 13-3　部分 G20 国家数字经济发展情况（2019 年）

资料来源：中国银河证券研究院（2020）。

（三）前沿技术扮演了推动数字经济发展的重要核心角色

相关研究表明，2018 年，全球前沿技术的市场份额达到 3500 亿美元，到 2025 年很多关键的领域更是会实现数十倍增长的规模扩张，比如 AI、物联网，相较于其他的纳米技术等，它们的技术迭代会比较成熟。以 5G 领域为例，图 13-5 中左侧深色部分表示 5G 对各行各业的影响。可以看到，制造行业、服务行业、农业等受到 5G 的影响非常大。除了一些移动通信网络的使用，还有物联网和相关的服务使用。同时，5G 技术撬动传统行业的产出作用也是非常明显的，行业间平均占比达到 5% 的规模。5G 也是各国竞相布局的战略性高地。IHS 预测，2035 年 5G 将拉动 13.1 万亿美元全球市场销售额，中国 5G 市场可望达到全球接近一半的规模。同期，日本 5G 市场规模相当于中国市场的四分之一，韩国 5G 市场规模则占中国市场的十分之一。可见，这一领域的竞争相当激烈。根据美国新安全中心 CNAS 对世界智慧城市的研究，在城市摄像头数据信息采集密度最高的前 20 个城市中，除了英国伦敦（第三）、印度印多尔（第四）、印度海得拉巴（第十二）和印度德里（第十六）以外，其余都是中国的一、二线城市。这得益于中国明确的数字化战略部署和明晰的推进路径。从 2015 年的"互联网＋""中国制造 2025"，到数字强国、智慧社会建设，中国还把"数字中国"写入"十四五"规划中，推动产业数字化、数字产业化、智能社会、智能政府、经济社会环境融合发展，引导数字经济发展云计算、大数据、工业互联网、区块链、人工智能等十大重点产业领域。

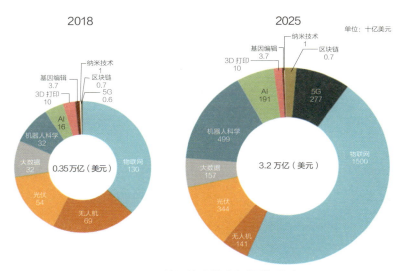

图 13-4　前沿技术的市场规模预测

资料来源：UNCTAD(2021)。

图 13-5　5G 技术的行业影响及产出拉动

资料来源：IHS Market(2020)。

图 13-6　2035 年 5G 全球价值链空间分布

资料来源：IHS Market(2020)。

表 13-1　全球摄像头安装最多的城市排名

排名	城市	摄像头个数/每千人	排名	城市	摄像头个数/每千人
1	太原（中国）	117.02	11	哈尔滨（中国）	38.13
2	无锡（中国）	90.49	12	海得拉巴（印度）	36.52
3	伦敦（英国）	73.31	13	苏州（中国）	36.35
4	印多尔（印度）	64.43	14	上海（中国）	35.98
5	长沙（中国）	55.81	15	乌鲁木齐（中国）	35.21
6	北京（中国）	55.03	16	德里（印度）	33.73
7	杭州（中国）	50.98	17	成都（中国）	33.32
8	青岛（中国）	45.62	18	深圳（中国）	31.77
9	昆明（中国）	43.95	19	济南（中国）	29.02
10	厦门（中国）	39.57	20	沈阳（中国）	27.12

资料来源：UNCTAD(2021)。

二、日本数字经济政策布局动向

政府的行为动机和执行偏好很大程度上影响着产业政策的有效性（曲创和陈兴雨[1]，2021）。由于对数字经济发展和数字化转型的全局性和战略性认识不足，日本数字经济政策处于战略劣势。虽然 2020 年日本数字经济规模达 2.48 万亿美元，仅次于美、中、德三国，列全球第四位，但仍未能将日本在第二次互联网革命建立起的 ICT 传统竞争优势转化为数字经济发展的新型竞争优势。日本生产性本部 2019 年的数据显示，2018 年，日本的劳动生产率在七国集团（G7）中居于末位，仅为美国的六成，在 36 个 OECD 成员国排名中列第二十一位。根据欧洲数字竞争力中心的《数字崛起者报告》评估，日本的数字竞争力在七国集团和二十国（G20）集团中排名垫底。日本总务省"2018 年通信利用动向调查"显示，仅有 16.6% 的日本制造业企业尝试引入物联网和人工智能中的一项或两项。《日本经济新闻》2019 年 9 月报道，日本国内工厂在物联网大潮中动作迟缓，数十万台早已停止支持服务的"老旧电脑"仍在运行。

（一）日本数字经济政策发展沿革

日本关于数字经济的顶层设计起步较早，可追溯到 1995 年《面向 21 世纪的日本经济结构改革思路》关于重点发展通信、信

---

① 曲创，陈兴雨."上下兼顾"的地方政府与产业政策效果——基于政策明晰性的研究视角 [J]. 经济评论，2021(03): 37-53.

表 13-2　2020 年世界主要国家数字竞争力排名

地区	排名	国家	得分变动		
G7	1	加拿大	+47		
	2	意大利	+34		
	3	法国	+28		
	4	美国	−72		
	5	英国	−85		
	6	德国	−176		
	7	日本	−190		

地区	排名	国家	得分变动	排名	国家与地区	得分变动
G20	1	中国	+211	11	澳大利亚	−18
	2	沙特阿拉伯	+169	12	墨西哥	−49
	3	巴西	+88	13	俄罗斯	−67
	4	阿根廷	+80	14	美国	−72
	5	土耳其	+77	15	英国	−85
	6	印尼	+48	16	南非	−97
	7	加拿大	+47	17	德国	−176
	8	意大利	+34	18	日本	−190
	9	法国	+28	19	印度	−396
	10	韩国	0	20	欧盟	N/A

资料来源：欧洲数字竞争力中心，《数字崛起者报告2021》，2021。

息等相关资本与技术密集型产业的安排。在此影响下，日本产业结构逐步向知识密集型转型。自 2000 年以来，日本数字经济政策制定大致可划分为三个阶段。第一阶段是 2000—2012 年，侧重数字信息技术在日本经济社会各个领域的应用。第二阶段为 2013—2015 年，重点推进发挥机器人竞争力推动产业发展和结构的变革。2016 年至今是第三个阶段，主要关注数字化或者智能化，应对老龄化社会各个方面的挑战，探索如何让数字化进程更加符合日本

人的生活方式以及经济运行方式和企业应用习惯（蓝庆新和彭一
然^①，2020 ）。

为了适应数字化发展，2017 年，日本依托制造业基础提出
"互联工业"战略，积极推动人工智能、物联网、云计算等科技手
段应用到生产制造领域，突破人口老龄化、劳动力短缺、产业竞
争力不足等发展瓶颈。此后，日本相继发布《日本制造业白皮书》
《综合创新战略》《集成创新战略》《第二期战略性创新推进计划
（ SIP ）》等战略和计划，推动产业数字化发展。2020 年，日本着
重加强数字技术创新。2020 年 6 月，在超级计算机的全球 500 强
排名中，日本超级计算机"富岳"以每秒 41.5 亿亿次的运算速度
排名世界第一，在模拟计算方法、人工智能学习性能、大数据处
理性能等方面取得突破。2020 年 7 月，由日本政府牵头的大型国
家项目"量子密码通信"项目正式立项，支持开展量子通信和加
密链路技术、可信节点技术、量子中继技术和广域网构筑与运用
技术等四个方面的研究与开发。

（二）战略下沉及数字新政

作为老牌电子强国，日本凭借第二次互联网浪潮的积累，在
电子信息产品生产制造、关键零部件、机器人等领域长期保持竞
争优势，牢牢掌控了这些产业链的中高端环节。但在数字经济或
者数字化转型这一领域，其整体处于战略和数字化转型平行发展

---

① 蓝庆新,彭一然.日本"数字新政"战略动机与发展特征[J].人民论坛,2020(25):
128-131.

的状态。在安倍政府时期，日本数字经济发展战略引导力度不大，政策效果也一直不温不火。有研究统计，日本政府每年出台的《经济财政运营和改革基本方针》中提到数字化的频次，在安倍执

表 13-3-1　日本主要数字经济政策（2000 年至今）

发展阶段	战略 / 政策	主要目标
第一阶段（2000—2012 年）	"e-Japan"（2001）	打破日本信息产业发展所面临的基础设施不完善、IP 地址资源有限、通信质量较差等瓶颈。在全国建立高速互联网，完善基础设施。提高校园 IT 教育质量，培养 IT 人才
	"u-Japan"（2004）	转变原有战略框架，实现任何人都能够在任何时间、任何地点上网。通过开发区域平台、强化电子政府服务来创造新商业及新服务，并对不同的社会群体采用针对化的策略
	"i-Japan"（2009）	设立首席信息官，推动学校、政府、医院三大公共部门的信息化水平提升
第二阶段（2013—2015 年）	《日本振兴战略》（2013）	着力于让日本建成全球最高水平的信息化社会。从产业的复兴着手，建设能够在全球竞争中胜出的制造业，创造具有高附加值的服务业
	《推进成长战略的方针》（2013）	促进地方经济发展，提高地方的信息化水平。在全国多处依次设置作为政府产业竞争力会议地方版本的"地方产业竞争力协议会"，就如何激活地方经济展开讨论并为国家政策制定提供参考

续表

发展阶段	战略/政策	主要目标
第三阶段 （2016年 至今）	《科学技术创新 综合战略2016》 （2016）	为日本信息化发展所制定的首个综合战略。包括超智能社会平台及基础技术的建设、人才力量的培养、推进大学改革及研究经费改革、创新人才技术以及知识的良性循环系统、加强科学技术创新的推进功能等五个项目
	《日本制造业白皮书》（2018）	提高劳动生产率，培养更多制造业人才；建成能够面向超智能社会的制造业和教育人才；实现强大现场力的提高以及附加值创造最大化
	"互联工业"战略《综合创新战略》（2018）	完善社会基础设施所必需的数据协作基础，包括大学改革、加强政府对创新的支持以及人工智能、农业发展、环境能源的建设，并敦促各部门严格实施
	《集成创新战略》 （2018）	强调技术集成，以产品开发为导向，综合集成现有技术开发能获取商业价值的产品
	《科技白皮书》 （2018）	为应对基础科研、人才培养、资金保障等多方面挑战，加强对科研领域的资金投入，并为年轻研究人员提供更好的科研环境
	《第二期战略性创新推进计划（SIP）》（2018）	着重推进大数据和人工智能技术在自动驾驶、生物医药、医疗、物流等方面的应用，通过推动科技转化，解决国民生活的重要问题，提升日本经济水平和工业综合能力
	《科学技术创新综合战略》（2019）	建设超智能社会

资料来源：作者根据蓝庆新（2020）、华义（2020）研究成果整理。

表 13-3-2　日本数字经济政策

年份	日本内阁府《经济财政运营和改革的基本方针》提及数字化的次数
2016 年	1
2017 年	3
2018 年	9
2019 年	53
2020 年	105

资料来源：根据蓝庆新（2020）研究成果整理。

政期间，2016 年仅提到 1 次；到任期末，安倍政府意识到对发展数字经济整体考虑不全，才幡然醒悟，开始在政策上加码，2018 年提到 9 次，不断释放大力发展数字经济的强力信号。

2020 年新冠肺炎疫情期间，菅义伟政府迅速制定了一个数字厅管理政策，进行立法推进，以营造有利于数字经济发展的软硬环境，加速基础设施更新和加强新基建为重点，支持日本中小企业信息化设备更新改造，投入大量资金在超级计算机、量子密码通信等领域进行核心能力建设，还对中小学校 ICT 应用进行了更新，支持青年科研人员致力于数字技术创新和研发。

虽然菅义伟政府执政仅维持了 11 个月，但是其所推行的数字新政仍值得借鉴。一是坚持机构改革统领，打破行政纵向分割，创设数字厅并赋予其数字改革司令塔功能，同时开展监管改革。二是强化数字技术创新，确保日本在超级计算机（模拟计算方法、人工智能学习性能、大数据处理）和量子密码通信领域的领先地位。三是制造强基，推动制造业与工业互联网深度融合，实现转型升级。四是建设具有日本特色、适应本土需求的数字社会，注

表13-3-3 菅义伟政府数字新政

	投入方向	预算额度 （日元）	预算占比 （%）
1	中小企业信息化	3090 亿	31.06
2	中小学校 ICT 应用 （GIGA 学校网络计划）	2319 亿	23.31
3	"后 5G"时代信息通信基础	1100 亿	11.06
4	青年科研人员基金	500 亿	5.03
	预算总额	9950 亿	100

资料来源：根据华义（2020）研究成果整理。

重老年人友好，最大限度保护个人隐私，构建重视人类本身的数字社会，多方面考虑用户便利性，等等。

三、韩国数字新政

韩国政府高度重视数字经济发展，从第四次工业革命开始对数字基础设施建设持续发力，在 5G 发展上取得战略主动权，实现了全球领先，为数字经济发展打下良好基础。在数字经济政策制定上，韩国政府一直积极主导，政府投资带动大批社会投资进入数字经济领域。在此背景下，近年来韩国数字经济发展成绩不俗。

（一）韩国数字经济发展迅猛

早在 2006 年，韩国就提出的"U-Korea"战略规划，以及之后的"U-City"综合计划和"智慧首尔2015"。2014年，韩国又提出《物联网基本规划》，重点发力物联网的智能传感技术；2018年，提出《人工智能研发战略》和《创新增长引擎》五年计划。2020年在疫情背景下，韩国政府发展"非接触经济"，社会资本也持续发力推动数字经济的发展。当年，韩国在全球数字经济发展指数中排在第四，仅次于美国、中国和英国，显示出韩国在数字经济领域发展的实力。由于韩国政府重视发展数据要素，超前布局6G^①，并为AI提供世界一流的政策支持，为韩国数字经济发展创造了优越环境。根据KOTRA统计，韩国大数据和AI市场稳健发展，市场预期十分乐观。在这一领域的新增投资，一部分是外资，一部分是风投。其中，风投占40%，外资占50%。在5G领域，韩国提出从全球首创迈向全球最佳的状态，在三年内达到650万亿美元的规模。在AI领域，韩国2020年实现40%左右的年增速，大量AI应用在金融、医疗落地，且韩国官方预测AI未来五年会继续保持非常良好的增长态势。

---

① 韩国科学与信息通信技术部（MSIT）2021年8月6日发布《引领6G时代的未来移动通信研发战略》，计划从2021年开始的5年内投资2000亿韩元（约合1.68亿美元）研发6G技术，专注于6G国际标准并加强产业生态系统建设，从而确保韩国继5G之后成为全球首个6G商用国家，并预期在2028—2030年实现商业化。韩国政府将首先在超高性能、超大带宽、超高精度、超空间、超智能和超信任六个关键领域推动10项战略任务，并为试点项目选择了五个主要领域：数字医疗、沉浸式内容、自动驾驶汽车、智慧城市和智慧工厂。具体包括确保下一代核心原创技术、抢先拿下国际标准和专利、构建研究产业基础等。为了确保拥有下一代核心原创技术，韩国政府将在低轨道通信卫星、超精密网络技术等六大重点领域的十大战略技术方面投资2000亿韩元，并与美国、中国、芬兰等国家联合推进研究与合作项目。在国际标准方面，韩国政府将主导树立6G发展愿景，携手专利厅为6G核心技术的研发和专利提供全方位支持。此外，韩国政府争取年内在三所高校运营6G研究中心，通过产学研合作培养高级人才，为相关技术研发和产业发展奠定基础。

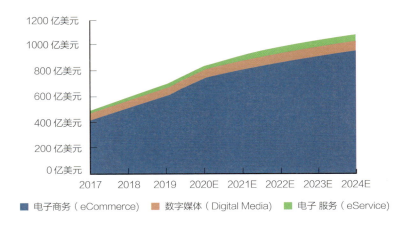

图 13-7 韩国数字经济在政府支出推动下持续增长

资料来源：Statista, 开源证券研究所（2021）。

图 13-8 韩国大数据市场前景分析

资料来源：KOTRA（2021）。

2019—2023 年韩国人工智能（AI）市场前景分析　　　　　　单位：十亿韩元

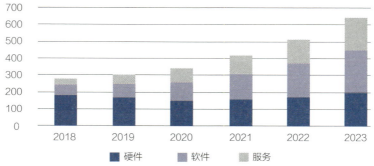

图 13-9　韩国人工智能（AI）市场前景分析

资料来源：KOTRA（2021）

（二）韩国加快实施数字新政

为缓解新冠肺炎疫情、应对后疫情时代，2020 年 7 月，韩国总统文在寅提出以数字和绿色为两大政策主轴的韩国版新政（New Deal），促进韩国经济和社会结构的根本性升级。韩国政府为此编列 114 万亿韩元的 5 年预算，加上地方政府和企业投资，总投入将达到 160 万亿韩元。新政中明晰了十大重点发展的领域，包括 5G 网络建设、人工智能人才培养、"数据大坝"、人工智能政府、智能医疗基础设施、节能型建筑、电动汽车、智能城市、可持续能源和低碳工业园区等。

韩国数字新政的发展路线非常明晰，可以归纳成 D·N·A。其中，D 代表大数据（Data），N 代表 5G 网络 (Network)，A 代表人工智能（AI）。2021 年 7 月，韩国科学技术信息通信部发布

表 13-4　韩国数字新政"数据大坝"（Data Dam）项目

序号	子项目名称	支持内容
1	用于人工智能训练的数据积累	积累数据用以开展大规模的人工智能训练（www.aihub.or.kr），支持人工智能服务的开发，开拓大量工作机会，涉及海量数据的收集、处理、精炼和质量验证等过程
2	人工智能消费券	向各个领域的中小型企业和风险公司提供"人工智能消费券"（每家公司最多 3 亿韩元），鼓励其在产品和服务中引入人工智能，以提高生产力和竞争力
3	支持人工智能数据处理	将中小企业和初创企业拥有的数据转换为人工智能训练数据，支持数据处理以及创新性人工智能服务的开发
4	人工智能融合	支持利用在各个领域收集和积累的数据，进行人工智能安全训练，以及人工智能开发和应用，为升级算法铺平道路，并为人工智能公司提供早期商业机会，同时促进全面创新。2020年着重推进如下八个领域的创新：（1）支持军事卫生保健；（2）传染病应对；（3）海岸警卫队；（4）工业园区内的高效能源管理；（5）探测非法复制品；（6）区域性的特色行业创新；（7）保障公共安全；（8）地下公用隧道的管理
5	云旗舰	选择那些需要确保连续性和竞争力的工业领域，支持其开发集成云服务平台和服务
6	云消费券	推动中小企业的数字化转型，采用基于云的工作环境，全面降低云咨询和使用的成本，改善管理环境并确保无接触场景下的业务连续性
7	建立大数据平台	通过生产高质量数据来创新韩国的数据生态系统并提高公司的竞争力；建设 5 个平台和 50 个中心，以收集和分析关键领域的数据

资料来源：KOTRA（2021）。

的数字新政实施一年的成果。据统计，共有 7 万多人参与"数据大坝"（5 万多人）、公共数据领域年轻人实习（1.5 万多人）和数字课堂（8000 多人）等数字新政主要项目；有 17 万多家企业参加数字新政相关项目；韩国国内数据市场规模较前年增加 14.3%，为 19.3 万亿韩元。在数字新政实施第二年，韩国政府计划到 2025 年将投入 49 万亿韩元（约合人民币 2755 亿元）推进"数字新政 2.0"，继续发展"数据大坝"项目，向民间部门开放新建的"数据大坝"和 5G 高速公路基础设施，便于社会公众对公共数据资源的使用，打造用于人工智能学习的 1300 余种数据库以及 31 个不同类别的大数据平台；完善相关制度并提供频率，帮助那些对产业和社会影响力较大的核心服务业提早适用 5G 特化网；提供符合各地区需求的人工智能服务，并构建"开放性元宇宙（metaverse）平台"，供企业用于研发新内容和服务。2022 年，韩国政策持续发力，韩国政府拟为"数字经济实施计划"投入 9 万亿韩元（约合 74.9 亿美元）预算。其中，用于加强 D·N·A（数据、网络、人工智能）建设的经费规模为 5.9 万亿韩元（约合 49.1 亿美元），用于培育非接触产业的经费规模为 5000 亿韩元（约合 4.1 亿美元），用于发展元宇宙等新兴产业的经费规模为 8000 亿韩元（约合 6.7 亿美元），用于实现社会间接资本（SOC）项目数字化的经费规模为 1.8 万亿韩元（约合 15 亿美元）。

四、中日韩数字经济发展面临共同挑战及合作展望

（一）中日韩数字经济发展面临共同挑战

本文根据欧洲数字竞争力中心使用世界论坛用于全球竞争力评估的数据做了《数字崛起者报告》评估，对 G7 集团和 G20 集团和其他发展中国家数字经济发展状况进行了评估。由于日本政策滞后，日本在七国集团里面排名垫底；在二十国集团中，中国在 2020 年占到第一位，韩国排名居中，列第十位，日本排名靠后。虽然中日韩数字经济发展各自存在内部问题，但是也面临相同挑战。

一是加快芯片投资步伐，应对"芯片荒"。半导体的战略意义及其对经济竞争力和供应链弹性日益增加的重要性已成为世界各国政府关注的焦点。2020 年的 COVID-19 危机导致全球芯片普遍短缺，表明全球半导体供应链存在漏洞，使我们日常生活中必不可少的许多技术和产品面临风险。半导体供应链的全球性特征使任何一家公司或国家几乎不可能实现半导体自给自足。对此，中国制定了明确的国家目标，要在半导体价值链的各个环节实现自给自足。韩国在 2021 年 5 月公布了一项新的国家半导体产业政策，强调韩国"需要先发制人的投资来引领全球供应链，让这个机会成为我们的机会"，旨在到 2030 年确保本国在芯片领域的领先地位。日本的政治领导人专门成立了一个工作组，制定产业政策以振兴日本的芯片制造业，将重点放在制造、设备和材料上。

二是疫情在彰显数字经济重要性和发展潜力空间的同时，也

凸显数字经济监管的重要性。由于数字经济运营效率更高、创新迭代更快，数字经济监管常被认为是对全球公共监管机构的独特挑战。传统监管建立在非数字化信息基础之上，数字经济的快速发展和跨区域交易的技术性质也被认为与缓慢的、受地域限制的公共监管程序不相容，各国监管机构需要提高自己与时俱进的能力。随着数字经济快速发展，世界各主要经济体在数字产业政策制定、数字货币体系建设等方面同时发力，在防范头部平台垄断、保障数据安全、弥合数字鸿沟、打击逃税等方面不断提升监管与治理能力。2020 年疫情暴发后的首次 G20 财长会议已经释放清晰信号，全球税改协议有望在未来的 G20 峰会上批准。而 2021 年会议决议则通过了支持跨国企业利润重新分配、设置全球最低公司税率等措施，以及阻止跨国公司将利润转移到低税避风港的新规则等重要系列决议。

（二）中日韩数字经济合作展望

一是支持数据市场建设。在数字经济环境下，数据或者信息成为新的生产要素，是各国重要的基础资源和战略资源。数据市场建设和市场规则构建都需要进行相应的政策和制度的界定来提供必要保障，如数据的贸易、跨国电子商务等都涉及大量跨界交易，原有制度和监管格局早已不适用。2021 年 10 月 12 日，韩国颁布全球首部数据产业基本法《数据产业振兴和利用促进基本法》，旨在对数据的开发利用进行统筹安排并为发展数据产业和振兴数据经济奠定基础，并计划于 2022 年 4 月全面实施。根据该法，韩国将在总理办公室下设国家数据政策委员会，作为国家数据产业政策的管理机构，并将每三年审议并发布一版数据产业振兴综合计划。此外，韩国政府将系统化地扶持数据分析、交易供应商等专门的数据企业，培养数据经纪商作为数据经济的促进者，并构建数据价值评估、资产保护和争端解决机制等内容。

二是拓宽产业合作的领域。中日韩三国之间产业内贸易占据很大比重，向来就有巨大合作空间。数字经济的发展拓宽了合作领域，三国在 5G（6G）、半导体、自动驾驶、车联网、能源互联网、AI 等领域拥有巨大的合作空间。加之中国数字化转型迅速，是日韩最新数字产品和数字服务的重要市场和新兴市场。中国工程师红利也可以长期支撑日韩数字技术迭代所需的服务外包。

三是新业态新模式互鉴。韩国专家表示，中国的共享经济、消费互联网、社交媒体新业态和新模式成为韩国学习的典范。在元宇宙领域，三国都非常重视，而且各具特色。日本的二次元文化和产业基础以及领先的 AI 技术、韩国富有竞争力的游戏产业和 5G 技术、中国庞大的应用市场以及拓展视觉（XR）产业迅速发展，使得三国在元宇宙产品、生态、商业、市场以及关键技术等方面的合作潜力巨大。2021 年，韩国科学技术情报通信部（MSIT）牵头组建了一支目前有超过 200 家公司参与的 Metaverse 联盟，SKT、KT、LG、三星、NAVER 等巨头现身其中。在韩国数字新政 2.0 阶段，Metaverse 联盟将作为韩国元宇宙的核心力量，创建一个由私人公司主导、政府提供支持的 Metaverse 生态系统。根据韩国经济新闻报道，2022 年韩国政府预计对该联盟予以资金支持，最高达 300 亿韩元（约合 2539 万美元）。

图 13-10　超写实数字人 AYAYI

资料来源：新华网。

四是积极参与全球数字经济治理和国际数字经济规则制定。近年来，中日韩都在这方面积极作为。2019 年 G20 大阪峰会，安倍提议创建数据可自由流动框架的"大阪轨道"，加速推进制定数字经济相关国际规则。2019 年 10 月，日美在华盛顿达成"数字贸易协定"。2021 年 12 月，中韩几乎同时申请加入《数字经济伙伴关系协定》（DEPA）。未来，三国有望合力推动数字经济健康有序发展，共同探讨制定反映各方意愿、尊重各方利益的数字治理国际规则，积极营造开放、公平、公正、非歧视的数字发展环境。

最后，在学术研究领域，数字经济改变了经济社会运行的机制和运行方式，需要国际学界共同关注。由于赛博空间的加入，产业经济、空间经济、区域经济会发生新变化。线上、线下融合的影响机理和作用机制急需各国学者以融合、跨界和开放共享数字化发展的思维，深入开展相关研究和跨国合作研究，促进各国数字经济交流合作和健康发展。

参考文献

[1] 陈友骏.日本参与全球数字经济治理的构想与实践 [J]. 日本学刊 , 2020(4):32-58.

[2] 华安证券研究所.水落石出在即，布局契机来临 [R]. WIND, 2020.

[3] 华义.日本为何大力推进 "数字新政" [N]. 经济参考报 , 2020-01-15.

[4] 韩联社.韩政府将投入 2755 亿元推进数字新政 2.0[N/OL]. 韩联社 , 2021-07-22. https://cn.yna.co.kr/.

[5] 开源证券研究所.5G ToB 端应用逐步绽放，政策保驾发展不断突破 [R].WIND, 2021.

[6] 蓝庆新，彭一然.日本 "数字新政" 战略动机与发展特征 [J]. 人民论坛 , 2020(25):128-131.

[7] 曲创，陈兴雨. "上下兼顾" 的地方政府与产业政策效果——基于政策明晰性的研究视角 [J]. 经济评论 , 2021(3):37-53. DOI:10.19361/j.er.2021.03.03.

[8] 魏贝，周振松.赛智时代：美欧英日新数字经济发展研究 [R/OL]. 搜狐网 , 2021. https://www.sohu.com/a/455395171_100018121.

[9] 中国信通院.全球数字经济白皮书 [R]. 2021.

[10] ESCP BUSINESS SCHOOL. DIGITAL RISER REPORT2021[R/OL]. https://digital-competitiveness.eu/.

[11] IHS Market.The 5g Economy in a Post-COVID-19 Era[R/OL].2020.

[12] UNCTAD.TECHNOLOGY AND INNOVATION REPORT 2021: Catching technologic[R/OL]. https://unctad.org/.

第十四章

中美竞争环境下的中国大型
高科技公司的治理①

郑永年

　　世界自进入互联网时代以来，以互联网企业为核心的高科技公司呈现快速发展甚至爆炸式发展的大趋势。互联网高科技对人类社会所产生的全方位影响是以前所有技术进步所不能比拟的。互联网所带来的所有这些深刻的变化冲击着人类社会的现存秩序，无论是内部秩序还是国际秩序。本文从互联网科技公司"爆炸式发展"高速成长主要是因为两个要素入手，详细分析了互联网对人类社会的方方面面的影响，并通过对欧美互联网时代的反垄断与监管的分析，找到中国大型高科技公司的治理出路。

---

① 本文完成于 2020 年 11 月。

　　世界自进入互联网时代以来，以互联网企业为核心的高科技公司呈现快速发展甚至爆炸式发展的大趋势。互联网高科技对人类社会所产生的全方位影响是以前所有技术进步所不能比拟的。

　　在经济层面，互联网把人类带入了一个全新的信息时代，为人类创造了前所未有的巨量财富，同时也使得越来越多的人类生产活动依附于互联网而生存和发展。

　　在社会层面，互联网把传统基于工业化之上的等级社会迅速转变为扁平的网络社会。一方面，由于远程教育、远程办公、远程问诊等商业形态的出现，传统上处于劣势的一些社会群体（如居住在偏远农村的居民）所处的不平等地位得到一定改善。但另一方面，因为财富和收入差异越来越大，网络社会变得越来越具有等级性，越来越不平等。

　　在政治层面，互联网促成人类社会历史上真正的基于"一人一票"之上的政治平等，即人人都可以通过互联网实现某种形式和程度的政治参与，但同时也正因为互联网有效扩展了普通民众的政治参与度，从而导致民粹主义泛滥，政治参与过度甚至畸形，传统政党政治处于解体过程之中。

　　在文化层面，大众文化在快速取代传统的精英文化。精英主导的传统媒体在社交媒体面前纷纷败下阵来。人们不再相信精英，不再相信"事实"和"真相"，而"后真相"和"后事实"占据和主导了日常文化生活。社交媒体也导致传统价值观的解体，取而代之的是社会的碎片化和价值的虚无。

在国际层面，互联网产生了两个层面的效应。在一个层面，互联网有效推动着全球化，促成所谓的普适价值和地方价值的冲突，认同政治因此泛滥起来。在另一个层面，如果认同政治在一个社会的内部表现为民粹主义，那么民粹主义的外部表现就是民族主义。无论是民粹主义外交还是民族主义外交都表现为非理性，催生和加深着国家间的冲突。

互联网所带来的所有这些深刻的变化冲击着人类社会的现存秩序，无论是内部秩序还是国际秩序。人们意识到，所有这些变化不可避免，问题并不在于是否接受这些变化，而在于如何使得这些变化成为可以管理和掌控的，使得人类有足够的时间和能力重塑并且顺利过渡到一个信息时代的秩序。

各国已经开始采取行动来适应、应对、管控互联网所带来的变化。不管采取什么样的行动，最终都是为了确立信息时代的监管体系。历史地看，人类社会花了很长时间为工业化时代确立了一套监管体系，现在也是时候开始确立一套适用于互联网时代的监管体系了。

尽管互联网企业主要集中在美国和中国，但欧洲已经率先制定互联网行为规则。欧洲仅仅是互联网的使用者，不过，欧洲利用其"使用者"的权利或者市场的力量正在力争互联网时代的话语权。2018 年 5 月 25 日，欧盟制定的《通用数据保护条例》（*General Data Protection Regulation*，简称 GDPR）正式生效，使得对于个人信息的保护及监管达到了前所未有的高度，堪称史上最严格的数据保护法案。2020 年 12 月 15 日，欧盟公布了两项重磅立法提案，分别是《数字服务法》（DSA）和《数字市场法》

（DMA），以采取"不对称规则"监管"门户型"大型互联网平台，主要针对的是来自美国的大型互联网公司。这些平台企业需要采取更多措施管控在线服务，保证跨境数字服务平稳运行。这两项法案给大型公司造成的影响可能会比 GDPR 产生的更大。

美国是地地道道的互联网霸权国家，也一直是互联网规则和标准的制定者。无论从哪一个方面来说，美国从互联网发展过程中所获得的利益不是其他任何国家或者国家的组合所能比拟的。正因为如此，美国一直为互联网的发展提供了最为宽松的政治环境。但鉴于高科技公司尤其是社交媒体对政治的影响，美国已经开始积极立法，试图为高科技公司建立一套行之有效的监管体系。美国曾陆续颁布超过 130 项互联网管理方面的法律法规，被认为是拥有互联网法律最多和最重视互联网管理的国家之一。奥巴马在任期间，美国国土安全部设立"社交网络监控中心"，专门监控 Facebook、Twitter 等社交媒体信息。

中国也不可避免地要为高科技公司确立一套监管体系，因为中国的高科技公司也在产生着类似美国高科技公司那样的影响，所不同的只是方式和程度而已。在确立监管体系方面，中国和美国有着共同的兴趣和考量。但是，中国很难也不应当仿照美国的监管体系或者欧洲的体系，因为在互联网发展进程中，中国处于与美国、欧洲不同的地位。欧洲、日本没有发展出强大的科技公司，处于守势，因此其监管体系反映的是欧洲的防守型地位。美国是互联网霸权国家，其监管体系既要考虑到监管功能，更重要的是要考虑到维持霸权地位，遏制来自他国（即中国）的挑战。而中国则不同。和欧洲相比，中国拥有诸多庞大的高科技公司，因此在制定互联网规则上，至少在理论上拥有更大、更多的话语权。不过，和美国相比，中国仍然处于劣势地位。如果说美国的互联网行业面临的是健康发展的问题，那么中国的互联网行业则面临的是生存危机，因为互联网的大部分原创技术仍然来自美国，而中国更多是基于美国原创技术之上的应用。因此，对中国来说，发展还是硬道理，监管体系不仅需要考虑互联网的健康发展，更需要考虑生存发展问题。

一、科技公司"爆炸式发展"的原因

互联网科技公司"爆炸式发展"的大趋势到今天仍然方兴未艾。其高速成长主要是因为两个要素的结合：第一是新技术革命本身所带来的巨大动能，第二是各国政府方面的新自由主义政策。

第一要素最为重要。互联网高科技是一个新生的产业。一个新产业崛起之后，本身就可以持续相当长一段时间的高速发展，直到市场达到饱和状态。因此，互联网行业诞生以来一直是科技公司竞争的核心，已经产生了无数的互联网产品，也有无数产品消失在这个过程之中。总体上看，这一产业竞争激烈，胜者为王、败者为寇。迄今为止，这个行业的发展一方面方兴未艾，另一方面竞争日趋激烈。在国家层面，没有任何一个国家想失去一个高科技时代，各国都意识到高科技是国家通往未来的产业。欧洲和日本等国早期也参与了激烈的竞争，都因为种种原因没有能够发展出一个可持续发展的互联网产业。今天的互联网行业主要集中在美国和中国两个大国。除非有"毁灭性"技术的发明，否则其他国家很难再在互联网领域超越这两个大国。

如果说第一个要素主要关乎产业技术本身的发展逻辑，那么第二个要素关乎的是各国政府对这一产业的宽容态度和政策。在早期，因为是新兴产业，各国政府基本上抱着"摸着石头过河"的态度，采用新自由主义政策，即最低限度的"不干预"政策和最高限度的支持性产业政策。自 20 世纪 80 年代以来，新自由主义是西方诸国的主导性经济意识形态，这种意识形态在互联网领域表现得尤其显著。在"不干预"政策下，互联网领域很长一段时间内几乎处于"无政府"状态，达尔文的"适者生存"理论可以描述那时的互联网领域竞争。实际上，就政府政策来说，这个状态直到今天仍然在延续。对一个特定科技公司的制约更多来自其他公司，而非政府。没有任何有效的政府政策可以决定科技公司的产生、生存和发展。

中国互联网的发展也和政府方面的宽松政策分不开。在改革开放之前，中国实行计划经济。在放弃了计划经济模式之后，政府逐渐放松了对经济的管制，互联网就是在这个背景下产生的。政府意识到新科技对国家方方面面的重要性，不仅容许其发展，还给予有效的政策支持。同时，互联网这一技术的"分权"属性也决定了民营企业在这一领域的竞争优势。在中国，几乎所有大型互联网科技公司都属于"民营经济"范畴。这一事实本身就足以说明问题。要意识到，除了互联网，重要技术类型的公司大都在"国有经济"领域，由国有企业运营。政府的宽容政策也导致中国互联网领域的激烈竞争，也使得中国的互联网企业在国际市场上具有了相当的竞争能力。

二、互联网高科技公司的影响

一种新技术的产生对原有社会的影响往往是"毁灭性"的。把经济学家熊彼特用来解释资本主义的一个概念，即"创造性破坏"，运用到互联网对人类社会的影响再合适不过了。

作为一种新技术，互联网对社会的影响首先体现在经济方面。无论在西方还是东方，无论在发达国家还是发展中家，高科技产业不仅为各国创造了巨量的财富，也给各国的经济形态造成了巨大的影响。在经济形态方面，高科技的影响是显见的。一些产业因为高科技公司的兴起而衰落，而另一些产业因为技术赋能而得到发展。在现有产业中，几乎没有一个产业与互联网没有关联。"＋互联网"或者"互联网＋"成为产业的常态，互联网几乎成为"生产力"或者"生产效率"的代名词。

但在财富方面，高科技公司的经济效应则转向了"负面"，就是说高科技公司大大加速了社会的财富分配。作为一种新的技术形态和经济形态，互联网在为人类创造巨量财富的同时也促成社会财富迅速向高科技领域集中。互联网的发展刚好和自1980年之后开始的"超级全球化"（哈佛经济学家 Dani Rodrik 语）重合。实际上，正是互联网和全球化两者之间的互相强化造就了超级全球化。超级全球化导致资本、技术和人才在全球范围内自由流动，导致全球范围内资源有效配置，从而大大提高了劳动生产力，创造了前所未有的巨量财富。新冠肺炎疫情期间，几乎所有的经济领域都受到重创，唯独科技公司不仅没有受到负面影响，反而加快崛起。

然而，互联网科技公司在为社会创造巨量财富的同时也加速、加大社会群体间的收入差异、加剧社会的分化。互联网对社会平等的负面影响从一开始就被注意到，即所谓的"数字鸿沟"。"数字鸿沟"的概念主要是关乎互联网技术在人群中的分配问题，一些人有能力（经济上的和技术上的）享受互联网及其带来的利益，而另一些人则没有这种能力。很显然，这是一种比较传统的看法。因为互联网技术的快速进步，互联网产品的价格很快大众化，早期人们所担心的"数字鸿沟"虽然还存在，但情况并没有恶化。今天，互联网产品尤其是社交媒体越来越普及，其普及之广度并没有受经济因素的影响，并且因为技术的容易操作性，大多数人都掌握了运用社交媒体的能力。

尽管经济因素没有深刻地影响到社会群体对互联网的使用，但互联网导致财富的高度分化。正如互联网公司的爆炸式发展，其创造的财富也疯狂地集中在掌控这些科技公司的绝少数人手中。以美国为例，社会中产阶层从 20 世纪 80 年代前的 70% 下降到今天的 50% 左右，或者从以往的"中产社会"过渡到今天的"富豪社会"。在这一过程中，互联网公司扮演了重要的角色。尽管大部分互联网创业者都是从社会底层崛起，他们依靠互联网而改变了自己的命运。

历史地看，收入和财富的分化以及由此而来的社会分化始终伴随着新科技和经济形态的出现。但以互联网为核心的高科技公司所导致的不仅仅是这些，它还导致高度的政治分化。互联网对政治分化的影响在西方尤其显著。在现有文献中，互联网今天所具有的政治影响是早期所没有预见到的。在早期，西方普遍认为互联网只会对"非民主国家"产生政治影响。互联网被很多人视为"民主化"的工具，甚至认为互联网本身就是民主，即互联网民主。西方诸国也的确利用互联网在很多国家策划了各种类型的"颜色革命"，导致这些国家的"政权变更"。但西方根本没有想到的是，这种具有"颜色革命"性质的政治最终也发生在西方民主国家内部，即政治民粹主义的崛起，对西方传统民主构成了极其严峻的冲击和挑战。

社交媒体和民粹主义具有天然的联系，这并不难理解。互联网时代造就了真正的大众媒体时代。从前的媒体包括收音机、广播、电视等，尽管也被视为大众传媒，但在本质上是精英媒体。社会的精英们通过这些媒体工具把自己的思想传达给大众。但互联网已经彻底地改变了这一切。在一人一手机（终端）的社交媒体时代，大众真正拥有了属于自己的媒介。社交媒介赋权民众，实现了某种形式和某种程度的政治参与，从而使得社会底层拥有了政治权利。无论在什么样的体制下，底层都拥有了自己的声音。

社交媒体的作用并没有就此终结。"信息圈层化"现象是更为严峻的社会问题。在社交媒体时代，信息来源毫无止境，人们拥有完全自由选择的权利，在互联网上随意选择和搜集自己想要的信息。可问题并非那么简单。由于算法等互联网新技术的出现，人们在做被视为"自由选择"的时候，其实是被推送了巨量的信息，以供"选择"，特别是这些被推送的信息在同质化的社交圈中不断传导，加深了同一圈层人群对这些消息的散播和"消费"。也就是说，选择并非自由，而是早已被界定好了的。"自由选择"和"被动接收"的结合导致"信息圈层化"，即人们只是接触到自己选择的或者被推送到的那些信息。使得情况更为复杂化的是"假信息"的崛起——事实不再存在，而只有"后事实"和"后真相"。这导致人们思想的极端化和激进化，对"他者"的仇恨和仇视到处蔓延。人们首先在恐怖主义分子那里发现了这个现象。现在，这个广泛地存在于所有的大众政治现象，即认同政治。认同政治的崛起已经成为今天民粹主义政治的坚实社会基础。认同政治甚至影响到美国人对新冠病毒是否存在的看法，很多人并不相信新冠病毒的存在及其危害性，而去相信"新冠"现象只不过是一些利益集团为了自己的利益而制造的"阴谋"。戴口罩这样一件简单的事情也被认同政治化，右翼民兵可以武装起来捍卫自己"不戴口罩"的权利。对特朗普总统的"粉丝"来说，认同政治促成他们根据总统的"建议"而去喝消毒液，认为消毒液可以治疗新冠肺炎。

很显然，高科技公司同时扮演了两个互为矛盾的角色。一方面，高科技公司导致社会方方面面的分化，从物质的收入、财富分化到意识的分化再到认同政治；另一方面，高科技公司则从技术上赋权社会底层。这就是西方政治民粹主义崛起的背景。而政治民粹主义在迅速摧毁着西方传统民主。社交媒体崛起以来，西方传统的政党平台迅速衰落。没有一个西方的政党不高度依附于互联网，更有甚者，手机平台在迅速替代政党平台。这种局面使得政治局外人纷纷崛起，首先是在欧洲。即使没有政党的支持，这些局外人也可以依靠互联网平台来动员支持力量，赢得选举，掌握政权。最近两次的美国总统大选充分展示了这一切。四年前，特朗普用社交媒体的优势赢得了选举。过去四年，他也是依靠社交媒体来治理美国的。在他所掌握的社交媒体面前，传统媒体显得软弱无力。这次选举过程中，美国的传统媒体可以说合力抗击特朗普，全力支持民主党候选人拜登，但特朗普仍然赢得了将近一半的选票。

和以往的技术不一样，互联网高科技公司以信息为基础，被认为掌握了太多的信息，从而对国家安全和公民个人带来了异乎寻常的挑战。高科技公司所掌控的海量信息可以引申出多方面的含义。第一，当一个科技公司所拥有的信息超过一个国家所拥有的信息的时候，国家安全怎么办？高科技公司会以国家利益为优先，还是以公司利益为优先？第二，在掌控公民个体信息方面，当高科技公司也扮演类似于政府的角色，随意收集公民个体信息，甚至较政府更有效地收集公民个体信息时，公民的隐私权利如何得到保护？第三，在国际层面，高科技公司所拥有的信息又有了信息主权问题。科技公司可以像采购商品那样采购（收集）其他国家（组织实体或者个人）的信息吗？可以像买卖商品那样在国际市场上处置其所拥有的信息吗？

在国际层面，科技公司对一个国家外交的影响远不止信息的主权性那么简单。尽管人们强调信息的主权性，但互联网实际上弱化甚至去除了信息的主权性质。这使得国际政治和外交政策复杂化，至少表现在三个层面。

第一，认同政治从内政延伸到国际层面。认同政治的本质就是强化"我"与"他者"之间的差异，在把"我"道德化的同时把"他者"妖魔化。网络很显然早已成为最有效也最直接的互相妖魔化的工具。进入网络时代以来，国家间的民族主义对立情绪尤其高涨并不难理解。

第二，互联网使得国家间的政治干预变得容易和方便。近代以来，强调国家主权性的意义在于一个国家不得干预另一个国家的政治，但这一原则恰恰说明了国家间政治干预的经常性。实际上，国家主权原则从来没有阻止一个国家干预另一个国家的行为。互联网的存在表明国家间信息流通没有了边界，尽管各国可以用各种方法来"过滤"信息，但除非成为"内联网"，完全的信息隔离并不现实。对美国来说，干预他国政治是常态。不过，在互联网时代，其他国家干预美国政治也成为可能。这些年来，美国一直在指控俄罗斯等国家在干预美国的选举。民主政体具有开放性质。一个国家通过网络对另一个国家政治的干预在技术上是可行的，是否干预只是一个政治决定。尽管被干预的国家也有办法来减少或者消除外在的干预，例如在一些消息上注明"未经确认"或者"假消息"，但成本极高。

第三，一个更为显著的现象便是，网络时代各国的软实力都在普遍而急剧地下降和衰落，所不同的是各国衰落的程度而已。对美国民主的看法就是一个典型的例子。美国一直被视为是西方民主的典范和旗帜。但在进入互联网时代以来，这个形象已经发生变化。诸多研究发现，尽管很多发展中国家仍然认为美国是民主的领导者，但也有西方发达国家对美国民主的看法转向负面，认为无论是美国民主本身的作为还是美国在海外推行美式民主都构成了世界民主化的阻碍。这次新冠肺炎疫情中，没有一个国家（包括美国的盟友）求助于美国。这是美国进入世界体系一百多年来的首次。改革开放以来，中国尽管在行动上获得了巨大的成功，但这并没有反映在话语权上。中国的国际话语权依然微弱，"西方对中国"（The West vs. China）的局面仍在继续。尽管各国软实力式微有复杂的原因，但国家间互相妖魔化扮演了重要的角色。

三、欧美互联网时代的反垄断与监管

正是因为互联网不断产生的巨大影响，确立对高科技公司的监管体系也被很多国家提到议事日程上来了。但即使在技术层面，人们对大型高科技公司也提出了疑问。大型高科技公司的崛起对产业所产生的技术效应就是或依附之，或被其灭亡。就是说，所有新产生的技术公司必须依附于现存大型高科技公司，否则很难有生存和发展的机会。这也意味着高科技公司已经产生了垄断问题：对高科技公司是不是要进行反垄断？

这个问题早就已经提出来了，问题的提出也不无道理。近代以来，任何一种产业的发展最终必然会导致监管体系的出现。在进入工业化时代以后，人类花了很长一段时间才对我们今天所见的传统产业确立了监管规则体系。尽管如此，不同的产业还不时发生监管危机，尤其是金融产业和医药产业。以互联网为基础的高科技公司尽管在过往的数十年处于"野蛮"生长状态，但仍然处于早期阶段，人们直到现在还不知道如何监管它们，尤其是大型高科技公司。

不过，反垄断和监管尽管互为关联，但实际上是两件不同的事情。一个行业的反垄断，其本意是为了该行业的健康发展，因为人们发现，一旦公司可以通过垄断获得利益，那么就会失去进步的动力。而监管则更为复杂，因为监管涉及各个方面的利益逻辑，其中包括经济逻辑、政治逻辑、社会逻辑等。监管就是要在各方面利益中追求一个各方都可以接受的均衡状态。

无论是反垄断还是监管，欧美的态度都不一样。在互联网行业并不发达的欧洲，反垄断和监管早就开始了，也已经出台了不少法律和法规。欧盟反垄断的一些特点包括力度大、规制严格，且频频开出天价罚单，这些特点反映出其防卫性质。欧洲国家没有大型高科技公司，并不需要考量这一领域的发展问题。

过去三年，欧盟对谷歌开出了三张反垄断罚单，合计82.5亿欧元。2017年6月，欧盟向谷歌发出一张高达24.2亿欧元的罚单，认为谷歌利用搜索领域的市场垄断地位推广自己的服务，给自己的产品进行"导流"，给予 Google Shopping 非法的支配地位，打压与之竞争的产品。2018年7月，因认为谷歌滥用安卓操作系统的支配性地位，欧盟委员会对其处以43.4亿欧元的罚款。这也是其历史上对单一公司的最大罚款。2019年3月，谷歌因扼杀在线广告领域的行业竞争被欧盟罚款14.9亿欧元。2020年11月10日，欧盟委员会执行副主席维斯塔格（Margrethe Vestager）宣布，欧盟经过第一阶段调查，认为亚马逊违反欧盟反垄断规则，破坏了公平竞争环境，亚马逊既是平台又在其平台上售卖商品，扮演了"参赛选手"和"裁判员"的双重角色，该公司利用第三方卖家数据帮助业务决策，导致第三方卖家处于劣势。数据显示，在亚马逊平台的某些品类中，亚马逊公司自营产品只占该品类总量的约10%，却获得了超过50%的销售额。2020年6月，欧盟委员会在对苹果公司旗下的苹果支付（Apple Pay）和苹果商店（App

Store）展开反垄断的初步调查后认为，苹果对其他竞争对手通过
App Store 平台获取的销售额抽取 30% 的佣金，远高于苹果对自己
的流媒体服务 Apple Music 的规定，苹果的做法可能扭曲竞争并
减少消费者的选择。

相比之下，美国互联网领域反垄断开始的时间较晚，在 2019
年集中开启，并在 2020 年年底对大型互联网公司提起了反垄断
诉讼。整体上，美国在反垄断规制上较为审慎，维持动态竞争以
提高市场效率，促进互联网平台经济发展。但这种观念随着消费
者和两党议员对它们在经济和社会中拥有的巨大权力和影响力感
到不安而发生了重大的转变。自 2019 年对四大科技公司（谷歌、
Facebook、苹果、亚马逊）发起反垄断调查以来，美国政府已经
正式对其中两家提起了反垄断诉讼。2020 年 10 月 21 日，美国司
法部和 11 个州对谷歌提起诉讼，瞄准这家科技巨头在搜索和广
告业务上存在的垄断行为，指控谷歌利用其市场主导地位打击竞
争对手，从而违反了公平竞争法。这是自 1998 年制裁微软以来，
美国政府针对一家公司规模最大的反垄断举动。美国司法部部长
巴尔表示，对谷歌的反垄断诉讼对美国消费者来说是"里程碑式
的"。12 月 9 日，美国联邦贸易委员会（FTC）和 40 多个州的总
检察长对 Facebook 发起两起反垄断诉讼，指控该公司使用非法的
反竞争策略来收购或扼杀竞争对手，以巩固其在社交网络领域的
统治地位。尤其是 FTC 正在寻求永久性禁令，要求 Facebook 剥
离包括 Instagram 和 WhatsApp 在内的资产，这意味着 Facebook
可能被分拆。与此同时，美国司法部和联邦贸易委员会对苹果、
亚马逊等其他大型公司的持续调查也在持续发酵中。

　　高科技公司滥用市场支配地位已经成为欧美反垄断的焦点。2020 年 10 月 7 日，美国国会公布了一份针对四大科技巨头的反垄断调查报告。经过 16 个月的调查，报告认定包括苹果、亚马逊、谷歌和 Facebook 在内的科技巨头，在关键业务领域拥有"垄断权"，滥用了其在市场上的主导地位。报告还提出一些能够减少公司主导地位的建议，包括"结构分离"，比如强迫亚马逊等公司不在其运营的同一平台上参与竞争，以及为反垄断执法机构提供新的工具和资金，等等。上述 2020 年 11 月 10 日欧盟委员会对亚马逊的指控也认为，亚马逊非法滥用在德国和法国的市场主导地位。过去 12 个月，在法国超过 70% 的消费者网购了亚马逊的商品，在德国则有超过 80% 的消费者。

　　一个明显的事实是：数据垄断和流量垄断正成为欧美反垄断的新方向。随着数据量的增长与数据价值的不断攀升，数据反垄断成为焦点。近年来，大西洋两岸的反垄断部门在合并审查中经常考虑大数据的影响，主要从两个角度展开分析。首先，欧盟委员会（EC）和美国司法部（DOJ）/联邦贸易委员会（FTC）都采取了同一种方法：两家拥有重要数据的公司的合并是否会导致过于强大的市场支配地位，这在反垄断术语中称为"横向"问题，因为两家公司处于价值链的同一层次。其次，欧盟委员会比美国当局更积极地调查的一个问题是，合并后的实体"能否"且"是否"会拒绝对其数据的获取，从而损害其竞争对手及有效竞争，即"纵向"问题，因为合并一方在价值链中处于另一方的上游。2019 年 2 月，德国联邦卡特尔局（FCO）发布了针对 Facebook 的决定，认定 Facebook 通过从第三方来源（包括 Instagram、

WhatsApp 等 Facebook 所有的服务平台和其他第三方网站等）收
集用户数据，滥用了其在社交网络市场的支配地位。德国联邦卡
特尔局（FCO）局长 Andreas Mundt 表示："数据源的合并在很大
程度上使得 Facebook 能够为每个用户建立一个独特的数据库，从
而获取市场力量。"

而此次对 Facebook 的起诉书显示，数据接入限制、流量封
锁也正在成为一种新型的垄断形式。美国 FTC 起诉 Facebook 垄
断案的起诉书认为，Facebook 的垄断行为主要表现在三个方面：
（1）Facebook 收购 Instagram，消除该个人社交网络竞争对手对
Facebook Blue 垄断地位造成的威胁；（2）Facebook 收购 Whats-
App，消除该移动通信服务提供商对 Facebook 个人社交网络垄断
地位的潜在竞争威胁；（3）Facebook 对竞品类应用程序制定 APIs
接入限制条件，要求开发人员不得与 Facebook 的竞争对手进行
数据接入等方面合作，直接切断同类社交网络产品的应用程序的
API 接口，禁止开发人员向与 Facebook 核心产品或服务类似的社
交网络竞品的产品或服务推广或导出用户数据，防止其在未来威
胁 Facebook 个人社交网络市场的垄断地位。

但较之上述经济和技术面的考虑，欧美监管高科技公司的主
要动力似乎来自政治考量。政治的考量在美国表现得尤为突出。
民主党早期的总统候选人辩论中，尽管如何对高科技公司进行反
垄断、分解它们，成为一个重要话题，但主要的考量也是互联网
所释放出来的政治能量，而经济和技术面的考量是次要的。代表
共和党的特朗普政府也是一样。特朗普政府一方面以"国家安全"
为名打压在美运作的中国高科技公司，另一方面也展开了对美国

自己的高科技公司的反垄断。

政治的考量表现为两个层面，即内部政治和国际政治。互联网对内部政治的影响又可以细分为两个方面：一方面是互联网对美国两党政治中的哪一个政党更为有效，另一个方面是互联网对传统西方民主的冲击。高科技公司代表的是商业利益，民主党的左派（以民主党初选总统候选人桑德斯和沃伦为代表）秉持较为传统的看法，主张对高科技公司进行反垄断，以限制它们各方面的影响，尤其是政治影响。但共和党并不这么看。传统上，共和党是亲商的，比较偏向于商业利益，但对高科技公司则有不同的看法。高科技公司的科学家和员工一般都是自由主义者，反对政府对信息自由的干预，有些甚至具有很强烈的无政府主义趋向，与共和党一贯秉持的"法律和秩序"原则相矛盾和冲突。这方面，特朗普的态度尤其明显。特朗普认为高科技公司是站在民主党一边的，对自己不利，尽管特朗普本人一直是使用社交媒体影响政治。2020年5月28日，特朗普签署了一项针对社交媒体的行政令，限制社交媒体的内容审查权力。行政令称，当大型社交媒体企业审查他们不同意的意见时，他们行使的是危险的权力。这足以表明其背后的政治考虑。

互联网对传统民主的负面影响是大多数西方国家所关切的。福山及其合作者最近在《外交事务》发表了一篇题为《如何从技术中拯救民主——终结大型科技公司的信息垄断》的文章。文章直指互联网技术对西方民主的毁灭性冲击。作者认为，控制大型科技公司的经济理由是复杂的，但还有一个更具说服力的政治理由，即互联网平台造成的政治危害远比其造成的经济损失更令人担忧。它们真正的危险不是扭曲市场，而是威胁民主。作者认为，尽管美国和欧洲的政府都在对大型科技平台发起反垄断行动，但由此引发的诉讼不仅可能会持续数年之久，而且这种方式也未必是应对其对民主构成的严重政治威胁的最佳方式。也就是说，传统的反垄断政策很难对高科技公司奏效，因为传统的反垄断要解决的主要是经济问题，而没有太多的政治问题，但互联网公司所产生的问题不仅仅是经济上的，更重要的是政治上的。

在国际层面，美国主要的考量是与中国的竞争。尽管美国的互联网发展远远领先中国，但美国有两个方面的考量。第一是美国政府的安全考量，即中国高科技公司所拥有的在全球范围内收集信息的能力。在这方面，美国政治人物一直在渲染所谓的"中国威胁"。美国版的"中国威胁论"也深刻地影响着其他西方国家，尤其是美国的盟友。澳大利亚网络安全咨询公司 Internet 2.0 的研究调查认为，中国公司正有系统地搜集"数字面包屑"（指的是一个人在网络上留下的蛛丝马迹），作为情报提供给中国政府和民间单位，中国正将这些海量数据应用在监控和军事用途。第二是美国公司的竞争考量。美国的大型科技公司反对政府反垄断（尤其是分解企业）的企图，都以中国为说辞，认为政府任何反垄断的努力都会削弱美国科技公司与中国科技公司的竞争能力。美国国会众议院司法委员会 2020 年 7 月 29 日对亚马逊、苹果、Facebook 和谷歌母公司 Alphabet 的首席执行官（CEO）举行了近一天的反垄断听证会。出席听证会的四巨头警告，美国对科技企业的新规制将会导致中国垄断创新。其中，Facebook 的 CEO 扎克伯格更是声称，有充分证据表明中国政府窃取美国企业技术。

其实，对中国竞争力的"恐惧"是美国政府和公司的"共识"，也是美国考量反垄断甚至监管高科技公司的重要考量。

总体来看，世界范围内，无论是反垄断还是监管方式，都仍然处于讨论过程之中，很难再以传统的反垄断和监管方式来对待高科技公司。美国的政治过程也决定了反垄断和监管必然是一场政治博弈。政治人物可以表达自己或者自己所代表的党派的看法，但反垄断和监管都不会按照政治人物的意志发展，而是会导向一个比较理性的结局。

四、中国监管大型科技公司需要考虑的因素

在中国，高科技公司也对社会、政治、经济和文化等方方面面产生了深刻的影响。中国怎么办？从最近对高科技公司的反垄断讨论和反垄断部门的政策动作来看，对大型高科技公司进行反垄断似乎也势在必行。不过，在思考反垄断的时候，更需要回答一个根本的问题，即中国的大型高科技公司如何实现可持续发展。无论是欧洲的经验还是美国的经验都对中国有参照意义，但简单地照抄照搬他国的经验会导致颠覆性错误。原因很简单，和美国相比，中国互联网高科技公司面临全然不同的国内国际环境。

概括地说，中国大型高科技公司的可持续发展基本上取决于两大要素，即中美竞争国际大环境和大型高科技公司的治理制度，一个是外部环境，一个是内部环境。在今后很长的一段时间里，外部环境甚至比内部环境更为重要。说到底，高科技公司的外部竞争能力基本上决定了内部的可持续发展能力。道理很简单。尽

管中国也出现了一些高科技公司，但这些公司基本上还属于技术应用类型，缺少原创性技术。人们总是说，这个世界上互联网只有中美两家。在一定程度上，的确如此，因为正如前面所说，其他发达经济体包括欧洲和日本并没有发展出强大的高科技公司。但"只有中美两家"这话并不是说中国已经有足够的实力可以和美国的高科技公司竞争了，如果这样认为，那就大错特错。高科技公司的大多数原创性技术来自美国，中国的高科技公司大多是对美国技术的应用或者改进。

也就是说，对中国的高科技公司来说，还面临一个生死存亡的问题。这可以从近年来美国组织国际力量尤其是其盟友来围堵华为的过程中看出。华为是中国最好的高科技公司，但仍然有相当一部分关键技术依赖进口。美国政府不仅禁止自己的公司向华为提供产品，而且迫使其他西方国家停止向华为供应产品。因此，在美国的围堵下，华为今天面临巨大的困难。

实际上，如果中美陷入美苏那样的冷战，而美国不顾一切围堵中国，对中国搞科技脱钩，那么就有可能使中国互联网陷入瘫痪。例如目前主流分属移动端和 PC 端的两个操作系统——移动端 iOS 与 Android 两个系统、PC 端的 MAC OS 与 Windows 两个系统——都是美国（西方）的，众多的应用（APPs）也是美国（西方）的。不仅是技术控制，更难以改变的是生态控制。一旦脱钩，中国互联网即使生存下来，也很有可能变成"内联网"。美国（和西方）不仅垄断了大多数互联网技术，而且也是标准的制定者。这说明，中国的互联网一旦走出国门，那么就要接受美国的所谓标准。美国动用了那么大的人财物力来围堵华为，就是恐惧于华为成为世界标准或者华为在制定世界标准上拥有话语权。

这种现状决定了无论是反垄断还是监管，中国并没有明确的答案，还有很长的路要走。在这个漫长的过程中，我们必须理性地考量很多问题，至少包括如下几个问题。

第一，在反垄断或者确立监管规制过程中，必须考虑国际上的竞争能力和国内安全两个方面的内容，实现两者之间的平衡。

这个平衡也是美国所考虑的内容。在欧盟和美国之间，美国的做法更值得中国注意和借鉴。前面讨论过，欧盟因为本身没有雄厚的互联网产业，因此无须考虑国际竞争的问题。而中国则不然，必须紧盯美国的反垄断和监管实践，并且不要美国做什么，中国紧接着做什么，而是要对美国的做法做一段时间的冷静观察。中国应借鉴美国的经验，把自己国内互联网领域真实存在的反垄断问题弄明白、说清楚，在此基础上再制定针对性的反垄断举措。但即便如此，中国的举措与美国的举措还是应该适当区分开来，因为两国互联网产业面临的问题并不完全相同。

民主党的拜登执掌白宫之后会对互联网巨头实行什么样的做法？迄今为止并没有明确的答案。尽管如上所说，民主党左派竭力主张对高科技公司实行反垄断和监管，但拜登代表的是精英路线。在总统竞选过程中，一些人认为拜登的上台会终结美国的"新自由主义"经济路线的时代，但总统选举的结果使得人们对这种预测抱万分怀疑的态度。今天，高科技公司已经成为民主党强有力的支持者。进入互联网时代以来，美国两党的支持力量一直在变化。以往共和党代表商业阶层利益，而民主党代表劳工利益，但自克林顿以来，民主党开始走"第三条道路"，包容商业利益。

这次选举表明，民主党的支持者来自东部沿海和西部沿海的州。无怪乎民主党左派桑德斯公开指责民主党已经沦落为代表沿海资本尤其是高科技公司利益的政党。同时，共和党在特朗普执政期间也得以转型。特朗普大搞民粹主义，主要是白人民粹主义，他的政策大力向中低层的白人劳工阶层倾斜。这次选举过程中，特朗普也宣称，共和党代表的是工人的利益，共和党是工人阶级利益的代表。这在很大程度上为真。这次选举表明，共和党的支持者大多来自中部传统产业的州。很显然，拜登是否会向支持他的高科技公司进行反垄断或者有效监管还是个未知数。

第二，中国高科技公司发展面临越来越严峻的外来压力，主要是来自美国。要清醒地看到中国互联网行业发展面临与美国激烈科技竞争的一面，如果互联网平台反垄断扩大化、政治化和意识形态化，那么会对中国互联网行业的发展造成不利影响，有可能导致中国失去"信息时代"。

未来世界，哪个国家掌握了信息权就掌握了信息地缘，才能真正成为世界强国。当前信息秩序（information order）的国际秩序刚刚开始形成，中国在国际互联网治理的秩序上依然还处于不利的地位。保持中国互联网行业的国际竞争力依然是第一目标。尽管规制互联网企业，控制和减少其负面效应的确应当提到政策的议事日程上来，但规制体系需要考量如何不会因为消除互联网平台的垄断危害而打击整个互联网行业的发展。明朝初年，中国开始进入海洋，但是由于有关海洋航行的争论过于政治化，最终闭关锁国，失去了一个海洋时代；清朝也因为日益闭关锁国，又失去了一个工业化时代。如果今天中国互联网产业被打趴下了，那么又将失去一个信息时代。在考虑到中美互联网行业竞争的背景下，应当判定清楚哪些领域应该进行反垄断调查和执法、哪些领域不应该，该反垄断的领域要坚决推进，采用更合理的、法治的监管方式，而另外一些领域则仍然需要容许、鼓励和引导互联网的健康发展。

美国既然已经把中国界定为主要的竞争者甚至敌人，那么也会继续打压中国高科技公司。在这一点上，共和党和民主党是一致的，特朗普和拜登是一致的。尽管候任总统拜登或许会改变美中关系的基调，但商业领袖和民主党顾问普遍表示，他会继续抵制中国想要成为全球科技领军者的目标。在竞选期间，拜登表示他将投资提振美国科技，并与盟友合作在贸易方面与中国对抗。拜登对字节跳动旗下的 TikTok（抖音海外版）的问题感到担忧。拜登的顾问也一直在讨论如何应对中国在 5G 和人工智能领域的发展。拜登在近日接受《纽约时报》专栏作家托马斯·弗里德曼（Thomas Friedman）采访时表示，美国应该加大在能源、生物技术、先进材料、人工智能、量子计算以及 5G 通信上的投资，从而应对中国在这些领域日益增加的经济与政治影响力。

在竞选期间，拜登称，他担心中国利用科技来推进国家控制，而不是为公民赋权。早些时候，拜登竞选团队高级外交政策顾问布林肯（Antony Blinken）表示，"在拜登看来，全球各国存在着科技民主和科技专制之间的鸿沟"。布林肯已经被选定为拜登政府的国务卿。

实际上，最近一段时间以来，不仅美国，西方各国都在加紧宣扬所谓的中国高科技公司对西方造成的威胁，一种新的"中国威胁论"。2021 年 9 月 14 日，Internet 2.0 创办人波特（Robert Potter）和独立研究员鲍丁（Christopher Balding）向包括《华盛顿邮报》在内的几家新闻机构提供了一份对中国深圳振华数据科技公司使用的部分基础数据库的研究报告。美国《华盛顿邮报》、澳大利亚《金融评论报》、英国《每日电讯报》和英国《卫报》等媒体同步公开了这项研究结果。

这份报告宣称，振华数据科技公司从 2017 年就开始系统性地收集数百万笔在社交媒体和互联网上的"数字面包屑"，并将其作为情报提供给中国军事、政府和商业客户。

继特朗普对 TikTok（抖音海外版）和 WeChat（微信）祭出交易禁令后，担任参议院情报委员会代理主席的反共参议员鲁比奥（Marco Rubio）在 9 月 14 日致函白宫，敦促特朗普将中国社交媒体通信软件 QQ 一并纳入早前对微信所颁布的行政命令。美国科技公司在当前的反垄断诉讼中也试图利用中国公司来转移压力。Facebook 旗下 Instagram 的 CEO 亚当·莫塞里（Adam Mosseri）于 12 月 11 日宣称，短视频应用 TikTok 是该公司有史以来最强大的竞争对手，TikTok 在美国市场的成功，可以作为驳斥 FTC 和各州总检察长反垄断诉讼中"Facebook 压制竞争对手观点"的论点。

更有甚者，美国在设想建立一个所谓的"民主国家"数字贸易区，这样中国公司在美国网店里的数字商品将被课税。2020年 9 月 29 日，美国外交关系协会发布了一份名为《将数字贸易武器化——建立一个数字贸易区以促进线上自由和网络安全》（*Weaponizing Digital Trade*）的报告。该报告说，如果美国不能提出一个可以跟中国"专制模式"竞争的极具吸引力的方案，并说服其盟友加入，那么中国将主导全球互联网。

报告的作者认为，现在几乎所有构成美国数字经济的企业都被禁止在中国开展业务。没有 Facebook，没有谷歌，微软的运营受到一系列地方运营协议限制，实际上中国根本没有从美国进入中国的自由流动的数字贸易。而中国的技术、中国的公司在美国自由运营。美国针对华为、中兴、抖音和微信的制裁措施仅仅是例外，而不是规则，现行规则是中国公司在谷歌网店、在苹果的应用商店出售产品，阿里巴巴在美国卖其技术，中国电信可以在美国拥有网络。

报告指出，相对中国和俄罗斯，美国最重要的优势是其盟友。因此，美国的最佳策略是跟"民主国家"合作，将它们的价值观植根于数字贸易，把数字贸易跟促进开放的互联网相连。而要做到这一点就必须形成一个数字贸易区，将民主价值观跟数字市场在线准入联系在一起。在短期内，这是美中脱钩的一种策略，即创建一个市场，在里面所谓的民主参与者受到激励，在数字贸易区内生产商品。从长远来看，它将创造一种条件，使中国确信中国必须改变其行为。

报告甚至呼吁，美国应当放弃全球性互联网，建立"民主国家"互联网。报告说，"美国应该改变外交政策，从推动一个全球性开放的互联网，转而保存一个连接'民主国家'数字经济的互联网"。美国必须放弃过去 30 年来期待一个信息自由流动的全球互联网会改变中国的美好愿望，因为"中国制定了不同的方案，建立了不同的互联网，他们严格控制流入本国的数据，他们利用互联网监视公民，并实行控制"，因此美国必须做的是提出一个新的方案，来打击中国的方案，而不要继续迷恋一个开放的、可互相操作的、可靠的全球互联网。

报告建议，通过谈判产生一个建立共同标准和实践并排除不愿受这些标准约束国家的数字贸易协议。报告提出了数字贸易区的路线图：美国及其伙伴在目前自由贸易协议的基础上制定数字贸易和数据本地化的路线规则，建立对所有成员国公民的隐私保护措施；实行成员国对非成员国数字商品征税；联合制裁参与被禁活动的非成员国；投资改善全球网络安全；确保成员国间不进行单独信号情报活动，不干扰其民主程序。在这个路线图中，贸易区成员国都结束对非成员国在与国家安全有关的软硬件方面的依赖，这样的"民主数字供应链"可以进一步激励其他国家加入到这个阵营中来。而中国被排除在这一数字贸易区的繁荣之外，会迫使其考虑改变行为。

报告认为，要达到这个目标，说服欧盟是关键。对美国而言，此项计划亦有紧迫性，因为窗口期很短。欧洲越来越朝着自己的方向发展。十年内，人们真的会看到欧洲拥有一个跟美国和中国都不同的互联网。到那时，要将这些重新整合回来将非常困难。因此，现在是美国集中精力思考如何为此制定道路规则的时候了。

美国正在设想的种种打压互联网高科技公司的方法是否能够真正落实、是否有效，需要时间的检验。但不可否认的是，对中国互联网来说，如果不能解决面前面临的诸多"卡脖子"的技术问题，未来的发展将充满巨大的不确定性。

第三，随着产业的变化，对"垄断"和"监管"需要做新的理解，新的方法需要基于解放思想之上的深入研究。反垄断的根本目的是实现创新和增强技术竞争能力，因此由反垄断实现的技术创新形成的"自然"垄断状态是符合开放经济体发展要求的。

反垄断并不见得是传统式的"分解"公司。传统产业发展经验表明，无论"分解"与否，最终都会走向一种近乎"自然"垄断的状态。尽管西方各国都采取反垄断举措，但各国几乎都形成了产业垄断。汽车业就是一个典型，基本上形成了世界范围内的"垄断"。新进入者很难挑战现有的汽车业，除非有新的发现（例如新能源、新材料等）。这是一种自然的垄断，人们对此是接受的。应当指出的是，这种"自然"垄断状态的形成并不意味着反垄断变得不重要；恰恰相反，"自然"垄断状态的出现是因为某一产品的质量处于优势地位，没有其他的技术可以挑战它。而这种技术优势就是之前反垄断的结果。实际上，反垄断的目的就是增强企业的技术竞争能力，避免企业在低度技术阶段依靠垄断盈利而失去技术创新的动力。

尽管发展历程并不长，但高科技公司已经显示出"自然"垄断的大趋势。美国高科技公司处于垄断地位，这个地位很难被其他国家取代。欧洲和日本没有大型的高科技公司，但这不是说他们没有发展高科技公司的企图和愿望。但除非欧洲和日本发现新的互联网模式，否则美国高科技地位不会受到严峻的挑战。即使在美国内部，也很难有新的公司挑战现有的高科技公司，更不用说是被取代了。也就是说，高科技及其公司有其本身的发展逻辑，不管有怎样的外在干预（反垄断和监管），都很难改变最终形成"自然"垄断的趋势。

正是意识到这个趋势，一般认为，仅仅是传统的"分解"方式解决不了问题，还需要其他方式加以补充。美国政府针对微软的反垄断很好地说明了这一点。针对微软的垄断，美国各界也进行了很长时间的争论和博弈，但美国政府最终并没有分解微软。作为"分解"的替代，监管体系促成了微软的"开放"，即让新的企业甚至是竞争者共享微软的"平台"。

不过，从现在来看，"开放"也带来新的问题，即"开放"造成了新企业对那些高科技公司"平台"的高度依附。那些新公司要么"听命"于这些高科技大平台，要么"死亡"。很多新公司一旦被视为具有潜力的竞争对手，就往往被收购，而收购的目的并非发展而是"扼杀"。很显然，这种行为无疑会扼杀技术创新。

如果传统"分解"方式不足以解决问题，而"开放"也有其本身的问题，那么如何对美国科技巨头进行反垄断？这个问题没有定论，仍然处于研究阶段。最近麻省理工学院教授德隆·阿西莫格鲁（Daron Acemoğlu）撰文指出，更重要的是如何把控科技变革方向。大多数市场参与者不得不让自己的产品与科技巨头产品保持兼容，依赖甚至依附于后者，这种业界生态无异于扼杀创新。要确保技术创新能让大多数人受益，更全面的政策途径必不可少。

阿西莫格鲁教授认为，在科技研发和运用过程中，人们可以对投入的时间、资源和精力进行调整和分配。人们既可以加大对有助于管理人员和各类专业人员业务提升的技术的研发，也可以开发能够为低技能工人带来更多优势的技术；既可以运用专业知识改进燃煤发电，也可以把重点放在太阳能、风能等清洁能源的开发上面；既可以将人工智能的研发重点放在自动化、面部识别以及监测技术的提升，也可以将同样的技术用于提高生产力、增强通信安全，或支持基于事实、不受操纵的言论传播上面。

那么，是什么决定了企业研发的目的和创新的动力呢？哪些创新方案最受研究人员和企业关注，具体取决于若干因素。对于以营利为目的的企业来说，新技术未来应用的市场大小是企业投资决策的一个重要参考因素。然而，企业对科技的需求、企业的商业模式，以及企业对未来远景的规划，这些因素对科技创新整体发展趋势的影响可能更大。

20世纪90年代，微软凭借Windows操作系统在个人电脑市场独占鳌头，没有任何动力去投资其他操作系统或是无法与Windows兼容的产品。同样，今天的高科技巨头也不可能推动那些会蚕食其利润的技术，这就和石油企业绝不会推动与化石燃料展开竞争的绿色能源是一个道理。因此，当Facebook、谷歌、亚马逊和Netflix费尽心思去展示在科技领域的领先优势时，更多是因为这些优势符合其自身商业模式和经济利益。

此外，推动这些科技巨头进行科技创新的动力不单单是为了扩大收入和扩展服务，实现公司未来的远景也是促使企业进行科技创新的一个重要动力。每家企业的管理层都会将自身的风格、喜好以及对未来的设想融入产品创新当中。iPod、iPhone和iPad是苹果创始人乔布斯独具一格的创新思路的结晶。

今天的问题，不仅在于科技巨头在行业里一家独大，它们对研发的投入将直接决定行业科技变革的总体趋势，更严重的是，面对这样的局面，除了让自身的产品与大公司的产品保持兼容，市场上其他参与者几乎别无选择，其结果是大多数公司最终不得不依赖甚至依附于这些巨无霸企业。

据麦肯锡全球研究所估计，少数几家中美大型科技公司对人工智能的研发投入已占到全球总投入三分之二的水平。而这些公司对数据和人工智能的应用前景也有着类似的看法，即认为这项技术应该用于取代人工，实现自动化，并改进监测；不仅如此，它们对高校等机构的影响力也与日俱增，每年都有不计其数的高校毕业生想踏入大型科技公司的大门。今天，顶尖高等教育机构与硅谷之间就如同开了后门：一些优秀的学者常常为硅谷提供咨询服务，甚至放弃现有的工作，直接进入科技行业。

正是这种科技研发高度集中的趋势，导致人们无法接触到更多科技创新和平台。从这个角度说，垄断所产生的后果更为严重。就是说，一旦把所有鸡蛋放进一个篮子，其他的机会就会被隔绝，因为它们已经被排除在竞争之外了。

能源科技的变化就是一个很好的例子。在 30 年前，温室气体减排是一项不可能完成的任务。原因很简单，因为大量资源都投资于化石燃料生产、内燃机车以及相关基础设施建设上。但经过长达 30 年的政府政策补贴，以及其他因素的诱导，可再生能源和电动汽车有了今天的成绩。今天，在很多情况下，绿色能源相对于化石燃料的优势都体现得越来越明显。这一变化从侧面表明，如果获得政策支持，那些更符合社会发展需求的平台就能取得优异的成绩。

因此，对科技巨头市场主导地位的限制固然重要，但是只限制公司规模的大小还不够。虽然苹果、Facebook、谷歌、微软和亚马逊等几家公司已占到美股市值的约四分之一，但只是分拆这几家公司还不足以恢复全社会创新所需的多样性生态。要做到这一点，就需要拥有不同发展愿景的新公司，政府可能也需要像过去那样，成为主导科技变革的掌舵人。

中国对互联网平台的反垄断，也不应以传统的方式来开展，而应思考如何用法律促使各平台之间互相开放，实现互相开放性的竞争，而非排斥性的竞争。如果中国互联网继续保持封杀、割裂的现状，那么在世界互联网行业发展中已经获得的优势就会丧失。长此以往，将导致中国互联网走向封闭，行业创新受到极大抑制，进而严重阻碍中国互联网高科技企业与国际互联网巨头的竞争。说到底，互联互通和共建共享是互联网的核心价值观，更是互联网行业发展和创新的源动力。况且，实现互联网平台的互联互通，可以向整个世界传递中国互联网弥合割裂、坚持开放和自由竞争的信号，有利于中国互联网市场创新环境的形象塑造。

更为具体地说，开展反垄断的目标应该是防止和规制国内互联网企业相互封禁、"二选一"等恶性竞争的内战，推动其面向全球化开展竞争和发展，致力于更底层、更关键、更核心技术的创新和突破。中国互联网平台对其在即时通信、短视频、新闻资讯、网约车、音乐流媒体、网络游戏和电商购物平台等领域多家竞争对手的产品进行的近五十次的屏蔽和封禁，都是当前中国互联网企业平台"不开放垄断"的重要表现。为了实现开放的经济体，也为了实现互联网领域的开放平台，应对这种现象予以遏制。

第四，追求高科技时代合理的财富分配，但要避免"均贫富"政策。

高科技公司的确在迅速加大收入和财富的差异，一个高度分化的社会也是难以为继的，但这不是"分解"或者监管高科技公司的重要理由。应当看到的是，收入和财富差异的扩大也不仅仅是高科技公司本身的事情，更为重要的是前面数十年所经历的"超级全球化"所致。从这一角度看，社会公平的实现取决于经济全球化和国家经济主权之间达到一个可接受的水平。尽管全球化不会停止，但以往那种大大弱化主权国家经济主权的全球化需要得到修正。再者，"分解"高科技公司是否可以有助于社会公平？这需要很多研究。但如何促成高科技公司助力社会公平，则是可以考量的现实问题。高科技公司既可以加速社会的分化，也可以通过各种技术手段赋权弱势社会群体，改变他们的经济状况。例如，电子商务成为中国扶贫攻坚战中的有力武器。中国互联网公司都纷纷加入电商扶贫。它们通过整合各界资源，加强人才培养，以电商扶贫助推了中国农村地区全面发展，为世界减贫事业提供了中国智慧与中国方案。商务部数据显示，2019年全国贫困县网络零售额达2392亿元，同比增长33%，带动贫困地区500万农民就业增收。

第五，需要深入探讨如何通过互联网塑造国际政治舞台上的软实力，而不是软实力的衰落。

正如前面所讨论的，在进入互联网时代以来，各国的软实力都在下降和衰落。软实力衰落主要有两个原因。第一是内部文化下行。随着民粹主义的崛起，低层文化替代了往日的精英文化。在低层文化日益占据主流的情况下，无论是知识界还是政界，人们为了自己的利益，而纷纷迎合低层文化。这在所谓的民主国家表现得尤为清楚。第二是外部国家间的互相妖魔化。

尽管这些现象都和互联网的崛起相关，但软实力的衰落还不能完全责怪互联网。互联网只是技术工具，尽管这种技术工具加速了软实力的衰落。实际上，正是因为互联网是一种技术工具，它也可以用于软实力的建设。一方面，中国互联网蓬勃发展使得更多人有机会利用互联网来改善和提升自身的经济条件；另一方面，近些年兴起的内容创作的资讯和短视频平台让老百姓的无限创意可以自由表达，本身就是一种有效的软实力的展示。

就中国的软实力建设来说，除了促成互联网技术"向善"之外，还有一个更为根本的问题，即知识体系的建设。西方软实力并不在于其所拥有的技术手段，而在于其技术手段背后支持和传播的一整套知识体系。在中国本身的知识体系产生之前，很难在国际社会确立自己的软实力。而要想建设中国自己的知识体系就必须回归到基本的事实，回归到科学，回归到理性。从这个角度来看，人们必须花大力气克服社交媒体所产生的"认同政治"及其相关的"妖魔化"他国的行为。也就是说，在国际层面，放弃对西方的不符合事实的批评和攻击将有助于国际软实力建设。很显然，美国（西方）对中国毫无根据的批评和攻击已经造成西方软实力在中国民众中的弱化，如果中国也仿效美国（西方）对美国（西方）进行同样的无端批评和攻击，那么中国在美国（西方）民众中的软实力也同样会衰落。这些年来，中西方之间进行了多次交锋，导致双方在对方民众中的软实力下降。而在 20 世纪 90 年代以后的相当长一段时间里，因为中西方之间进行各种对话，双方求同存异，这种互动推动了双方在对方民众中软实力的增加。换句话说，对中国来说，"以牙还牙"的反击解决不了"挨骂"的问题。要解决"挨骂"问题，还是要回归到"知识体系"的建设。

第六，除了政府的监管，科技公司的自觉更为重要，特别是企业的社会责任。高科技公司如果唯利是图，那么最有效的政府监管也是无效的。在中国，这种情况必然会导致政府超越法律监管而诉诸政治控制。要避免这种极端情况的出现，企业的社会责任就变得重要起来，这是一个企业内在的自我控制机制。

在马克思所批评的原始资本主义时代，资本唯利是图，毫无社会责任意识，但经过政府、社会和资本三者之间的长期互动，最终确立了企业的社会责任概念。如今，企业的社会责任是企业必须重视的一个环节。

那么，互联网时代的企业社会责任如何确立呢？企业的社会责任并不是说企业简单地为社会做些贡献，例如慈善公益事业。这些仅仅是企业社会责任的很小一部分，甚至是不那么重要的部分。今天高科技公司被视为承担着分解和解体社会功能。高科技公司的社会责任意味着它们要把社会融合变成其内在的责任。高科技公司如何从分解社会转型成为融合社会的有效工具？这在很长一段时间里一直会是政府和高科技公司面对的挑战。一个分化的社会难以可持续，为此政府必然会对高科技公司分解社会的行为做出反应。这也是政府反垄断和监管的内在动力之一。如果高科技公司也把融合社会作为自己的企业社会责任，那么政府和高科技公司之间的互动必然是良性的。但如果高科技公司不能确立自身的社会责任，那么两者之间的关系将会是恶性的。

第十五章

新形势下中美两国低碳能源研发政策比较分析及启示[①]

张芳[②]　黄张瑾[③]

技术创新是能源转型的最大推动力，也是实现全球碳中和的必经之路。作为世界上最大的发展中国家和发达国家，中美两国在低碳能源技术领域的合作对全球气候治理具有重要意义。中美两国基于能源转型、经济发展、气候变化和国际竞争等多个目标的考虑，制定国家碳中和目标，提出低碳能源发展目标，强化低碳领域的政府资金投入，希望在新一轮能源低碳转型过程中保持和强化各自的领先优势。本章从中美两国低碳能源政府研发政策入手，对中美两国在碳中和目标下的能源创新政策进行比较分析，对中美两国能源研发投入的规模、结构和战略技术布局进行深入分析和比较，探讨美国低碳能源创新政策对中国低碳能源创新的影响，进而讨论中美在低碳能源创新中的潜在机遇和挑战。同时，对如何在新形势下进一步提升中国低碳能源创新提出政策建议。

---

① 本文完成于 2022 年 1 月。
② 张芳：清华大学公共管理学院助理教授。
③ 黄张瑾：中国政法大学政治与公共管理学院研究人员。

一、引言

中美低碳能源创新合作对中美关系的发展和全球气候治理具有重要的意义。气候变化是人类面临的共同挑战，越来越多的国家和地区（包括中国和美国）都提出了不同维度的碳中和目标。全球目前有 100 多个国家和地区提出了碳中和目标，这相当于全球占 70% 排放量的国家都提出了碳中和目标。目前大量研究都在探讨全球和各个国家或地区实现碳中和所需要的技术路径，提出很多技术路线图，识别了大量碳中和技术。最近 IEA（国际能源署）发表报告显示，2030 年以前全球 CO_2 减排依靠市场上已有的技术就可以实现，但是 2050 年实现碳中和目标所需要的技术有将近一半处于示范或者原型样机阶段。这说明新的低碳能源技术创新和突破对未来实现全球气候目标至关重要[①]。

中美低碳能源创新合作在奥巴马政府时期是非常紧密的。2009 年中美签署协议，在八个领域建立了多种形式的技术研发的合作网络和合作平台。但是这些平台在特朗普执政时期基本陷入停滞阶段。随着我国低碳科技创新飞速发展，中国与美国的低碳科技差距正在逐渐缩小，中国在许多领域的科技创新逐渐从"跟跑"走向"并跑"，甚至是"领跑"，美国日益感受到中国在

---

① IEA. (2021). Net Zero by 2050, A Roadmap for the Global Energy Sector. IEA. https://iea.blob.core.wi-ndows.net/assets/deebef5d-0c34-4539-9d0c-10b13d840027/ NetZeroby2050-ARoadmapfortheGlobalEnergySector_CORR.pdf.

技术创新领域的威胁（Graham，2021）。拜登上任以来，中美博弈的主战场进一步从贸易转向科技。美国也将中国视为新一轮绿色转型中的竞争对手，不断加强政府在科技创新中的作用，希望掌控绿色转型中的全球性关键技术。与此同时，2021年中美两次发布气候变化相关联合声明，明确提出希望推动低碳技术创新的中美合作，但是截至目前，实质性的低碳能源合作尚未开启。

　　本文将重点梳理中美低碳能源创新的最新政策趋势，对中美低碳能源创新的战略目标和最新政策进行深入比较。同时，我们以能源研发投入作为重要的政府创新投入指标，探讨中美低碳能源领域政府投入的规模、结构和技术战略布局。我们利用国际能源署（International Energy Agency）、使命创新（Mission Innovation）①和直接从政府收集的数据，以及从各国政府网站、政府官方报道、国家科技统计数据库搜集的数据，构建一个全球层面的能源研发数据库，对中美低碳能源领域政府研发投入进行比较分析。最后，在此基础上，本文将进一步探讨美国低碳能源创新动向对中国低碳能源创新以及中美低碳能源合作的影响，并提出相应的政策建议。

---

① 使命创新 (Mission Innovation) 是一项全球倡议，旨在促进未来十年在研究、开发和示范方面的行动和投资，以使清洁能源对所有人来说都是负担得起的、有吸引力的和可获得的。这将加速实现《巴黎协定》的目标和实现净零排放的承诺。http://mission-innovation.net。

二、政府和低碳能源创新

（一）低碳能源创新

能源技术包括供应侧的能源技术（即那些用于将能源形式带到终端使用的技术）以及能源终端使用技术（即将能源形式转换为光或动力等能量服务的技术）。能源技术创新是指"产生新的或改进的能源技术的一组过程，这些能源技术能够增加能源资源、提高能源服务的质量、减少与能源供应和使用有关的经济、环境或者政治成本"（Gallagher et al.，2006）。

能源创新具有周期长、系统性的特征。能源技术的创新并非简单等同于能源的研发过程，一个完整的能源技术创新过程应该包括研究、开发、示范和推广（PCAST，1997；Huang et al.，2012）。整个技术周期可分为研究、开发的早期阶段，以及包括商业化、技术扩散和成熟的后期阶段（Sagar & Zwaan，2006）。如果新能源技术的可行性和可靠性得不到充分的检验，民众对其接受程度也将较为有限，就无法进入商业化阶段（苏竣和张汉威，2012）。能源技术创新需要创新主体、创新环境和创新资源之间的循环互动，形成有机整体，具有系统性特征（耿晓燕，2013）。

政府政策支持是清洁能源创新的关键和初始动力（Huang et al.，2012）。政府政策包括"技术推动"和"市场拉动"两类常见政策工具。前者旨在降低生产创新的私人成本，如政府资助研发，为公司投资研发进行税收抵免，加强知识交流，支持教育和培训，以及资助示范项目。后者是通过知识产权保护、新技术消费者的

税收抵免和退税、政府采购、技术指令、监管标准和竞争技术的
税收等措施来提高私人对成功创新的回报 (Liu & Liang，2013)。
如果缺乏财政支持使技术投资不足，那么以营利为目的的私营公
司就极有可能不会从事新能源的研究。只有实质性的刺激，即在
开展大规模公共研发和示范项目的情况下，市场对可再生能源创
新才能产生积极影响 (Jamasb & Pollitt，2008；Zhang et al.，2020)。

（二）能源研发投入

政府的研发投资是能源创新的关键投入。研发投入不会立即
产生新的或者改进的技术。最初资助与清洁能源学术发表之间存
在着长达 10 年的滞后期，而文章发表到新的技术专利申请之间又
可能存在超过 10 年的时间间隔 (Popp，2016)。公共能源研发具有
知识溢出效应 (Dechezlepretre et al.，2013；Noailly & Shestalova，
2017；Popp & Newell，2012)。Peters 等人（2012）认为，公共
能源研发激励了国内创新，但对外国创新的溢出效应很小，而市
场形成政策可以影响两者，另外研发机构的制度设计也很重要
(Anadon，2012)。

环境外部性和知识溢出削弱了企业的能源研发意愿，传统化
石燃料行业的企业研发支出水平持续低迷。虽然一些公司正在增
加低碳创新中的研发支出 (Shojaeddini et al.，2019)，但许多传统
的能源公司仍将研发集中于传统化石能源 (Rhodes et al.，2014；
Turk，2017)。Wiesenthal 等人 (2012) 的研究表明，欧盟的企业
研发投资主导了非核低碳能源研究。硅谷和中国的科技巨头近期

也在电池技术、区块链、智能计量、节能软件和人工智能在数据分析和自动化方面的应用等领域新投入了大量资金。此外企业能源研发意愿还受到其他企业层面因素的影响，包括能源自由化（Jamasb & Pollitt，2015）、能源价格和能源公司的规模（Noailly & Smeets，2015）。

能源研发结构的优化引起越来越多的关注。目前，更多的研发资金主要流向能源供应技术，节能技术和消费端技术常常被边缘化，占据非常小的比例（Wilson et al.，2012）。一些人主张为新兴的清洁能源技术提供更多的拨款，以避免现存于太阳能、风能和能源存储技术领域的单一主导技术设计中的"技术锁定"现象（Sivaram et al.，2018）。公共资金也可以用于"社会技术"（Jamasb & Pollitt，2015），以改善治理和支付安排、对智能电网/电表信息的使用，以及在日益复杂情况下的政策制定。

三、中美低碳能源创新目标和政策趋势

（一）中美能源规模和结构特征

中国和美国是目前世界上第一和第二大能源消费国。2009年之前，美国是全球能源消费最多的国家。中国在2009年超越美国成为世界上第一大能源消费国，此后中国能源消费仍持续快速增长。而美国能源消费总量则进入了平台期，增速缓慢。近十年来，美国一次能源消费总量整体已有下降趋势。

（单位：EJ）

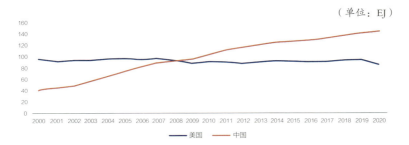

图 15-1　2000—2020 年中美一次能源消费总量趋势

数据来源：BP Statistical Review of World Energy 2021[①]。

石油是目前美国最大的能源消费来源，占一次能源消费总量
的 37.07%，其次是天然气。2019 年，美国的可再生能源消费量首
次超越煤炭成为美国的第三大能源来源，非化石燃料已占到美国
一次能源消费的能源来源的 20%。而中国长期以来的能源消费结
构以煤炭为主要来源，水电、风电、核能等清洁能源占到中国能
源消费总量的 15% 左右，见图 15-2。

───────────

① 该报告统计的一次能源包括商业交易的燃料和用于发电的现代可再生能源。所
有非化石发电来源的能源都是按投入当量计算的。关于这一方法的更多细节，参
见 BP Statistical Review of World Energy 2021 的附录或 bp.com/statisticalreview。（来
自 BP Statistical Review of World Energy 2021）

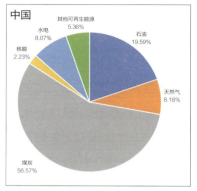
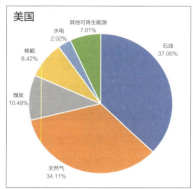

图 15-2　2020 年中国和美国一次能源消费中的能源来源结构

数据来源：BP Statistical Review of World Energy 2021。

中美也是世界第一和第二大二氧化碳排放国。2020 年，中国的二氧化碳排放量占世界排放总量的 30.7%，美国的二氧化碳排放量占世界排放总量的 13.8%。2009—2019 年，美国二氧化碳排放量年下降率为 0.5%，而中国的二氧化碳排放量年增长率为 2.4%。美国二氧化碳排放强度的整体缩减得益于其能源结构更加均衡。

（二）美国能源创新政策新趋势

自 20 世纪 70 年代起，美国政府就多次出台能源与减排相关的法案，但是美国气候政策和低碳能源政策整体上波动较大。奥巴马执政时期，美国高度重视低碳创新，提出"绿色经济复兴计划"，颁布了"应对气候变化国家行动计划"，推出《美国清洁能

源与安全法案》《清洁电力计划》等，提出减排优先领域，要使美
国成为清洁能源出口大国。而特朗普执政时期，美国退出了《巴
黎协定》，特朗普政府的能源计划奉行"美国优先"和"能源独
立"战略，反对上届政府的能源政策，意图借"能源独立"促进
本国经济繁荣和增加就业。特朗普大力支持化石能源开发，大幅
削减气候变化和新能源领域的预算，不关心新能源技术发展。拜
登上台后提出"清洁能源革命与环境正义计划"，注重清洁能源技
术创新的核心作用，制定了到 2030 年 100% 实现零碳污染电力的
目标，承诺投入大量能源研发资金；同时宣布重新加入《巴黎协
定》，把气候变化纳入美国的外交政策和国家安全战略。

2021 年，拜登在给总统科学顾问兰德的任命信中要求他思考
关于国家科学和技术战略的五个重要问题，其中第二个重要问题
是"科学和技术的突破将为应对气候变化提供什么样的新解决方
案"。拜登正在极力推动的"Build Back Better"（重建更好未来）
计划，其中包含大量能源转型的内容，预计在十年内为能源和气
候项目拨出 5500 亿美元，包括在未来 10 年里，为投资风能、太
阳能、电动汽车和核能等清洁能源技术的企业和个人提供约 3200
亿美元的减税政策，以及 1100 亿美元的激励措施，以增加太阳
能、电池和先进材料的美国国内供应链，提高制造商的效率。并
且，在基础设施建设预算支出部分，将包括 550 亿美元用于清洁
饮用水项目、730 亿美元投资清洁能源输送等。此外，《重建美好
法案》(*Build Back Better Act*) 还将增加对捕获、隔离煤炭和天然
气发电厂碳排放项目的补贴，从每吨二氧化碳 50 美元增加到 85
美元，同时为直接从大气中提取二氧化碳的设施提供每吨 180 美

元的补贴。学者和能源专家的测算结果表明，这些计划可以使美国到 2030 年的二氧化碳年排放减少量从 7.39 亿吨到 13 亿吨，几乎能够实现拜登在格拉斯哥的承诺，即与 2005 年的排放水平相比，将美国温室气体排放控制到其总量的 50%（Jeff Tollefson，2021）。

与此同时，2021 年 6 月 8 日，美国参议院通过的《2021 年美国创新与竞争法案》，也将先进能源列为其重点关注的十大技术领域之一。

（三）中国能源创新目标和最新政策

2021 年 9 月，国家主席习近平在联合国大会上郑重承诺，中国将争取于 2030 年前达到二氧化碳排放峰值，争取在 2060 年前实现碳中和[①]。2021 年 9 月 22 日，《中共中央、国务院关于完整准确全面贯彻新发展理念做好碳达峰碳中和工作的意见》进一步细化了中国碳达峰碳中和实现的主要目标，包括：到 2025 年，初步形成绿色低碳循环发展的经济体系，重点行业能源利用效率大幅提升；到 2030 年，经济社会发展全面绿色转型取得显著成效，重点耗能行业能源利用效率达到国际先进水平；到 2060 年，绿色低碳循环发展的经济体系和清洁低碳安全高效的能源体系全面建立，能源利用效率达到国际先进水平，非化石能源消费比重达到 80% 以上。

---

① 习近平. 坚定信心 共克时艰 共建更加美好的世界——在第七十六届联合国大会一般性辩论上的讲话 [J]. 中华人民共和国国务院公报, 2021(28):8-10.

中国高度重视低碳能源创新，并形成了一个综合性的能源创新政策体系，具体包括：全面推进能源消费方式变革，实行能耗双控制度，健全节能法律法规和标准体系，完善节能低碳激励政策；提升重点领域能效水平，推动终端用能清洁化。建设多元清洁的能源供应体系方面，优先发展非化石能源，推进化石能源清洁高效开发利用，健全能源储运调峰体系，促进区域多能互补协调发展；实施创新驱动发展战略，增强能源科技创新能力，通过技术进步解决能源资源约束、生态环境保护、应对气候变化等重大问题和挑战；全面深化能源体制改革，深化重点领域和关键环节市场化改革，破除妨碍发展的体制机制障碍，着力解决市场体系不完善等问题，为维护国家能源安全、推进能源高质量发展提供制度保障。同时，在能源国际合作中践行绿色发展理念，提出共建绿色"一带一路"的战略目标[①]。

四、中美政府低碳能源创新研发投入比较

（一）政府能源研发总投入

政府的研发投入有助于能源创新的产出和成果积累，是能源创新的关键投入。我们通过对国际能源署（IEA）和使命创新（MI）直接从政府收集的数据，以及从各国政府网站、政府官方报道、国家科技统计数据库收集的补充数据进行分析，对全球主

---

① 中华人民共和国国务院新闻办公室. 新时代的中国能源发展 [N]. 人民日报，2020-12-22(010).DOI:10.28655/n.cnki.nrmrb.2020.012587.

要国家的政府能源研发投入进行统计和分析。

如图 15-3，2000—2018 年，全球政府能源研发投入增长了138%，反映出各国政府基于对国家能源安全、全球产业竞争、环境和气候问题的关注，正在加大能源领域的研发投入。政府能源研发投入的总额在 2009 年金融危机期间显著增长，包括美国和中国在内的几个国家政府将能源和气候相关的研发投入纳入经济刺激计划。2009—2015 年，政府能源研发投入趋于稳定。MI 在巴黎达成全球气候变化协议的背景下形成。此后（2016—2018 年），全球政府能源研发投入再次迅速增长，截至 2018 年非化石能源研发投入达到 190 亿美元，为 2008 年投入水平的 1.3 倍。

全球公共能源研发投入呈现脱碳趋势。2018 年全球政府清洁能源研发投入达到了 120 亿美元，约占总体的 44%。政府化石

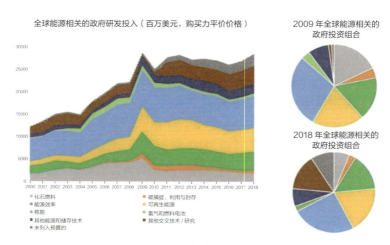

图 15-3　全球能源研发投入

数据来源：Fang Zhang et al., 2021。

燃料的总研发投入比例在 2009 年达到顶峰，之后便从 2009 年的
18% 下降到 2018 年的 6%，核能研发投入的份额从 2008 年的 34%
下降到 2019 年的 25%。2018 年能源效率和可再生能源占政府能
源研发总投入的 34%，高于化石燃料和核能所占的比例。

　　政府研发投资的国别分布也在发生重要变化。如图 15-4 所
示，中国已经超越日本成为第二大政府研发投入国，而印度超越
法国、德国和日本成为第三大政府研发投入国。2018 年，中国
和印度政府在非化石燃料能源研发方面分别花费了 28 亿美元和
26 亿美元。

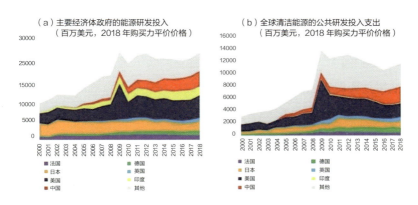

图 15-4　全球主要经济体政府的能源和清洁能源研发投入

数据来源：Fang Zhang et al., 2021。

　　2000—2018 年，全球化石燃料政府研发投入的增长并不稳定。
2018 年，40% 的国际能源署成员国家的政府化石燃料研发部门开
始支持碳捕捉、利用与封存技术（CCUS）。排除化石燃料研发投

入中的 CCUS 支出，全球政府化石燃料研发投入表现出更加显著的下降趋势，特别是自 2009 年以来，截至 2018 年，全球政府非 CCUS 化石能源研发投入已经下降到 21 世纪初的水平。

（二）政府能源研发投入结构

当特朗普当选总统时，许多观察人士预计美国在能源创新上的努力将会停滞，因为他对气候变化和科学都存在质疑，而且更多地倾向于支持化石能源而非清洁能源。特朗普一上台就前所未有地削减清洁能源研发预算。在 2021 政府财政年度预算中，他提出削减 81% 的汽车节能研发投入，削减 76% 的太阳能、78% 的风能，并完全废止了高级研究计划局能源部（Gallagher & Anadon，2020）。然而，美国国会反对这一政策转变，继续为核聚变以外的清洁能源提供研发投入，最后通过的预算中清洁能源的比重持平甚至超过奥巴马政府水平，如图 15-5。特朗普政府唯一增加能源研发的领域是煤炭"先进能源系统"，但其中不包括 CCUS（DOE，2020）。

除了政治因素之外，美国能源研发的趋势也受到能源市场变化的影响。2010 年后，风能和太阳能占新增发电量的一半以上。2019 年，美国可再生能源消费 130 年来首次超过煤炭消费 (EIA，2020)。2025 年新工厂投入服务后，即使没有税收抵免，陆上风能和太阳能光伏发电的价格也预计将比天然气联合循环厂更便宜 (EIA，2020)。在需求方面，美国的能源消费在 2000 年后趋于稳定，2019 年美国的能源生产在 62 年来首次超过消费 (EIA，

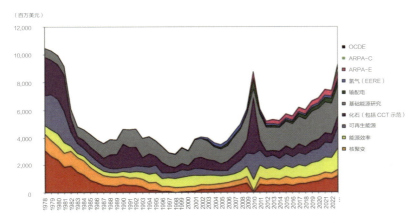

（百万美元）

图 15-5　美国政府的能源研究、开发和示范（RD&D）支出

数据来源：Fang Zhang et al., 2021。

2020），目前节能是美国使其能源系统脱碳的重要手段。

　　近年来，为应对能源安全、环境污染、气候变化和工业现代
化等多重挑战，中国加大清洁能源技术投资，积极推进现有能源
系统转型。2000 年以来，中国政府持续增加能源研发投入（如图
15-6 所示）。2018 年，中国政府能源研发支出达到 50 亿美元，为
2009 年的三倍以上。2018 年，中国政府能源研发投入超三分之一
用于可再生能源，化石燃料能源的研发投入仅占 7%。与我们根据
中国数据统计年鉴获取的数据不同的是，在中国提交给"使命创
新"的报告中，清洁化石能源是中国能源领域的关键和重点项目，
中国每年投入高达 25 亿美元用于"更清洁的化石燃料"的研发，
对清洁煤和节能技术的研发投入比对可再生能源和氢气多出 20%，
而新能源汽车技术获得的资金是其他任何一种技术的两倍之多。

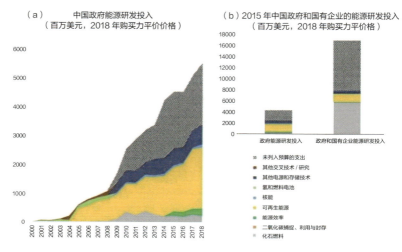

图 15-6　中国政府和国有企业能源研发支出

数据来源：Fang Zhang et al., 2021。

中国国家能源系统一直以来高度依赖于煤炭，故而中国高度重视"清洁煤"的研发，并且相关国有企业代表着中国煤炭行业的行业先锋，亦是投资清洁煤炭的大力支持者。

（三）中美政府清洁能源研发投入比较

在清洁能源方面，中美两国的政府研发投入处于胶着竞争状态，根据清洁能源定义范畴的不同，中美都可能是世界上最大的清洁能源投资国家（如图 15-7）。如果按照清洁能源只包括碳捕捉、利用与封存，可再生能源，节能技术，氢和燃料电池，其他能源和存储技术等的定义，2017 年中国的公共研发投入超过了美

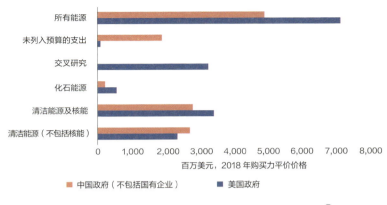

图 15-7　中美能源和清洁能源研发投入比较 ①

数据来源：Fang Zhang et al., 2021。

国，且其中中国政府的数据是实际支出，而美国的数据是预算支出。但是如果纳入交叉领域或者核能，美国则反超中国成为世界第一大清洁能源政府研发投入国家。

值得注意的是，中美在低碳能源创新领域的技术竞争也日趋激烈。哈佛大学肯尼迪学院贝尔弗科学与国际事务中心发布的《伟大的竞争：21 世纪的中国与美国的较量》(Graham，2021) 指出，在绿色能源领域，美国在过去 20 年中一直是新技术的主要发明者，但中国已经在绿色技术供应链的关键环节，包括设备制造、原材料和能源存储，占据了主导地位。具体表现在：（1）凭借世界工厂的地位，中国已经成为可再生能源发电设备的主要生产国。

---

① 清洁能源包括能源效率，碳捕捉、封存与利用，可再生能源，氢能和燃料电池以及储能；交叉研究包括能源系统分析与基础研究（美国包括本类别中的智慧电网，中国暂时没有数据）；未列入预算的支出数据处于模糊状态。

2000 年中国生产的太阳能电池板仅占全球产量的 1%，而目前全球 70% 的太阳能电池板由中国供应。而美国的份额从 2000 年的 30% 降至如今的不到 1%。全球十大风力涡轮机生产商中有 4 家是中国企业，它们控制着 40% 的全球市场，而美国的市场份额仅为 12%。这些优势使得中国成为全球最大的太阳能和风能生产国，中国的太阳能产能是美国的三倍之多，风能是美国的两倍。（2）在原材料方面，中国几乎垄断了太阳能电池板、电池和其他绿色技术所需的一些关键原材料，美国可能需要 20—30 年的时间才能在原材料方面赶上中国。（3）在储能方面，中国控制了 80% 的电池原材料提炼、77% 的电池产能、60% 的电池部件制造，同时中国也是世界上最大的氢气生产国之一，在绿色氢能开发方面全球领先。（4）在当今绿色技术的最佳例子，即电动汽车方面，中国已经成为全球最大的生产国和市场，预计到 2028 年，中国的电动汽车产量将是美国的六倍。相较于中国，美国的优势主要在突破性创新方面。几十年来，美国在培育能源创新方面展现了无与伦比的能力。美国在碳捕捉和封存技术 (CCS) 方面优势巨大，拥有全球一半以上的大型 CCS 设施，并且其 CCS 出版物产出最多。

五、美国对中国低碳能源创新及中美低碳合作的影响

奥巴马执政时期中美签署协议，在八个领域建立多种形式的技术研发的合作网络和平台，但在特朗普执政时期，中美低碳能

源领域的合作基本停滞。拜登政府高度重视气候变化，提出全政府 (Whole Government) 在气候变化领域行动的新理念，这为中美重启气候变化和低碳能源创新合作提供了理念基础。2021 年，中美两国政府在 4 月、11 月两次发布联合声明，试图重新启动中美低碳能源领域的合作。尤其是 2021 年 11 月《中美关于在 21 世纪 20 年代强化气候行动的格拉斯哥联合宣言》中，双方明确提出要在以下方面开展合作：（1）21 世纪 20 年代减少温室气体排放相关法规框架与环境标准；（2）将清洁能源转型的社会效益最大化；（3）推动终端用户行业脱碳和电气化的鼓励性政策；（4）循环经济相关关键领域，如绿色设计和可再生资源利用；（5）部署和应用技术，如碳捕捉、封存和利用以及直接空气捕集。

受制于中美竞争的大环境，以及中美低碳能源创新能力差距的逐渐缩小，美国政府在推动中美低碳能源创新合作上还存在着矛盾态度，口惠而实不至。目前，中美低碳能源领域创新合作尚未有实质性的进展，而美国多个国内政府法案和政策正在逐渐为中美低碳能源创新合作设置新的障碍。比如 2021 年美国参议院通过的《美国创新与竞争法案》，将中国视为战略竞争对手，在能源和气候领域制定了针对中国的一系列特定措施，包括：明确禁止除了反扩散和反恐怖以外的核合作；规定要禁止美国自然科学基金委员会（National Science Foundation）支持的研究和技术的知识产权向外国实体转让；规定美国宇航局、太空技术公司、太空理事会等不能与中国进行合作，但是特殊的情况下可以豁免；规定美国国际开发署在未来五年每年申报中国在海外能源领域投资状况；设立了一些基金对抗中国在全球的影响等。

尤其值得注意的是，随着美国在能源领域、技术创新领域大规模的投入和新规章制度出台并逐渐落实，美国低碳能源创新也将对中国低碳能源创新产生外部效应或者挤压效应。具体而言，美国低碳能源创新的最新政策和投入将可能对中国低碳能源创新产生以下潜在影响：第一，美国大量的能源投入对国际化人才形成一定的虹吸效应，为中国在国际上吸引更多能源创新人才提出挑战；第二，低碳能源科技换道竞争风险。美国正在加大深度脱碳技术上（如氢能、碳捕捉和封存技术等）的研发投入和创新力度，而中国目前在这些领域的投资相对于之前的主流技术（如可再生领域）而言仍然比较弱势，存在被赶超的风险；第三，美国加大构建新的不包括中国的低碳技术国际合作网络，比如 2021 年美国、日本、澳大利亚和东盟发起了"亚洲 CCUS 网络"，力图推进产学政合作，推动 CCUS 在亚洲地区的知识共享和商业环境改善，但该论坛没有邀请中国参加；第四，产业链重组会对中国形成一些挑战，特别是在美国推动产品本土化的过程中，中国目前作为可再生领域最大的制造国家，会面临很多的政策风险和挑战；第五，人权和民主价值理念对能源、气候变化等环境价值的干扰，比如 2021 年少数美国政客污蔑中国新疆生产光伏电池存在强制劳动的现象。随着中美竞争加剧和复杂化，人权和民主价值的理念也可能会掺杂加入中美低碳能源创新的话语体系当中。

六、结论及对中国低碳能源研发和创新的建议

中美在低碳能源领域的创新合作不仅仅对于两国有益，也将

惠及全球气候变化治理。但是在中美大国博弈的新形势下，中美
低碳能源领域可能面临的是长期竞争的状态，而能源创新合作有
可能但是也面临着重重挑战，中美低碳能源创新将面临着合作与
竞争的长期挑战。目前，中美在低碳能源创新领域的投入、战略
布局和创新能力方面不相上下，处于势均力敌的状态，未来的竞
争将会日趋激烈。为了进一步推动我国低碳能源创新的提升和优
化，我们提出以下建议：（1）优化低碳创新研发投入结构，把
基础研究和下一代深度脱碳能源技术的研发投入作为重点进行前
瞻性布局；（2）发挥能源领域龙头企业的带动作用，推动关键
资源、力量、要素、服务向科技创新聚焦，提升产业链上下游的
融通创新能力和产业韧性；（3）联合攻关关键共性技术和关键核
心技术，强化产学研合作，加快低碳科技创新产业化，加快低碳
创新共性适用技术的推广、落地和应用；（4）深化国际低碳创新
研发合作，充分利用国内国外两种资源，加快建设绿色"一带一
路"，增强与"一带一路"沿线国家（地区）的科技创新交流与
合作。

参考文献

[1] 耿晓燕，李文水，李波.我国低碳技术创新的系统特征与发展模式研究 [J]. 山东社会科学, 2013(9):147-151.DOI:10.14112/j.cnki.37-1053/c.2013.09.032.

[2] 苏竣，张汉威.从 R&D 到 R&3D: 基于全生命周期视角的新能源技术创新分析框架及政策启示 [J]. 中国软科学，2012(3):93-99.

[3] AGHION P, HOWITT P, HARRIS C, et al. Competition, imitation and growth with step-by-step innovation[J]. Review of Economic Studies, 2001, 68(3): 467-492.

[4] ANADON L D. Missions-oriented RD&D institutions in energy between 2000 and 2010: A comparative analysis of China, the United Kingdom, and the United States[J]. Research Policy, 2012, 41(10): 1742-1756.

[5] ALLISON G, GLICK-UNTERMAN J. The Great Military Rivalry: China vs the U.S.[R/OL]. Belfer Center for Science and International Affairs, Harvard Kennedy School, 2021. https://www.belfercenter.org/sites/default/fifiles/GreatTechRivalry_ChinavsUS_211207.pdf.

[6] BP. Statistical Review of World Energy—All data, 1965–2019[EB/OL]. (2020). https://www.bp.com/content/dam/bp/business-sites/en/global/corporate/xlsx/energy-economics/statistical-review/bp-st-ats-review-2020-all-data.xlsx.

[7] DECHEZLEPRETRE A, MARTIN R, MOHNEN M.

Knowledge spillovers from clean and dirty technologies: A patent citation analysis[R/OL]. Centre for Climate Change Economics and Policy, Grantham Research Institute on Climate Change and the Environment, 2013. http://www.lse.ac.uk/GranthamInstitute/wp-content/uploads/2013/10/WP135-Knowledge-spillovers-from-clean-and-dirty-technologies.pdf.

[8] DIAZ-RAINEY I, ASHTON J K. Characteristics of UK consumers' willingness to pay for green energy[J]. Business Strategy and the Environment, 2007, 20(7): 456-470.

[9] DOE. Fossil Energy Roadmap Report to Congress[R/OL]. Washington D C, 2020. https://www.energy.gov/sites/prod/files/2020/12/f81/EXEC-2018-003779%20-%20Signed%20FE%20ROADMAP_dated%2009-2220_0.pdf.

[10] EIA. Annual Energy Outlook 2020[R/OL]. EIA, 2020. https://www.eia.gov/outlooks/aeo/.

[11] Federal Ministry for Economic Affairs and Energy (BMWi). 2018 Federal government report on energy research[R/OL]. 2018. https://www.bmwi.de/Redaktion/EN/Publikationen/Energie/bundesberichtenergieforschung-2018.pdf?__blob=publicationFile&v=6.

[12] GALLAGHER K S, ANADON L D. DOE Budget Authority for Energy Research, Development, and Demonstration Database[C]. The Fletcher School, Tufts University; Department of Land Economy, University of Cambridge; and Belfer Center for Science and International Affairs, Harvard Kennedy School, 2020.

[13] GALLAGHER K S, HOLDREN J P, Sagar A D. Energy-technology innovation[J/OL].Annual Review of Environment and Resources, 2006,31(1): 193-237. https://doi.org/10.1146/annurev.energy.30.050504.144321.

[14] HUANG C, SU J, ZHAO X, SUI J, et al. Government funded renewable energy innovation in China[J]. Energy Policy, 2012(51):121-127.

[15] HUA R, SKEA J, HANNON M J. Measuring the energy innovation process: An indicator framework and a case study of wind energy in China[J]. Technological Forecasting and Social Change, 2019, 127: 227-244.

[16] JAFFE A M. The tech-enabled energy future[C]. Council on Foreign Relations, 2019.

[17] JAMASB T, POLLITT M. Liberalisation and r&d in network industries: The case of the electricity industry[J]. Research Policy, 2008, 37(6-7): 995-1008.

[18] JAMASB T, POLLITT M G. Why and how to subsidise energy R+D: Lessons from the collapse and recovery of electricity innovation in the UK[J]. Energy Policy, 2015, 83: 197-205.

[19] TOLLEFSON J. What Biden's $2-trillion spending bill could mean for climate change[J/OL]. Nature, 2021. https://doi.org/10.1038/d41586-021-03787-7.

[20] LIU H, LIANG D. A review of clean energy innovation and technology transfer in China[J]. Renewable and Sustainable Energy

Reviews, 2013(18): 486-498.

[21] Mission Innovation (MI). Mission Innovation country 3rd ministerial 2018[R/OL]. 2018. http://mission-innovation.net/ wpcontent/uploads/2018/03/MI-Country-Highlights-2018-FINAL-Update-050618.pdf.

[22] Mission Innovation (MI). Mission Innovation country 4th ministerial 2019[R/OL]. 2019. http://mission-innovation.net/wp-content/uploads/2019/05/MI-Country-Highlights-2019.pdf.

[23] NESTA L, VONA F, NICOLLI F. Determinants of renewable energy innov ation: Environmental policies vs. market regulation[J]. Documents de Travail de l'OFCE, 2012.

[24] NOAILL J, SHESTALOVA V. Knowledge spillovers from renewable energy technologies: Lessons from patent citations[J]. Environmental Innovation and Societal Transitions, 2017, 22: 1-14.

[25] PETERS M, SCHNEIDER M, GRIESSHABER T, et al. The impact of technology-push and demand-pull policies on technical change – Does the locus of policiesmatter?[J]. Research Policy, 2012, 41(8): 1296-1308.

[26] POPP D. Economic analysis of scientific publications and implications for energy research and development[J]. Nature Energy, 2016, 1(4): 1-8.

[27] POPP D, NEWELL R. Where does energy R&D come from? Examining crowding out from energy R&D[J]. Energy Economics, 2019, 34(4): 980-991.

[28] POPP D, PLESS J, HASCIC I, et al. Innovation and Entrepreneurship in the Energy Sector[R/OL]. NBER, 2021. https://www.nber.org/system/files/chapters/c14375/c14375.pdf.

[29] SHOJAEDDINI E, NAIMOLI S, LADISLAW S, et al. Oil and Gas Company strategies regarding energy transition[J]. Progress in Energy, 2019, 1(1): 012001.

[30] SIVARAM V, DABIRI J O, HART D M. The need for continued innovation in solar, wind, and energy storage[J]. Joule, 2018, 2(9): 1639-1642.

[31] SAHAR A D, VAN DER ZWAAN B. Technological innovation in the energy sector: R&D, deployment, and learning by doing[J]. Energy policy, 2006, 34(17): 2601-2608.

[32] WIESENTHAL T, LEDUC G, HAEGEMAN K, et al. Bottom-up estimation of industrial and public R&D investment by technology in support of policy-making: The case of selected low-carbon energy technologies[J]. Research Policy, 2012, 41(1):116-131.

[33] WILSON C. Input, output&outcome metrics for assessing energy technology innovation[M].// GRUBLER A, WILSON C, edit. Historical case studies of energy technology innovation. Cambridge University Press, 2013.

[34] WILSON C, GRUBLER A, GALLAGHER K S, et al. Marginalization of end-use technologies in energy innovation for climate protection[J]. Nature Climate Change, 2012, 2(11): 780-788.

第十六章

美国半导体战略的政治经济学与
中国半导体产业发展的机遇期[①]

何恬[①]　Anton Malkin[②]

　　自中美科技战在 2017 年成为焦点以来，中美在半导体产业上的对峙已成为双方对抗的重点领域。在特朗普执政时期，美国半导体策略主要以压制中国的崛起为目的。到了拜登执政时期，一个多维度的半导体战略已经渐渐浮出了水面。这样一个动态的战略涉及三组平行且存在互动的政府政策（包括针对中国产业发展的"打压政策"、政府对于产业发展的推动政策、美国的"供应链重塑"计划）。这样的一个战略是如何形成的？对中国意味着什么？

　　本章解释了美国半导体战略的内在政治经济学逻辑。特别强调美国新的半导体产业战略的形成经历了从以地缘政治为主要目标的

---

① 本文完成于 2022 年 6 月。
② 何恬：香港中文大学（深圳）前海国际事务研究院助理研究员。
③ Anton Malkin：香港中文大学（深圳）人文社会科学院助理教授。

政府政策，演变到一个既有地缘政治因素也有地缘经济因素的全方位多维度的政府发展战略，同时揭示了这样一种转变的两个主要根源——美国捍卫半导体产业的主导地位的决心与美国近几年所面临的半导体产业供应链危机的急迫性。从地缘政治的角度来看，美国一直试图维持其公司在全球半导体价值链上层的地位，从而控制美国在半导体领域的主导权。从地缘经济的角度来看，华盛顿试图增强其本土的半导体生产能力，从而减少对东亚芯片制造的依赖，重塑对其更有利的半导体国际供应链。

在政策层面，本章还探讨了在美国半导体战略的背景下中国半导体产业如何发展的问题。我们认为，现阶段中美在半导体问题上的对抗有两个对中国半导体产业的发展极为有利的突破口。第一，外部压力下的"倒逼式"发展模式在中国国内已经出现。第二，供应链危机导致美国对于捍卫价值链高端位置的注意力发生错误的转移。这两个突破口可以为下一个阶段中国半导体产业的发展提供一个至关重要的机遇期。

一、美国战略的地缘政治与地缘经济逻辑

（一）美国主导半导体产业的历史追溯

　　地缘政治因素是美国半导体产业发展的重要推动力。半导体有着极高的军事战略价值，也是一系列前瞻性、颠覆性技术的核心。二战以来，美国历来都有捍卫自己在半导体领域绝对优势的决心和能力。在二战后的 30 年里，美国主导着半导体产业的开发和制造。20 世纪 80 年代中期开始，美国半导体行业状况岌岌可危。日本经过多年努力成为半导体存储芯片主要生产国，其市场份额和产品质量方面都迅速占据了行业的领先地位。这引发了美国国内的担忧，因为美国不仅会失去一个高度创新的产业，还会在从计算机到武器系统等一系列领域上丧失对美国国土安全至关重要的组件。

　　美国当时面临的半导体领域主导权的危机可以在以下数据中体现。[①] 1980 年，前十名中的六家美国公司占 43% 的市场份额，德州仪器以 14% 的市场份额占据市场龙头的地位。1990 年，德州仪器尽管年收入翻番，但其市场份额却跌至第六位，前五名芯片供应商中有两家是日本的（NEC 和东芝），前十名中的五家日本

[①] 以下数据来源于此著作，BROWN C, LINDEN G. Chips and Change: How Crisis Reshapes the Semiconductor Industry[M]. Cambridge and London: The MIT Press, 2011: 17-18.

公司占了 31% 的市场份额，而四家美国公司合计只占到 23% 的市场份额。不过，到了 20 世纪 90 年代初，这种下降趋势已经逆转，美国芯片制造商重新夺回了主导权。2000 年，英特尔以 15% 的市场份额占据市场绝对领先地位。美国政府的两个战略动作成为逆转形势的关键。第一，1986 年，在美国的坚持下，日本同意为在国外销售的芯片设定最低价格，并承诺日本公司将从美国购买更多芯片。次年，华盛顿对从日本进口的 3 亿美元商品征收关税，以迫使该国购买更多美国芯片。第二，1988 年，在通过贸易手段打压日本的同时，美国政府资助了一个由国内芯片制造商组成的研究联盟。该联盟的目标是通过寻找降低制造成本和减少产品缺陷的方法来振兴美国半导体行业。

在 20 世纪 90 年代，美国在半导体领域主导地位确立的背景就是全球半导体价值链的形成。半导体价值链形成的一个关键是芯片制造和组装可以作为外包服务提供。技术的发展使 20 世纪 80 年代中期出现了专注于设计的无晶圆芯片公司。推动无晶圆公司崛起的科技发展包括使用 EDA 软件和技术实现芯片设计的自动化，这些技术提供了半导体设计和制造之间分工合作的接口。东亚快速崛起的半导体制造外包服务供应商为高成本国家的公司利用亚洲相对低成本的熟练劳动力提供了途径。通过强大的国家创新体系，而不是完全通过贸易保护主义，美国芯片制造商在 20 世纪 80 年代后期的半导体斗争之后快速繁荣起来。[①] 这些芯片制造商大都采用"无晶圆厂"（Fabless）的商业模式。如美国公司美光

① HOF R D. Lessons from Sematech[J/OL]. MIT Technology Review, 2011. https://www.technologyreview.com/2011/07/25/192832/lessons-from-sematech/.

（Micron）就是在那个阶段迅速在半导体设计领域崛起。随着半导体全球价值链的形成，美国半导体公司占据价值链的高端，占据中端位置的东亚与欧洲的半导体企业成为了美国半导体公司的供应商。

从一定意义上来讲，20世纪90年代半导体产业的重要结果就是一个美国主导的全球半导体生产体系的形成。拥有一大批位于价值链高端以设计为主的芯片公司（这包括博通、高通、英伟达和AMD等），美国显然占据了半导体生产体系的主导地位。美国在半导体领域的主导权更体现在美国对于半导体设计软件的垄断上。电子设计自动化（EDA）工具主要来自三家美国公司：Cadence Design Systems、Synopsys和Mentor Graphics（2017年被西门子收购）。没有这些美国原产的EDA工具，就不可能开发出现代芯片，这也解释了美国出口管制措施如此有效的原因。

从20世纪90年代起，美国公司在半导体行业价值链顶端的主导地位一直无人挑战。然而，近几十年来，一些在半导体领域内跨域中高层价值链的公司（如韩国的三星、中国的华为）不断对美国的绝对主导地位发起冲击。虽然华为不是一家以半导体设计生产为主的公司，但其通过子公司海思半导体在芯片设计方面取得了重大进展，与电信接收器芯片的主要供应商高通公司展开激烈的竞争。尽管华为已经能够设计出自己的芯片（在这一点上华为的做法与很多美国芯片公司相似），但还没有获得制造它们的能力——这项任务已外包给台积电等公司。美国通过出口管制，利用美国公司作为台积电和其他半导体制造公司的客户和供应商的主导地位，阻止这些关键技术的供应商与华为开展业务。

很显然，在最近受到美国出口管制制度限制的中国公司中，华为成了美国主要的关注对象，因为其已经成功跻身全球 ICT 价值链（包括电信设备和半导体领域）顶端的地位。与其他中国科技公司不同，华为并不仅仅满足于现有的全球供应链和全球 ICT 生态系统，而是通过研发、行业标准化、申请专利来定义当前和下一代 ICT 技术。这一系列行为使得华为与位于半导体价值链高端的高通、IBM 等美国公司，以及荷兰光刻设备制造商 ASML 等非美国公司的发展模式高度一致。华为进军 ICT 行业价值链高端无疑对美国的半导体主导权形成极大的压力。

（二）美国面临东亚主导的半导体产业生产基地的发展

另一个推动美国半导体战略发展的重要因素是半导体芯片产业的地缘经济情况。虽然目前美国公司继续主导半导体芯片的设计，但许多公司已经把实际芯片制造的工作外包给了亚洲。数十年来，随着亚洲（特别是东亚）崛起成为世界制造业的中心，包括半导体产业在内的高科技制造业从美国外移的大趋势仍然在延续。尽管近来美国政府也声称要强化美国半导体生产，但这个趋势很难在短时间内逆转。根据波士顿咨询公司和美国半导体行业协会的数据，美国在全球芯片制造领域的份额已经从 1990 年的 37% 下降到现在的 12%，按照目前的趋势，到 2030 年这个数字将降到 10%。随着美国半导体制造业的外移，亚洲已经成为全球半导体产业的制造中心。东亚的日本、韩国、中国台湾与中国大陆已经成功挤压了欧洲与美国在这一领域的主导权。根据统计，中国台湾和韩国约贡献了全球半导体产量的一半（韩国占 28%，中国台湾约占 22%）。除此之外，日本占 16%，中国大陆占 12%，欧洲占 3%。^①

中国在半导体领域的发展对美国产生了巨大的压力。2015—2019 年，中国在半导体领域的崛起尤为迅速。不到五年，中国在全球半导体产量中所占的份额增加了一倍。2030 年之前，中国有望成为最大的芯片生产国。作为半导体产业心脏的东北亚的安全形势也对美国的科技主导权形成了挑战。近年来，紧张的两岸关系更增加了美国对于一个以东亚为中心的半导体制造区域稳定性的担忧。美国媒体中也因此出现了中国大陆是否会因为芯片科技而出兵收复台湾之类的疑问与忧虑。

二、美国半导体战略的政策组合

（一）针对中国的"打压政策"

出口管制是美国半导体战略的一个重要组成部分。这一部分的战略雏形在特朗普执政时期就已形成，其战略目的是抑制和阻碍中国半导体业的产业升级和科技发展。这样一个政策的核心是2019 年美国商务部将华为列入"实体名单"（Entity List）的决定。2019 年的政策并未完全达到抑制中国半导体产业发展的目的，因为华为可以从美国以外的制造商处获取发展半导体科技的供应渠

---

① EZELL S. Moore's Law Under Attack: The Impact of China's Policies on Global Semiconductor Innovation[J/OL]. Information Technology&Innovation Foundation, 2021. https://itif.org/publications/2021/02/18/moores-law-under-attack-impact-chinas-policies-global-semiconductor.

道。为了增强管制措施的有效性，特朗普政府在 2020 年实施了新的限制措施，阻止美国生产半导体设备的制造商与有对华为出售芯片意向的公司合作。由于这样一个升级的管制政策，美国以外的半导体公司必须在与华为开展业务与失去使用美国制造的设备之间做出选择。

虽然以抑制中国发展为目的的管制措施的政策逻辑非常简单，但是这样的政策的确非常有效。全球半导体产业与供应链结构的高度集中性决定了这样一个政策的有效性。在全球半导体价值链中，电子设计自动化（Electronic Design Automation, EDA）和半导体制造设备（Semiconductor Manufacturing Equipment, SME）的生产步骤都高度依赖于少数美国公司。就目前来看，如果要设计现代先进芯片，就无法绕开 Synopsys、Cadence 或 Mentor Graphics 这样提供 EDA 软件的美国公司。这些公司与台积电、三星等芯片代工厂或芯片设备制造商也有着非常紧密的合作。在这样的情况下，华为及其芯片设计子公司无法利用美国的 EDA 软件开发芯片，并且与其合作的代工厂也不能使用美国设备来为华为生产芯片。通过管控 EDA 软件和 SME 设备，美国政府显然已经找到了抑制中国半导体发展的瓶颈（Chokepoint），并成功切断了华为的供应渠道。正是因为这样的管控措施的有效性，可以肯定，美国对中国企业的出口管制不会因为美国国内的政权交替而结束。在美国国内对于中国在科技上的崛起所带来的安全担忧日益高涨的情况下，特朗普时期已经形成的管控措施会继续成为新一任拜登政府遏制中国半导体产业发展的强有力的工具。

虽然对中国企业出口管制的"主旋律"不会改变，但相比特朗普时期，拜登政府可能会采取一定的策略性改进。这种对原有的出口管制政策进行升级与改进的一个重要推动力来源于美国国内的企业界。其中最重要的一个声音是谷歌前首席执行官（同时也是奥巴马、克林顿和拜登竞选活动的资助者）埃里克·施密特（Eric Schmidt）。[①]他领导的美国国家人工智能安全委员会的一份报告明确提出："美国及其盟国应该对高端半导体制造设备使用有针对性的出口管制，以保护现有技术优势并减缓中国半导体产业的发展。"美国国内对改进现有出口管制政策的呼声远远不止这一点。比如说，美国半导体行业协会（SIA）也提出了四点建议：（1）采取更为精准的管制措施，从而达到特定的国家安全目标；（2）考虑对美国本土产业的影响；（3）与盟国进行出口管控的合作；（4）提高管控过程的公开性与参与性。

　　鉴于中国不太可能在短时期内实现半导体供应链本地化，与国际资本合作对于中国克服其制造弱点至关重要。拜登迄今为止的举措表明，他打算对中国实施更有针对性的出口管制政策，优先考虑国家安全，特别是针对某些战略领域。美国阻止中国与国际资本合作造成的压力主要集中在两个方面：第一，限制。对中国获取用于生产先进芯片的制造工具的途径进行限制。中国半导体产业的真正问题在于其制造高端芯片的能力。尽管中国在制造业方面正在迅速追赶，但仍难以掌握对开发高端芯片至关重要的专业化生产工具，例如电子设计自动化和半导体制造设备。半导

---

① 施密特领导旨在连接硅谷与美国国防部的咨询委员会（2016—2020年），负责美国国家人工智能安全委员会（2019—2021年），目前正致力于创建一所军事科技学院。

体制造设备与软件目前由美国、日本的公司以及荷兰的 ASML 主导。拜登政府已经加大力度向荷兰政府施压，要求其不向中国出口生产高端芯片的光刻机。2021 年 2 月，国家安全顾问杰克·沙利文（Jake Sullivan）和他的荷兰同行会面商讨对付中国的技术崛起。据同年 7 月的报道，拜登政府出于国家安全考虑，延续了特朗普时期的做法，已要求荷兰政府限制光刻机对中国的出口。①

第二，阻断。使中国将生产环节外包给东亚有先进生产能力的代工企业的方式面临打压和阻断。在拜登任总统期间，美国对阻止东亚半导体制造商与中国合作所施加的压力也在增加，尤其是在战略领域。2021 年 4 月，因为全球芯片短缺而成为焦点的台积电面临间接供应中国军队的指控。② 这说明像台积电这样的企业已经成为美国限制中国取得高端半导体组件的重点关注对象。

美国对于中国半导体产业的技术升级的打压还包括对于中国收购国外企业的干预。与中国台湾和韩国的半导体产业发展离不开美国的科技支持一样，中国推动半导体的发展也需要国外先进的技术知识。对中国来说，实施通过收购半导体公司获取技术的战略计划并不容易。在奥巴马和特朗普执政期间，美国外国投资委员会（CFIUS）多次启动外国投资审查，以威胁美国国家安全以及本土半导体产业竞争力的理由阻断收购计划。随着中国努力

---

① WOO S. China Wants a Chip Machine From the Dutch. The U.S. Said No[N/OL]. The Wall Street Journal, 2021-07-17. https://www.wsj.com/articles/china-wants-a-chip-machine-from-the-dutch-the-u-s-said-no-11626514513.

② NAKASHIMA E, SHIH G. China builds advanced weapons systems using American chip technology[N/OL]. The Washington Post, 2021-04-09. https://www.washingtonpost.com/national-security/china-hypersonic-missiles-american-technology/2021/04/07/37a6b9be-96fd-11eb-b28d-bfa7bb5cb2a5_story.html.

提升在全球价值链的地位，在拜登担任总统期间，美国政府会继续审查有关中国的并购计划。2021 年 6 月 8 日，白宫发布的关于供应链审查的报告强调对外国投资的审查是保持美国在半导体领域的技术主导地位的重要政策工具。

拜登在这一领域的遏制政策在 2021 年中国公司对美格纳（Magnachip）的收购上就已经体现。美格纳是一家在美国注册的韩国驱动芯片制造商，是少数可以为智能手机 OLED 显示器制造显示驱动芯片的亚洲代工厂之一（除了台积电、三星、联电和 GlobalFoundries 以外）。2021 年 6 月，CFIUS 阻止了总部位于北京的私募股权公司收购美格纳的计划。交易的两个细节揭示了美国对华遏制政策的范围不断扩大。首先是它涉及一家在美国几乎没有业务的韩国公司，而之前被阻止的交易往往仅涉及收购美国制造商。其次，虽然过去的交易涉及对美国有潜在安全影响的战略技术，但观察家认为美格纳的技术"不是美国的核心竞争力"。①

（二）"产业推动"政策

在这个正在崛起的美国半导体战略中，与出口管制措施平行的是提升美国本土半导体竞争力的产业政策。美国政策制定者向半导体产业提供大量财政援助和经济干预已经有过先例。在 20 世纪 80 年代，面对日本在半导体行业的快速崛起，美国联邦政府采用政府

---

① MILLER C. Biden Opens Sneaky New Front in Trade War Against China[N/OL]. Foreign Policy, 2021-06-22. https://foreignpolicy.com/2021/06/22/biden-semiconductors-south-korea-china-trade-war/.

主导的产业发展模式来刺激美国本土的产业发展。在一系列政府财政与贸易政策的带动下，美国半导体产业在 20 世纪 90 年代快速复兴。

在两个方面，如今美国半导体产业的发展正在快速向 20 世纪 90 年代的情况靠拢。以往政府对于经济干预的顾虑与政治上的束缚在半导体产业上正在渐渐消失。美国国内对于通过财政税收推动产业快速发展的呼声日益高涨。在国会中，政府涉足产业政策的建议在特朗普政府后期就已经出现。2020 年，国会中出现了两项以提供财政激励措施来刺激半导体产业发展的法案。《美国芯片法案》[*The Creating Helpful Incentives for Producing Semiconductors (Chips) for America Act*] 和《美国晶圆代工业法案》（ *The American Foundries Act of 2020* ）都提出了详细的激励方案，包括通过补贴和税收抵免手段来刺激用于美国半导体制造设备和制造设施的投资，并鼓励增加用于研发的资金。在上届国会通过了《美国芯片法案》后，现在如何建立一个激励机制来保护半导体供应链已经被提上了新的议程。另一个会对美国本土半导体产业发展起到巨大推动力的法案是 2020 年年中提出的《无限前沿法案》（ *The Endless Frontier Act* ）。根据参议院多数党领袖查克·舒默（ Chuck Schumer ）的说法，这项法案可能会以提供"紧急资金"的形式来实施《美国芯片法案》中关于半导体研发计划与补贴计划的部分。①

---

① AMBROSE M. Senate Aiming to Pass Endless Frontier Act and Chip Funding This Spring[N/OL]. American Institute of Physics, 2021-02-24. https://www.aip.org/fyi/2021/senate-aiming-pass-endless-frontier-act-and-chip-funding-spring.

　　面对国内对于政府介入半导体产业发展日益高涨的呼声，拜登政府在通过产业政策来复兴美国半导体产业的问题上相比特朗普政府显得更加积极。入主白宫没过多久，拜登就表明了要对半导体产业提供资金的决心，并宣布对半导体在内的四个战略性行业进行为期100天的审查。拜登3月宣布的一个基础设施提案更是包括对本土半导体产业500亿美元的巨额投资和建立一个国家半导体科技中心（National Semiconductor Technology Center）的愿景。当然，拜登能否成功复刻政府20世纪90年代复苏半导体产业的经历也取决于美国政府能否集中巨大的金融资源对产业进行投资。美国国防部的国防高级研究计划局（Defense Advanced Research Project Agency，简称DARPA）曾通过与半导体产业界的合作成功地组成了一个产业团体，从而达到汇集研发和制造能力的目的，使美国重新跻身先进半导体制造设备的设计与制造领域。然而，目前有一种担忧是：为了能使政府的政策在国会得到通过，这笔大量的资金会被分散投入到产业中，因而降低了其刺激产业发展的效力。[①]

　　除了在资金上的投入，政府部门与企业界的合作也正在快速接近20世纪90年代的情况。美国国防高级研究计划局于2017年就启动了被称为"电子复兴计划"（Electronic Resurgence Initiative）的产业发展项目，以达到复兴大量外移的本国半导体制造业的目的。2020年起，由疫情所暴露出的供应链问题加强了

[①]　SHIH W. Biden's Plan for American Semiconductor Manufacturing Needs to Allocate Funding Carefully[N/OL]. Forbes, 2021-04-01. https://www.forbes.com/sites/willyshih/2021/04/01/bidens-plan-for-american-semiconductor-manufacturing-needs-toallocate-funding-carefully/?sh=355d0c4545e8.

美国政府要通过 DARPA 来加速半导体产业安全发展的决心。这方面的一个重要的项目是英特尔与 DARPA 为促进半导体供应链安全与复兴美国本土制造而达成的合作关系。英特尔和 DARPA 将开发美国本土制造的应用型专门集成电路（Application Specific Integrated Circuits），并与美国大学合作开发安全技术，以增强对数据和知识产权的保护。就目前来看，面对政府对半导体产业的资金注入，这种政府与企业在半导体行业的某些与国家安全息息相关的领域的合作研发将可能拓展到各种涉及半导体的商业领域。在一定程度上，英特尔 2021 年 3 月宣布的涉及 200 亿美元的投资以及大规模在美国本土扩张建厂进军芯片代工业的决定（该计划被称为"IDM2.0"）已经体现出这样一种趋势。

另一个对美国本土半导体产业的复苏起到决定性作用的政府政策是新政府的移民政策。改革移民政策的背景是美国半导体产业对外来高科技产业发展有利的 STEM（Science Technology Engineering and Mathematics）人才的高度依赖性。当大约 40% 的高技能半导体工人是非美国本土出生时，移民政策对半导体产业复兴的重要性不言而喻。特朗普时期排外的移民政策，特别是宣布暂停 H-1B 技术移民签证，在一定程度上阻碍了美国高科技产业特别是半导体产业的发展。而拜登入主白宫后一系列的操作都表明，一个更加有利于高科技产业发展的政府移民政策将会形成。拜登在成为总统后做的第一件事就是签署了两项与移民有关的行政命令（推翻了所谓的"穆斯林禁令"，并保留了 DACA 计划）。原本不利于科技业发展的 H-1B 签证禁令也在拜登入职后走到了尽头。拜登对原本政府移民政策进行全面改革的决心可以在他向国会提交的一项移民法案中体现。该法案一旦通过，技术工人将更容易留在美国甚至成为美国公民，并且该法案将取消每个国家的工人获得绿卡的上限。在美国媒体眼里，该法案"读起来就像是科技行业的一份愿望清单"[①]。

（三）美国的供应链战略

拜登在入主白宫后就签署了一项关于建立一个不依赖于中国的战略物资供应链的总统令。在半导体行业，这样的供应链重组可能会花费相当长的时间。在这样一种情况下，拜登政府要实现半导体供应链上的突破就一定需要其他先进科技国家的支持与合作。拜登政府 2021 年 2 月发布的关于保证半导体供应链稳定的行政命令就强调与盟国合作可以建立一个牢固且有效的供应链。这样的政策逻辑表明，构建国际关系将是拜登维护半导体供应链稳定的重要一环。由于全球供应链的高度集中性的特点，每一个顶级厂商作为个体其实都有和美国政府谈判的筹码。拜登 2021 年 4 月的时候已经就汽车行业的芯片短缺问题与包括三星、台积电在内的世界主要的芯片生产商进行了电话会议。显然，如何寻求与相关政府的合作将是建立这样一种半导体技术联盟的关键。

拜登政府正在试图建立的由美国领导的半导体生产网络以美国在东亚开展的计划最为典型。为增强美国国内芯片的稳定供给，

---

① BIRMBAUM E. Big Tech gets a win from Biden's sweeping immigration actions[N/OL]. Protocol, 2021-01-20. https://www.protocol.com/big-tech-scores-an-early-winwith-bidens-sweeping-immigration-actions.

拜登政府试图与三个东亚经济体"结盟"，即日本、韩国和中国台湾。东亚三大半导体生产商贡献了全球半导体产量的近 70%。对中国来说，东亚生产网络与美国半导体供应链的整合所出现的一个受美国领导的供应链将进一步限制中国企业与国外半导体厂商的合作。

拜登政府与日本已经开始讨论在包括半导体在内的战略技术组件上的合作，并成立了一个工作小组以明确它们在研发和生产上的分工。[①]日本在拜登联盟战略中可以起到的另一个作用是与中国台湾形成一个三向的供应网络。从 2020 年起，日本的经济产业省一直致力于将台积电吸引到日本。为达到目的，日本政府已经做出预算，用 2000 亿日元来促成台积电与日本公司的合作。[②]目前台积电正计划在日本建立一个研发中心。中国台湾地区也将成为拜登政府联盟策略的对象，因为整合台积电和中国台湾地区其他芯片制造公司与美国在半导体产业设备与软件上的优势能极大地加强美国在半导体供应链上的安全。和日本相同，台湾当局对于美国的联盟策略也显得非常积极。台湾当局与美国在科技联盟上的合作从 2020 年 11 月签署所谓"谅解备忘录"就已经开始，涉及的领域包括半导体在内的七个领域，其具体表现就是台积电在美国亚利桑那州建厂的决定。这个耗资 120 亿美元的项目将为

---

① Japan and US aim for chip supply chain deal in April summit[N/OL]. Nikkei Asia, 2021-04-02. https://asia.nikkei.com/Business/Tech/Semiconductors/Japan-and-US-aim-forchip-supply-chain-deal-in-April-summit.

② HOYAMA T, NAKAMURA Y. US and allies to build 'China-free' tech supply chain[N/OL] Nikkei Asia, 2021-02-24. https://asia.nikkei.com/Politics/International-relations/Biden-s-Asia-policy/US-and-allies-to-build-China-free-techsupply-chain.

美国军方提供安全且有保障的半导体。美国政府也会为此提供大量的经费补贴。

比起与前两者的合作，美国与韩国的联盟策略就显得没有那么直接了。首先，韩国自然希望与美国保持战略合作。三星已经着手在美国三个州投资170亿美元建芯片工厂。但与前两者不同，韩国并不希望因此失去对芯片有着巨大需求的中国市场。三星2020年在西安开始兴建它在中国境内的第二座工厂。SK海力士也宣布了计划收购英特尔在大连的工厂业务。除此之外，美国在东亚联盟策略的另一个难点是怎样调和韩国与日本之间的矛盾。在过去，韩日关于慰安妇问题上的矛盾导致了2019年的半导体供应链危机。当时，日本阻断了日本公司向韩国出口重要半导体组件的链条。正因为韩日之间微妙的关系，拜登政府非常重视调和韩国与日本之间的关系。入主白宫没过多久，拜登政府就派遣布林肯会见日本和韩国的领导人。2021年4月，沙利文就因为半导体短缺的问题同时会见了日本和韩国的高级官员。

为了实现这样一个全新的东亚芯片生产网络，美国面临着一系列挑战。尽管是美国的亲密盟友之一，但日本并未完全致力于美国重塑全球芯片供应链的计划。据报道，日本担心美国计划在芯片制造领域投入数十亿美元以抵御中国，这可能会让日本失去再次主导世界半导体产业的机会[1]。

近几年，韩国在经济产业领域试图在美国和中国之间寻求某

---

[1]　KELLY T. Japan sees peril in U.S. chip hub to counter China[N/OL]. Reuters, 2021-08-18. https://www.reuters.com/technology/japan-sees-peril-us-chip-hub-counterchina-2021-08-17/.

种平衡。在美国要重建东亚芯片生产网络的问题上，韩国很可能会有所保留。这主要是基于以下两个理由：首先，与日本相同，韩国在芯片上不会仅仅满足于成为美国主导的东亚半导体生产网络的一个部分。为了与台积电竞争，韩国将雄心勃勃地对三星等芯片厂商投资 4500 亿美元从而成为芯片产业的第一强国。[①] 在某些领域，韩国显然有自己的打算。比如，如何实现在关键生产组件的自给自足的计划，从而不依赖于日本厂商的供应。[②] 其次，韩国和日本之间的技术合作历来困难重重。例如，一场关于"慰安妇"问题的外交争端导致 2019 年的半导体供应链危机。美国试图调解两国的关系，但并没有取得实质性进展。2021 年 6 月进行的美韩日会议主要集中在与朝鲜有关的问题上，美国倡导的技术联盟并没有出现在会议的议程上。

三、中国半导体产业的机遇期

（一）中国需要向半导体价值链上游移动

随着中国成为技术日益成熟的经济体，其信息和通信技术（ICT）行业正在经历着从中低附加值向高附加值"生产和设计"

---

① KIM J. South Korea plans to invest \$450 bn to become chip 'powerhouse'[N/OL]. Nikkei Asia, 2021-05-13. https://asia.nikkei.com/Business/Tech/Semiconductors/SouthKorea-plans-to-invest-450bn-to-become-chip-powerhouse.

② KIM S. Moon says Japan's export curbs led to higher self-sufficiency[N/OL]. Korea Joong Ang Daily, 2021-07-02. https://koreajoongangdaily.joins.com/2021/07/02/national/politics/Moon-Jaein-Japan-export-restrictions-semiconductors/20210702175400309.html.

环节的过渡，对半导体组件的需求正在迅速上升。就在中国半导体产业从"中国制造"向"中国发明、设计和创新"转型的关键时刻，美国对半导体的出口管制极大地影响了中国半导体产业的发展。

中国半导体行业从生产到高附加值生产和设计的转变是完全有必要的。虽然占半导体器件消费市场的近 60%，但中国在该行业的产量份额远低于此。中国半导体设备制造商提供的芯片、组件和半导体成品不超过全球份额的 7.6%。此外，中国公司越来越多地在 ICT 和电信领域参与全球标准的制定。在这一方面，华为有着与三星、高通和爱立信这样全球领先的电信和半导体公司一样的竞争力。在 6G 领域这样的一个标准刚刚开始制定的新兴行业，中国企业目前在提供创新技术解决方案方面也处于领先地位。[1]如果像华为这样的中国公司能够通过拥有决定产品制造的专利、软件和品牌就可以迅速上升到全球 ICT 价值链的顶层，美国的全球影响力将不可避免地会被削弱。

中国面临的挑战不仅是要在国内制造半导体产能上有所突破，而且必须在位于半导体价值链上游的核心技术工艺方面取得进展。进入价值链上端创造了与外资和台资厂商合作的条件，可以大大缓解美国出口管制的压力。举例来说，中国台湾半导体制造商台积电生产着世界上大部分先进芯片（绝大多数芯片采用 7 纳米及以下工艺制造），但是台积电依赖美国的技术，如果没有美国掌握的组件、知识产权和软件，就无法制造芯片。同时，它的芯片制

---

① 中国国家知识产权局最近发布的一项公告指出，在 38000 件与 6G 相关的专利中，约有 35%（13449）来自中国。

造依赖于荷兰 ASML 公司制造的极紫外光刻机（EUV）进行印刷。因为依赖于位于价值链上端的供应商，台积电不可避免地面临美国出口管制。总之，中国大陆的企业所要做的不一定是取代台积电，而是要确保全球半导体制造不依赖美国企业。中国半导体产业要继续与国外先进半导体厂商合作，中国企业进入半导体价值链上端的设计、软件领域也就显得至关重要。

随着经济全球化的进程不断发展演变，整个全球半导体供应链已经演变成为一个高度复杂的、多层次的生态系统。它不仅涉及印刷电路板和组件组装等工序，还涉及高度复杂的上游领域的资源配置和利用，比如半导体芯片的设计、芯片制造的工具软件、制造过程中所需的专业芯片、技术人员网络的建构等。

中美科技战对中国来说既是挑战也是机遇。随着美国继续奉行以关税和出口管制为标志的保护主义政策，中国真正拥有了机会，通过为外国公司提供一个开放的市场来抵消美国推行的市场收缩政策所带来的不利影响。比如，吉利集团最近的电动汽车品牌 Zeekr 就吸引了包括英特尔投资在内的国内外投资者的 5 亿美元资金。① 对中国来说，如何找准需要科技自主化的部分是关键。虽然半导体供应链的每个环节都做到科技自主化能够最大限度地保证国家安全，但这样的过程会是一个很长的周期，对于消除美国出口管制带来的不利影响其实并不是最佳方案。中国要达到自

① Geely's EV brand Zeekr raises $500 mln in first external funding[EB/OL]. (2021-08-27) [2022-01-10]. https://www.nasdaq.com/articles/geelys-ev-brand-zeekr-raises-%24500-mln-in-first-external-funding-2021-08-27#:~:text=Zeekr%2C%20the%20premium%20electric%20vehicle%20brand%20by%20Geely%2C,battery%20maker%20CATL%20and%20online%20entertainment%20firm%20Bilibili.

力更生的重点领域应该是位于半导体价值链顶端的产业。

高通、英特尔、英伟达等美国公司，三星、LG 等韩国公司以及 ARM 和 IMEC 等欧洲公司都在这一方面占据主导的地位。高通、ARM、英伟达等公司控制着半导体设备的制造方式、制造商以及制造芯片所使用的软件。事实上，这些公司根本不生产任何东西，相反，其收入大多来源于对专有设计、专利和其他知识产权资产（如软件版权和品牌价值）的所有权。截至 2020 年，美国股市标准普尔 500（Standard & Poor's 500）指数价值的约 90% 来自上市公司的无形资产，而 1975 年这一比例仅为 17%。

在 20 世纪 90 年代中期，美国取得了全球半导体产业中的绝对优势，主要是通过主导价值链顶端的全球无形经济（intangible economy）和知识产权法律规范的领域。因此，在中美科技竞争的背景下，中国的半导体、ICT 等高科技产业要具备全球竞争力，无形价值所占的份额也应该大大提高。由于像专利、商标这样的无形资产从根本上是关于想法（idea）的所有权，因此企业可以轻而易举地通过法律等途径完全切断竞争对手希望通过获取和运用"想法"来获利的途径。这正是高通、英特尔、ARM 等在全球半导体价值链顶端占据主导地位的公司的商业模式。除了英特尔之外，这些公司不制造任何设备，而是通过向他人授予使用其产品设计、制造产品和使用其软件的权利来获得利润。

（二）"美国压力"下的发展机遇

上文所提到的拜登政府关于半导体产业的"政策组合"对中

国而言既是挑战也是机遇。其中，最大的机遇来源于"倒逼式"发展模式的出现。从 2018 年起，美国半导体遏制战略反倒是激发出了半导体产业的新一轮发展主义。这一轮"倒逼式"的发展主要体现在以下两个层面：（1）政府层面的顶层设计；（2）市场层面的企业行为。

首先，国家主导的产业政策正在推动中国半导体产业的发展。这样的顶层设计主要分为两个方面。一是产业政策支持国产半导体企业发展。2020 年 8 月，国务院颁布的《新时期促进集成电路产业和软件产业高质量发展的若干政策》，在财政、税收等方面提出了重大优惠政策，全力支持半导体企业发展；2021 年 3 月，第十三届全国人民代表大会第四次会议表决通过了《中华人民共和国国民经济和社会发展第十四个五年规划和 2035 年远景目标纲要》的决议，提出需要集中优势资源攻关多领域关键核心技术，尤其是集成电路领域。半导体产业已上升至国家重点战略层面，并成为社会各界关注的重点产业。

二是金融政策帮助半导体企业融资。2019 年 10 月，科创板在上交所开板，支持我国自主创新的科技型企业。目前，科创板聚集了 34 家半导体产业链公司，覆盖设计、制造、封测、材料、设备等环节。2021 年 11 月，北交所正式成立，将会有一批专、新、特、精的科技型中小企业得到上市融资，包括更多的半导体产业链企业。另外，国家和各省市纷纷成立集成电路产业基金，以市场方式支持国内半导体企业发展。

其次，行业内的本土企业也在三个方面迅速行动。一是中国国内中低端半导体企业发展迅猛。由于美国对中国的半导体打压主要集中在高端，尤其是光刻机、光刻胶、7nm 以下的芯片等，美国集合相关盟友对中国的高端半导体需求进行打压，中国短时间确实也没有快速实现赶超的能力。但是，在中低端半导体方面，中国却实现了高速发展。28nm 和 14nm 是相对成熟的工艺，90%的芯片需求都可以通过 14nm、28nm 来满足，现在国产半导体企业可以实现量产。

二是国产替代方兴未艾。根据《中国制造 2025》的规划，2020 年半导体核心基础零部件、关键基础材料应实现 40% 的自主保障，2025 年要达到 70%。在美国的打压下，中国半导体的国产替代加速进行，一大批中国企业投身到加速国产化的进程中。国内拥有 28nm 及以下晶圆厂的企业包括中芯国际、上海华力微、合肥长鑫等。国产设备可进入 28nm 及以下晶圆制造产线的厂商包括华海清科、沈阳拓荆、盛美半导体、北方华创、中微公司、沈阳芯源、屹唐半导体、中科信、睿励和广立微等。中芯国际的 14nm 也进入量产，这是中国自主研发的较高端芯片。

三是支持国产半导体企业的风险投资规模较大。2018 年中美贸易战以来，国内 PE、VC 重点布局国产替代的行业，尤其是半导体相关产业链。大量原来为国外代工的企业都得到了风险投资的青睐，加速发展。市场上出现了投资半导体企业的资金很多，但可供投资的半导体目标企业数量不够的现象。

拜登政府关于半导体产业的"政策组合"对中国的另一大机遇蕴藏于美国当前国内面临的供应链问题。拜登入主白宫后，美国政府急需解决的一个问题是新冠肺炎疫情下暴露出来的美国在供应链上的脆弱性。白宫在 2021 年 6 月发布的《供应链百日审查报告》中就清晰地体现了拜登政府为解决供应链危机迈出的第一步。然而，美国解决供应链安全危机的计划在一定程度上会打乱美国主导全球价值链高端的计划。这主要可以从两个方面来理解。一方面，美国式的"自力更生"战略将在一定程度上干扰目前分工明确的全球半导体生产体系。面临供应链危机，美国想要做的是将其主导地位扩大到位于半导体全球价值链的中低层次的制造业。然而，这样一个以安全为目的的政策选择很可能会在经济层面给美国带来巨大的代价，并分散可以用来巩固美国在全球半导体价值链高端位置的经济资源。

美国半导体制造业的回归（onshoring）将不可避免地面临如何在短期内解决使其本土制造能力回归所必需的人力资本和基础设施建设的一系列挑战。美国面临的最重要的一个挑战是生产成本问题。全球半导体产业的特性就是不同国家和地区在价值链上的不同活动中所具有的独特的比较优势。这一特点使处于价值链高端的美国公司能够以最低的经济成本获得最佳生产能力，从而推动行业技术突破与创新的良性循环。在美国建晶圆工厂带来的一个最大的问题就是大大提高了芯片生产成本。波士顿咨询公司的一份报告显示，在美国建厂十年的相关成本将比在中国台湾、韩国、新加坡高出 30% 左右，比中国大陆高出 37% 至 50%。[①] 这样的情况下，美国哈佛商学院的教授也认为，将制造业带回美国

---

① VATAS A, VARADARAJAN R, GOODRICH J et al. Government Incentives and US Competitiveness in Semiconductor Manufacturing[R/OL]. SIA and Boston Consulting Group, 2020. https://www.semiconductors.org/wp-content/uploads/2020/09/Government-Incentives-and-US-Competitiveness-in-Semiconductor-Manufacturing-Sep-2020.pdf.

说起来容易做起来难。①

　　另一个方面，美国想要通过与其科技盟友合作来补充国内产量的战略会进一步干扰全球半导体价值链的运行。与奉行单边主义的特朗普时期不同，拜登一上台就宣布要以建立"科技民主同盟"的形式来强化美国与和其意识形态相近的国家间的经济合作。在半导体领域，美国也先后采取行动与半导体制造业先进的东亚经济体及拥有一定实力的欧洲国家商讨科技合作的事宜。②拜登创建一个"安全第一"的半导体供应联盟的计划在理论上的确可以缓解美国国内的压力，但这个与经济逻辑背道而驰的地缘政治战略成功的可能性是建立在其盟国无条件地给予美国支持的前提下的。这种状态在目前国际政治中几乎不太可能出现，这也使得拜登联盟计划进一步影响位于价值链高端的美国企业与中低端供应商的关系。上文已经提到：当美国把重心转向通过制造业回归来解决国内芯片供应的问题时，作为半导体制造中心的东亚已经不可避免地产生了忧虑。比如，日本的经济产业省就担心美国的制造业回归会将东亚的制造业整体掏空，从而使日本在 2030 年前夺回半导体产业优势的雄心变得不太可能。同样将半导体视为战略产业的韩国与中国台湾也未必在与美国的科技合作上会选择毫无保留地配合。

---

① SHIH W C. Bringing Manufacturing Back to the U.S. Is Easier Said Than Done[J/OL]. Harvard Business Review, 2020. https://hbr.org/2020/04/bringingmanufacturing-back-to-the-u-s-is-easier-said-than-done.

② HE T. Biden looks to techno-alliances to chip in on semiconductors[J/OL]. East Asia Forum. (2021-07-28). https://www.eastasiaforum.org/2021/07/28/biden-looks-to-technoalliances-to-chip-in-on-semiconductors/.

四、总结与对中国的启示

本章节揭示了美国半导体产业战略的两种政策逻辑。第一种是地缘政治逻辑。自二战结束以来，美国半导体产业对于在半导体领域争取绝对的主导地位有着很明显的地缘政治因素。20世纪80年代，美日间的半导体争端是美国对捍卫半导体领域主导权的一次最明显的行动。20世纪90年代形成的美国芯片公司占据半导体价值链高端的全球半导体生产体系是美国在现阶段所需要捍卫的。近十年间，华为等中国芯片公司对于价值链高端的冲击对美国的半导体主导权造成了全新的影响。第二种是地缘经济逻辑。推动美国半导体战略发展的重要因素是半导体芯片产业的地缘政治经济。虽然目前美国公司继续主导半导体芯片的设计，但许多公司已经把实际芯片制造的工作外包给了亚洲。数十年来，随着亚洲（特别是东亚）崛起成为世界制造业的中心，包括半导体产业在内的高科技制造业从美国外移的大趋势仍然在延续。在这两种政策逻辑的影响下，本章节详细描述了美国拜登政府的半导体产业政策组合。这样一个动态的战略涉及三组平行且存在互动的政府政策：（1）针对中国的"打压政策"；（2）美国政府"产业推动"政策；（3）美国的"供应链重塑"计划。

面对新的"美国压力"，中国需要思考的是如何有效地实现全球价值链中的"去美国化"。政府不仅应该通过创造适宜制度环境来保护本土民营资本的个人行为，还需要采取行动，鼓励转变观念，在政府和社会层面合力促进民营资本实现向"中国发明"的转变。中国需要更多的芯片设计公司来打破英特尔和英伟达等公司在价值链顶端的垄断地位，也需要像 ARM、Synopsis 和 Cadence 等一样的电子设计自动化公司。在 ASML 很可能成为美国的主要半导体盟友的情况下，中国同时也需要光刻机等价值链中端环节里稳定的供应商和可以合作的设计人才，以找到可以替代 ASML 的方案。如何制定一个全新的半导体战略需要中国重新定义"自力更生"的概念，要确保中国半导体公司在全球半导体生态系统中拥有公平的竞争环境，单单是要实现供应链的全面自给自足不应成为最终目标。重点发展中国企业在半导体设计领域的巨大潜力与优势，可以大大增加半导体产业的国产化程度，同时给外国芯片公司提供在中国成熟的市场中发展的机会，融入国内制造业生态系统中。

现阶段中美在半导体问题上的对抗中有着两个对中国半导体产业的发展极为有利的突破口：（1）外部压力下的"倒逼式"发展模式已经出现；（2）供应链危机导致美国对于捍卫价值链高端位置的注意力发生错误的转移。这两个突破口可以引出现阶段两个对于中国半导体产业发展至关重要的策略大方向。第一，美国对中国的科技打压倒逼国内半导体本土产业的发展。本文分析了美国强压下国内半导体行业在政府与企业两个层面如何进行一轮"倒逼式"的发展。从发展的角度看，外部地缘政治压力对一个国家未必是坏事，在满足一定条件的情况下，外部压力会转化为推动产业发展的动力。在一定程度上，国内半导体行业的近期发展就很好地说明了这一点。面对美国主导半导体产业的决心，政府应该进一步加强顶层设计，并给予国内企业恰当的政策支持，且给予其在市场层面的自主性，从而激发其创新的能力。在一定程度上，美国对华的科技打压会加速我国国内半导体产业的发展，为国内半导体产业实现赶超提供了机遇。在这种情况下，中国需要一个详细的半导体战略来应对复杂多变的国际经济与政治形势，并解决半导体产业所面临的一系列问题。

第二，美国急于解决供应链的安全危机在一定程度上分散了美国主导全球价值链高端的注意力。拜登上台以来，美国在供应链方面采取的行动初看之下，对中国在半导体领域内形成了进一步的压力，但这种新的压力对美方来说至多是一种最理想的状态，近期不太可能实现。我们已经解释了为什么拜登政府的供应链举措在一定程度上会干扰美国在捍卫其在高度分工的半导体价值链中主导地位的决心，这包括两方面：经济上美国需付出巨大的代价与科技联盟政策上的实际难度。在这种情况下，中国要做的就是一定要理性地面对美方的压力，而不是针锋相对。中国以其庞大的市场在供应链上占据着绝对的上风，根据 2021 年 10 月的数据，尽管被列入美国贸易黑名单，但华为和中芯国际的供应商从 2020 年 11 月到 2021 年 4 月获得了价值数十亿美元的允许向中方出售商品和技术的许可证。这在一定程度上说明现阶段美方为了缓解在供应链方面的压力从而解决国内的经济产业问题而对中美经贸关系不得不做出一些努力以稳定局势。

面对美国通过科技同盟战略对半导体供应链进行再塑造，中国唯一可做的并且是最有效的政策选择就是最大限度地开放市场。这样做可以给国际芯片制造供应商在中美两国间采用"平衡战略"提供最佳理由。比如，大量媒体资料已经指出了韩国半导体公司（包括三星与海力士）对于中国与美国市场秉持同等重视的态度。

更进一步地说，最大化开放中国的半导体市场并主动与国外市场
融合会催生一种可能性——非美国半导体公司的"去美国化"的
策略。当国外厂商对于中国市场的依赖性强于对美国技术的需求
时，"去美国化"便可能成为全球半导体公司的最优选择。与之相
反，非理性地进行半导体全产业链的"国产化"将使得我国国内
有限的经济资源被分散，并主动放弃与国际半导体领先企业进行
国际合作的机会。

第十七章

碳中和：技术、产业与政策[①]

王灿[②]　郑馨竺[③]

气候变化是当前人类社会面临的最严峻的挑战之一，其引发的海平面上升、极端天气事件频发等诸多问题，对经济增长、社会稳定、粮食安全和公众健康等领域的可持续发展构成重大威胁。碳中和是全球应对气候变化的必然阶段，其重要意义在中国体现得尤为明显。本文深入讨论了碳中和的内涵与意义，指出碳中和的必然性、长期性和系统性，并阐述了碳中和将对经济产业发展、能源产业结构、技术创新体系、整体生态环境、区域经济布局以及全球竞合格局等方面产生的深远影响。

---

① 本文完成于 2022 年 3 月。
② 王灿：清华大学环境学院教授。
③ 郑馨竺：中国石油大学（北京），助理研究员。

一、碳中和的必然性：内涵与意义

气候变化是当前人类社会面临的最严峻的挑战之一，其引发的海平面上升、极端天气事件频发等诸多问题，对经济增长、社会稳定、粮食安全和公众健康等领域的可持续发展构成重大威胁。随着对气候变化科学认识的不断深入，世界各国加速推进应对气候变化的政治进程和产业行动，并逐步就实现碳中和的必要性达成共识。碳中和是指一定时间内直接或间接产生的二氧化碳或温室气体排放总量，与通过植树造林等形式吸收的量实现正负抵消，达到相对"零排放"。截至 2022 年 1 月 5 日，全球已有 136 个国家、115 个地区、235 个城市陆续提出碳中和目标。其中，中国作为世界上最大的发展中国家，承诺力争于 2030 年前二氧化碳排放达到峰值，努力于 2060 年前实现碳中和。为了确保这一目标如期实现，中国对碳中和愿景的战略部署、总体路径和阶段工作重点做出一系列安排，重点领域和行业的支撑保障措施也相继出台，碳达峰、碳中和"1+N"政策体系逐步构建。值得一提的是，目前已提出碳中和目标的国家并没有明确指出其目标仅包括 CO_2，碳中和目标可能用"碳"指代包含 CO_2 在内的所有温室气体。

碳中和是全球应对气候变化的必然阶段，其重要意义在中国体现得尤为明显。首先，碳中和是推动构建人类命运共同体的责任担当和实现可持续发展的内在要求。联合国政府间气候变化专门委员会（IPCC）在 2018 年 11 月发布的报告中特别指出，为了避免极端危害，世界必须将全球变暖幅度控制在 1.5℃以内；要实现该目标，2030 年全球碳排放应该比 2010 年下降 45%，本世纪中叶应该实现温室气体净零排放。这一迫切需求体现了碳达峰、碳中和是构建人类命运共同体和可持续发展的重要一环。中国积极响应这一需求，承诺实现从碳达峰到碳中和的时间，远远短于发达国家所用时间，这既表明中国肩负起大国责任的决心，也意味着中国需付出异于他国的艰苦努力。

同时，碳中和是主动参与国际社会应对气候变化进程并引领全球气候治理的必然举措。中国作为全球最大的碳排放国、第二大经济体，在气候变化领域的主张对全球的减排雄心具有明显的带动和引领作用。"双碳"目标的提出体现了中国对多边主义的坚定支持，并为各国携手应对气候变化挑战、共同保护好人类赖以生存的地球家园贡献中国智慧和中国方案。同时，碳中和愿景下中国将绿色作为"一带一路"建设的底色，绿色"一带一路"的建设也将为带动沿线国家实现可持续发展目标贡献力量。

此外，碳中和还是中国实现社会经济高质量发展和生态文明建设的重要抓手。气候变化既是环境问题，也是发展问题。全球应对气候变化实质上是一场国家之间发展转型的竞赛。应对气候变化所推动的技术进步和创新突破将对世界经济发展、产业格局重塑产生深远的影响，积极探索既能实现经济增长又能减少碳排放的绿色发展模式是在新一轮发展变革中抢占先机、赢得主动的关键。中国作为制造大国、数字经济大国，在清洁能源领域具备潜在的竞争优势，碳中和愿景的提出恰好为我国提供了弯道超车、提升产业竞争力的重大机遇，有助于促进社会经济从高速发展转向高质量发展。加速零碳发展、迈向碳中和，不仅不会阻碍中国"2050 现代化强国"目标的实现，还将大幅改善地方空气质量和生态环境质量，并为中国实现多行业技术领先发展创造巨大机遇。

二、碳中和的长期性：技术与路径

（一）碳中和的支撑技术体系

支撑碳中和的技术体系主要由零碳电力系统、低碳/零碳化终端用能系统、负排放技术以及非 CO_2 温室气体减排技术四大类技术构成。其中，前三项是 CO_2 净零排放技术体系的重要支撑（图 17-1）。

电力系统的快速零碳化是实现碳中和愿景的必要条件之一，

图 17-1　碳中和愿景下的 CO_2 净零排放技术体系

其重点是全面普及使用零碳能源技术与工艺流程，完成从碳密集型化石燃料向清洁能源的重要转变。为此，既需要大力发展传统可再生能源电力（如风能、光伏、水电），也需要大幅度提高地热、生物质、氢能等新能源在供能系统里面的比例。我国未来非化石能源增长空间十分巨大，预计到 2060 年我国光伏（含光伏制氢）、风电、核电、水电装机可分别达到 14700GW、1660GW、386GW、520GW。为了支撑高比例的非化石能源供电，还需要匹配强大的储能系统和智能电网，进行智能化开采、输送、储存及使用，从聚焦稳定性、可靠性、坚固性的传统集中性网络，向更加智能、灵活的分布式网络进化，从而形成集中式与分布式协调发展、相辅相成的能源供应模式。

实现碳中和不仅需要电力系统零碳化，也需要在终端使用侧做出脱碳努力。低碳／零碳化终端用能技术具有减排成效显著、成本较低、收益显著等特点，从减碳途径上可以分为两个方向：一是通过结构调整、技术改进、产品替代、工艺再造、循环经济来提高单位产出的用能效率，减少能源、资源消费；二是通过新型燃料替代、电气化替代来减少终端能耗过程中化石能源的直接使用，进而减少碳排放。根据已有研究测算，目前多个应用领域的能源效率仍有较大提升空间。例如交通部门依托传统燃油载运工具的降碳技术、运输结构的优化调整、运输装备和基础设施用能清洁化，仍有可能将能效提高 50%；工业部门通过换热流程优化、设备效率提升、数字化转型等措施，也能将能效提高 10%—20%；建筑行业可以通过高效烹饪、高效供冷供热技术、低碳设计等方法对全球能源效率提升做出超过 40% 的贡献。在电气化和新型燃料替代方面，据估算，中国当前人类活动温室气体排放量的脱碳约 50% 将通过使用清洁电力来实现，包括交通运输系统的电气化、生产绿色氢能和各种工业流程的电气化；氢能作为最具潜力的替代燃料，可应对温室气体排放中减排难度最大的那部分排放（约占总排放量的 20%）。

此外，由于电力系统中必须保留一定规模的化石燃料以保障电力供应的稳定性，且一些工业排放由于减排成本高或技术不成熟不能被完全消除，因此还需负排放技术托底，以应对最具挑战性的碳减排难题。这类技术主要包括陆地碳汇，碳捕捉、利用与封存（Carbon Capture, Utilization and Storage, CCUS），生物能源和碳捕捉与封存（Bioenergy with Carbon Capture and Storage, BECCS）以及处于早期研发阶段的直接空气碳捕捉与封存（Direct Air Carbon Capture and Storage, DACCS）技术。陆地碳汇是重要的基于自然的解决方案（Nature-based Solutions, NbS），按照介质分为林地、草原、农田和湿地碳汇。CCUS 技术作为一项可以实现化石能源大规模低碳利用的技术，是未来我国实现碳中和与保障能源安全不可或缺的技术手段。BECCS 技术和 DACCS 技术是以传统的 CCUS 技术为基础发展而来的负排放技术。前者通过生物能源在生长过程中的光合作用捕集和固定大气中的 CO_2，后者则是利用人工制造的装置直接从空气中捕集 CO_2。

这些技术共同支撑起全行业的碳中和路径，尤其在电力、工业、交通和建筑四大重点减排领域发挥着重要作用。在电力部门，非化石能源替代是贯穿碳中和达峰期、平台下降期及中和期三个阶段的重要举措。2030 年前碳达峰主要依靠零碳能源技术推广，配合以特高压电网建设，力争非化石能源发电量占比从 2020 年的 32% 增长至 2030 年的 46%—53%，非化石能源装机量占比从 2020 年的 43% 增长至 2030 年的 65%—69%。伴随着可再生能源的进一步大规模部署和储能成本的快速下降，电力部门在排放的平台下降期将实现储能技术在需求侧的率先应用。依托零碳能源、灵活性电网以及智能化电力生产与消费匹配技术，电力部门预计于 2050 年完全实现碳中和，此时发电量将达到 11 亿—18 亿千瓦时，其中非化石能源发电量占比达 80%—94%，之后利用 BECCS 等技术实现负排放，从而促进全经济系统于 2060 年实现碳中和。

工业部门是仅次于能源行业的最大碳排放源，减排机制复杂、脱碳难度高、技术种类繁多。工业部门碳中和的主要措施集中在能效提升 / 循环经济，脱碳 / 零碳技术规模化推广与商业化应用，脱碳燃料、原料和工艺的全面替代。其中，氢能炼钢、多源燃料替代和原料替代的综合应用技术是发展重点。值得注意的是，即使在碳中和期，工业部门仍会存有高达 15 亿吨的正碳排放，需要靠跨行业减排机制（如碳价机制）和负排放技术（CCUS 和农林碳汇等）抵消其难以完全脱碳的部分。

交通部门的碳中和目标实现需要以下技术措施支撑：一是全面推进交通运输电气化，目标是到碳中和期，乘用车中的电动汽车比例和电气化铁路占比接近 100%。二是积极促进清洁燃料替代，包括在公路交通领域推广混合动力汽车和燃料电池汽车，铁路交通领域使用氢能、太阳能和生物燃料，航空领域加快氢燃料、可持续性生物燃油的推广应用。三是配合以相关规划和政策支持，包括加强低碳交通政策引导、大力发展公共交通、科学制定城市空间规划等。

建筑部门的碳中和目标实现主要依靠能效提升、电气化和创新技术支撑。提升建筑物能效是实现碳中和的关键要素。为了达成这一点，需要提升现有电器和设备的能效标准和渗透率、设立更严格的建筑节能设计标准，实现新建建筑的近零/零碳能耗、全面实现对老旧建筑的节能改造。电气化是建筑部门实现碳中和的必然趋势。依托高效热泵技术、光伏一体化建筑和高效生物质利用等技术，预计 2050 年建筑部门整体的电气化率将达到 85%，住宅和商用建筑的烹饪将实现 100% 的电气化。此外，还需要加快部署低碳建材生产技术、可再生能源建筑技术和智能支持技术等创新技术，以实现建筑部门全面碳中和。

（二）关键技术的差距与挑战

尽管上述技术在过去的几十年里取得了突破性进展，但当前水平距离碳中和技术需求仍存在一定差距。主要的技术缺口和创新需求体现在三个方面。

一是不同领域、不同行业技术成熟度差异大。在电力系统零碳化方面，零碳电源技术经过多年发展已经高度成熟，实现了大规模部署，但影响电力系统稳定性的电网技术和储能技术应用成本仍较为高昂。大容量、长时间的储能技术和设备处于发展早期，需要在氢储能、氨储能、电化学储能方面有更多的创新；智能电网相关技术、模式及业态也处于探索阶段，亟须配套相关政策，开展试点示范及推广应用。在碳/零碳化终端用能技术方面，不同领域的技术成熟度差异较大。以氢能为例，民用氢锅炉和燃料电池以及燃料电池电动汽车等技术基本都已商业化或处于商业化初期；而电解氢在重工业的应用目前还处于示范阶段，氢作为原料在化工生产中的使用，或作为还原剂在钢铁工业中的使用目前仍规模不足。在负排放技术方面，CCUS 技术的成熟度在不同行业存在较大差异。中国的电力和石化行业已经涌现出商业化的CCUS 项目，但在水泥、钢铁、生物能源发电厂等领域仍处于示范阶段，其推广应用面临公众信任度低、运营成本高、商业投资不确定性大等问题。

二是基础设施更新，系统联动创新的需求强。支撑碳中和目标的关键技术的大规模商业化应用，不仅需要技术本身的创新，还需要基础设施的配套与创新，是一个系统联动的变化过程。例如，早期阶段的制氢主要是把现有化石能源转化为低碳氢，即灰氢；但碳中和愿景下亟须发展利用可再生能源电解水制备的绿氢，并将其作为新型能源燃料、工业原料和还原剂以及燃料电池推广应用。绿氢的制备既需要改造现有基础设施，也需要建设氢管道、加氢站、大型存储设施和港口码头等新基础设施，并配合以零碳化的电力系统。这些新基础设施的建设和能源系统的迭代更新需要新技术和大量资本的支持。在技术与基础设施配套的系统性叠加上创新固有的不确定性，将带来前所未有的挑战。

三是技术大规模应用可能带来的资源需求压力大。碳中和支撑技术体系面临的另一个挑战是技术大规模应用可能带来的资源供需压力。虽然终端电气化减少了对化石燃料的依赖，但它增加了可再生能源生产及其相关基础设施和设备所需的金属和矿物需求。例如，锂、镍和钴是输电和配电线路、电池和燃料电池所必需的制造材料，其需求将大幅增长，至 2060 年需求规模可能增长20—50 倍。然而，相较于化石能源，这些资源储量的分布具有更高集中度，少数几个国家占有全球储量的 1/2—2/3，这对资源的获取带来了更大的挑战。

为了应对上述挑战，进一步推进低碳技术创新，需要构建创新政策体系，创新气候投融资机制，动员社会资本投入应对气候变化领域，尤其是未来碳中和发展的产业方向和技术方向；强化碳定价机制，为市场提供清晰、可预见的碳价格信号，提升成熟低碳技术的经济竞争力，激励企业开发、实施和商业化推广低碳技术；加强基础科学研究，增强碳中和技术的供给与支撑。需要加强碳中和技术的国际合作，降低大型复杂低碳技术的示范成本，加快创新进程；通过学习交流缩短新技术的开发和试验阶段；加速国家间的知识转移和技术扩散；扩大技术应用市场，从而增强规模经济效应；需要促进碳中和全民参与，引导消费者转变消费行为，转向更高效的技术和服务，以减少不必要的能源消耗和浪费，并通过购买绿色产品来激励企业持续推进技术创新。

三、碳中和的系统性：产业与政策

碳中和不是简单的产业转型，也不可降维成纯粹的技术问题，它是生产生活方式的全面变革和社会经济发展范式的整体性转变。碳中和将对经济产业发展、能源产业结构、技术创新体系、整体生态环境、区域经济布局以及全球竞合格局等方面产生深远的影响，从而推动多个系统的共同演进。

（一）碳中和引领产业升级

碳中和目标不仅对产业结构调整提出更加紧迫的要求，而且通过监管压力、技术创新和市场需求等途径为产业结构优化升级提供了强大推动力。首先，在国家能源消耗总量和强度双项控制、碳达峰碳中和目标等外部约束条件下，传统工业生产必然走向低碳甚至零碳发展之路。2021年，《中共中央、国务院关于完整准确全面贯彻新发展理念做好碳达峰碳中和工作的意见》明确提出推动产业结构优化升级，坚决遏制高耗能高排放项目盲目发展。这无形中成为倒逼高污染、高能耗企业进行转型升级的政策力量，有助于带动绿色技术突破和应用迭代升级，培育绿色制造新产品新模式新业态。

同时，未来大规模储能、氢燃料电池、CCUS等颠覆性技术的突破，将促进新兴产业的发展，注入经济增长新动能。除了最近二十年我国大力发展的风电、光伏产业以外，新兴的氢能产业、储能相关的新材料、特高压、智能电网、CCUS及其配套基础设施产业等新兴产业领域都将迅速崛起。另外，随着新一代信息技术与绿色低碳产业的深度融合，以大数据、人工智能、区块链、第五代移动通信（5G）为代表的信息技术产业也将向各产业领域渗透，形成一批跨领域、跨行业的融合增长点。

此外，碳中和理念的普及和深入人心也将带来市场需求的巨大转变。在新市场需求的强大驱动作用下，绿色金融产业、综合能源服务等也将面临前所未有的发展机遇，第三产业规模和比重将进一步提升。具体而言，碳中和目标下的庞大融资需求催生了绿色债券、绿色保险、绿色基金等创新金融产品；分布式能源、大规模储能等新元素的出现显著增加了终端能源管理的复杂性，用户用能需求呈现明显属地化、个性化特点，能源托管、能源一体化供应、智慧能源管控等综合能源服务应运而生。这些趋势都将促进以知识技术为主导的现代服务业发展。

（二）碳中和加速能源变革

碳中和是推动能源系统迈向新发展路径的重要力量，为推动能源绿色转型、保障能源安全、构建互联互通的能源体系创造了机遇。

第一，碳中和意味着不再走大规模消耗化石能源的老路，绿色转型成为碳中和愿景下能源系统变革的主要趋势。中国作为全球最大的煤炭生产和消费国，"减煤去煤"以及大力发展光、风、核、水、生物质等非化石能源发电技术已成为国家实现碳中和目标的重点任务。在我国新能源生产已经处于世界领先位置、风光发电成本大幅下降的现有优势下，碳中和愿景将进一步推动储能和输电问题的加速解决，降低消费成本，加速能源绿色革命。

第二，大幅提升的清洁能源占比也将赋予能源安全新的内涵。高比例的非化石能源在帮助中国摆脱对石油资源进口过度依赖的局面、提升能源供给安全的同时，也引发了人们对核电安全性以及风电或光伏发电稳定性的担忧。在碳中和愿景下，国家能源安全从目前的保障能源进口转向控制能源生产相关的事故、提升能源供应稳定性。在第三代核电技术已经高度安全的基础上进一步提升安全程度和核污染应急处理能力，完善储能与电网体系以保障稳定可靠的供电，是新形势下保障国家能源安全的重要任务。

第三，能源绿色转型和能源安全内涵的转变推动着能源系统逐步向互联互通演进，这也成为碳中和愿景下能源系统变革的另一重要趋势。为了解决清洁能源大规模开发后的消纳问题和供给安全问题，加快能源互联网的建设、构建区域乃至洲际的电力共同体势在必行。事实上，中国的能源往来确实辐射至更广阔的欧亚大陆，作为"一带一路"建设重要的组成部分，已经陆续实现了与蒙古国、吉尔吉斯斯坦、巴基斯坦等国的电网互联互通。能源互联互通既可以强化能源走廊、运输路线以及电网等关键能源网络节点的安全，创建更高效和有韧性的能源体系，也有利于增强国家间的对话与信任，提升中国在全球电力互联进程中的话语权与主动性。

（三）碳中和推动技术创新

碳中和在依赖科学技术支撑的同时也从竞争环境、投资环境和市场环境等方面推动着科技创新。其一，各国的碳中和进程本质上是围绕低碳、零碳和负碳技术的创新与应用展开的竞争，日趋激烈的竞争环境和拟在竞争中占领一席之地甚至处于"领跑"地位的竞争意愿为各国科技创新提供了强大驱动力。提升我国技术原创能力，打造重大创新策源地，构建产业创新体系，既是抢占新一轮技术革命先机、避免关键核心技术受制于人的题中之义，也是降低绿色溢价、落实创新惠民的必然之举。

其二，碳中和目标引导更多投资流向绿色低碳技术攻关，为科技创新提供了资金保障。作为投资风向标，碳中和将撬动百万亿元规模的资金投入。其中，绿色发展基金、政府引导基金、国家科技成果转化引导基金等渠道可加强对颠覆性技术攻关的支持，促进绿色低碳技术的成果转化与推广；绿色金融，尤其是绿色信贷等工具能引导更多社会资本流入绿色低碳科技创新领域，为企业提供长期稳定的资金流，进一步满足企业绿色技术创新长远发展需求。

其三，碳中和目标下的碳定价政策可以补充或完善碳排放的市场价格信号机制，借助"市场之手"激发企业开展绿色技术创新的内生动力，为科技创新落实了行动主体。根据波特假说，设计合理的环境规制可对变动约束条件下的企业产生"创新补偿"效应。碳排放权交易、碳税等市场化减排政策显著提高了企业的温室气体排放成本，使其大于甚至远超粗放式生产的收益，因此企业将更有动力通过开展绿色技术创新以提高其生产率和竞争力，降低环境规制成本。

（四）碳中和助力协同减污

碳中和目标的实现需要从能源结构、经济结构等方面开展源头性变革，有助于推动污染物源头治理，实现应对气候变化与生态环境质量改善的协同增效。一方面，碳中和的实现路径将为深度治理大气污染、持续改善空气质量提供强大的推力。温室气体排放和大气污染物排放存在着"同根同源"的特征，在政策目标、实施路径和治理主体方面有着诸多交叉点，可以实现系统治理。例如有研究指出，到 2035 年若能将温升控制在 2℃以内，可带动约 1/4 的 PM2.5 减排；若进一步实现 1.5℃情景，PM2.5 浓度可继续降低 1/4 左右。

另一方面，碳中和目标的实现也会对水、土壤的污染防治以及生态系统服务功能的提升、生物多样性的保护带来积极的影响。例如，农业部门实现深度减排，将会大幅减少源自化肥和农业废弃物的温室气体排放，这些举措对于减少土壤污染、养地固碳有着重要的意义；通过增加森林系统碳汇来抵消人类活动造成的温室气体排放，将带来生态环境改善和生物多样性保护的多重益处。

（五）碳中和促进协调发展

碳中和将重新定义区域经济版图，催生劳动力、资本、资源和技术等要素在城乡之间流动模式的变革，蕴含促进协调发展的重大契机。其本质在于不同地区在碳中和进程中承担着不同的功能分工，具有优势互补的协作需求，能够成为互动共生的有机整体。一方面，发达地区/城市是二氧化碳排放的主要来源，减排责任重，而欠发达地区/乡村往往拥有巨大的绿色生态系统、巨额的碳汇潜能，以及可用于部署绿色低碳技术的丰富土地资源，减排潜力大。另一方面，快速的经济发展使得发达地区/城市碳减排技术更为先进，经济基础雄厚，能够为弥合区域/城乡经济与技术发展差距提供资源。分工协作、优势互补的合作需求为消除区域／城乡协调发展过程中要素流动不通畅、资源配置不合理的堵点和痛点创造了有利条件，有助于促进发达地区／城市的辐射带动作用和欠发达地区／乡村自身活力的激发。例如，开发林业碳汇、出售负碳额度能够盘活欠发达地区／乡村丰富的自然资源，释放生态红利，吸引发达地区／城市资本流入，实现自然资本的价值转化；发展可再生能源能够发挥欠发达地区／乡村土地资源优势，带动当地基础设施建设，创造绿色就业岗位，驱动人力资源回流；部署低碳、零碳、负碳技术，能够为当地技术革新带来全新的驱动力，推动公共设施向欠发达地区／乡村延伸，缩小地区之间的经济与技术差距。在碳中和进程中树立一盘棋理念，发挥欠发达地区／乡村在碳汇、生态安全等方面保障性功能的同时，激发发达地区／城市在技术研发、经济效益、就业机会上的引领和带动作用，能够最大限度实现碳减排与协调发展的双赢。

（六）碳中和重塑世界格局

碳中和正在通过重新定义地理因素，以及驱动外交政策调整，重塑国际合作与竞争格局，主要体现在三个方面：一是现行权力格局的改变。碳中和会影响各国在能源、资源、科技等方面的比较优势，引起各国实力对比的变化和国际关系的调整。例如，能源体系的绿色低碳转型重新定义了不同能源资源的价值，改变了能源开发、输送的地理依附性，直接威胁传统石油出口国的垄断地位，能源消费大国的话语权和定价权进一步增强。与此同时，地缘政治优势会向掌握绿色低碳技术和控制关键矿产资源的国家倾斜。有能力提供稳定、安全、清洁、价格合理的电力，在氢能、储能、新能源汽车、智能电网等低碳领域抢占了技术制高点，以及控制关键矿产资源的国家，在新权力格局上将更占优势。

二是现存贸易构成的调整。碳中和目标下外交政策的动态变化，例如碳关税政策的出台，将改变国家之间的贸易往来。2021年7月，欧盟委员会正式提出碳边境调节机制（CBAM）立法提案，并计划于2023年起实施，以保护当地企业在气候变化承诺下不受国际竞争力和碳泄露威胁。该政策的实施意味着其他国家高碳排放的出口产品将面临严格的"碳排放审查"，从而失去竞争优势。尽管这一政策的有效性、正当性、合法性和技术复杂性面临诸多挑战，也因可能成为绿色贸易壁垒而广受诟病，但其将改变全球贸易结构的趋势已成定局。

三是现有合作领域的拓宽。碳中和愿景为不同的国家创造了气候变化领域的共同利益和合作空间，有助于增进合作互信。尤其是在中美关系极度困难的阶段，碳中和是少有的破冰合作领域之一。中美于2021年11月发布的《中美关于在21世纪20年代强化气候行动的格拉斯哥联合宣言》中明确指出，双方将致力于通过各自的加速行动以及多边进程的合作来应对气候危机。这释放了气候领域大国关系向好的积极信号。此外，中国也以构建人类命运共同体为目标，在追求本国碳中和目标的同时考虑其他发展中国家的诉求，将气候治理、实现"碳中和"作为双边伙伴关系的主要支柱，着重在技术、资金等议题上为发展中国家争取更大权益，大力推动建设全球发展伙伴关系，促进各国共同繁荣。

为了及时抓住碳中和在上述领域协同增效的宝贵机遇，化被动为主动，积极响应社会经济系统的广泛变革，亟须建立健全相关保障、支持和激励机制，完善碳中和政策体系，包括：立足我国能源资源禀赋，坚持先立后破，统筹传统能源逐步退出和新能源安全替代的双向工作，加快制定不同行业、不同领域的碳达峰、碳中和实施方案，切实发挥碳中和加速产业变革和能源变革的积极作用；出台绿色低碳技术创新的扶持政策，完善技术标准体系，强化市场机制作用，构建企业为主体、市场为导向、产学研深度融合的技术创新体系；将碳中和目标任务全面融合进生态文明建设规划，研究减污降碳协同增效的内涵与外延，厘清协同政策的推进思路，绘制协同政策的实施路线图；综合考虑各地的资源禀赋、发展阶段、产业结构等方面的特点，设计区域差异化碳中和路径，充分体现不同地区的比较优势，促进资源有效配置，最大限度地发挥碳中和促进协同发展的重要作用；积极参与全球气候谈判议程和国际规则制定，就全球气候治理的政策、法律、技术、标准、方法的架构设计与制定研究提出"中国方案"，从对标对接迈向探索引领，为应对气候变化的国际规则制定贡献中国智慧。

参考文献

[1] 王灿，张九天. 碳达峰碳中和：迈向新发展路径 [M]. 北京：中共中央党校出版社, 2021.

[2] 张雅欣，罗荟霖，王灿. 碳中和行动的国际趋势分析 [J]. 气候变化研究进展, 2021, 17(1): 88-97.

[3] DUFFY P B, FIELD C B, DIFFENBAUGH N S, et al. Strengthened scientific support for the Endangerment Finding for atmospheric greenhouse gases[J]. Science, 2019, 363(6427): eaat5982.

[4] 邓旭，谢俊，滕飞. 何谓"碳中和"?[J]. 气候变化研究进展, 2021, 17(1): 107-113.

[5] IPCC. Special report on global warming of 1.5℃ [M/OL]. UK: Cambridge University Press, 2018. https://www.ipcc.ch/sr15/.

[6] China 2050: A Fully Developed Rich Zero-Carbon Economy[R/OL]. The Energy Transitions Commission, 2020. https://www.energy-transitions.org/publications/china-2050-a-fully-developed-rich-zero-carbon-economy/#download-form.

[7] 碳中和，离我们还有多远 [R/OL]. 中金公司研究部, 2020. https://www.vakoo.com.doc/27130.html.

[8] Making Mission Possible: Delivering a Net-zero Economy[R/OL]. The Energy Transitions Commission, 2020. https://www.energy-transitions.org/publications/making-mission-possible/.

[9] World Energy Outlook 2019[R/OL]. International Energy Agency, 2019. https://www.iea.org/reports/world-energy-outlook-2019.

[10] Carbonomics - China Net Zero: The Clean Tech Revolution. [R/OL]. Goldman Sachs, 2021. https://www.goldmansachs.com/insights/pages/gs-research/carbonomics-china-netzero/report.pdf.

[11] VAN RENSSEN S. The hydrogen solution?[J]. Nature Climate Change, 2020, 10(9): 799-801.

[12] 电力增长零碳化（2020—2030）：中国实现碳中和的必经之路 [R/OL]. 落基山研究所, 能源转型委员会, 2021. http://www.rmi-china.com/index.php/news?catid=18. [2021-06-14].

[13] 中国碳中和综合报告 2020——中国现代化的新征程："十四五"到碳中和的新增长故事 [R/OL]. 能源基金会, 2020. https://www.efchina.org/Attachments/Report/member-permission-test/SPM_Synthesis-Report-2020-on-Chinas-Carbon-Neutrality_ZH.pdf/view.

[14] 清华大学气候变化与可持续发展研究院项目综合报告编写组.《中国长期低碳发展战略与转型路径研究》综合报告 [J]. 中国人口·资源与环境, 2020, 30(11): 1-25.

[15] 关于推进"互联网＋"智慧能源发展的指导意见 [Z/OL]. 国家能源局, 工业和信息化部, 2016(2016). http://www.nea.gov.cn/2016-02/29/c_135141026.htm.

[16] 张运洲, 代红才, 吴潇雨, 等. 中国综合能源服务发展趋势与关键问题 [J]. 中国电力, 2021, 54(2): 10.

[17] 姜克隽. 实现多种目标下的能源和经济转型路径 [J]. 阅江学刊, 2022, 14(01): 34-43, 172.

[18] 寇静娜, 张锐. 碳中和背景下中俄欧能源合作的发展变迁

与展望 [J]. 中外能源, 2021, 26(12): 11-17.

[19] 苗中泉, 毛吉康. 电能时代的能源地缘政治初探 [Z]. 2020.

[20] 张锐, 寇静娜. 全球清洁能源治理的兴起：主体与议题 [J]. 经济社会体制比较, 2020(2): 182-191.

[21] 韩以群, 杜丽娟. 绿色金融支持绿色技术创新的路径选择 [J]. 华北理工大学学报 (社会科学版), 2021, 21(6): 48-53.

[22] 王馨, 王营. 绿色信贷政策增进绿色创新研究 [Z]. 2021.

[23] 魏丽莉, 任丽源. 碳排放权交易能否促进企业绿色技术创新——基于碳价格的视角 [J]. 兰州学刊, 2021, 7: 91-110.

[24] CHENG Y, SINHA A, GHOSH V, et al. Carbon tax and energy innovation at crossroads of carbon neutrality: Designing a sustainable decarbonization policy[J]. Journal of Environmental Management, 2021, 294: 112957.

[25] XING J, LU X, WANG S, et al. The quest for improved air quality may push China to continue its CO_2 reduction beyond the Paris Commitment[J]. Proceedings of the National Academy of Sciences, 2020, 117(47): 29535-29542.

[26] 程琨, 潘根兴. 中国农业还能中和多少碳？ [Z/OL]. (2021–01–22). https://chinadialogue.net/zh/5/69745/.

[27] 吴建国, 罗建武, 李俊生, 等. 加强生物多样性保护助力碳达峰 [N]. 中国环境报, 2021.

[28] BAI X, DAWSON R J, ÜRGE-VORSATZ D, et al. Six research priorities for cities and climate change[M]. Nature Publishing Group, 2018.

[29] MA L, LIU S, FANG F, et al. Evaluation of urban-rural

difference and integration based on quality of life[J]. Sustainable Cities and Society, 2020, 54: 101877.

[30] TONG X, BRANDT M, YUE Y, et al. Forest management in southern China generates short term extensive carbon sequestration[J]. Nature communications, 2020, 11(1): 1-10.

[31] BYRNE J, SHEN B, WALLACE W. The economics of sustainable energy for rural development: A study of renewable energy in rural China[J]. Energy policy, 1998, 26(1): 45-54.

[32] KAYGUSUZ K, GUNEY M S, KAYGUSUZ O. Renewable energy for rural development in Turkey[J]. Journal of Engineering Research and Applied Science, 2019, 8(1): 1109-1118.

[33] GURUNG A, GURUNG O P, OH S E. The potential of a renewable energy technology for rural electrification in Nepal: A case study from Tangting[J]. Renewable Energy, 2011, 36(11): 3203-3210.

[34] BARNETT A. The diffusion of energy technology in the rural areas of developing countries: A synthesis of recent experience[J]. World Development, 1990, 18(4): 539-553.

[35] 张锐, 相均泳. "碳中和"与世界地缘政治重构 [J]. 国际展望, 2021, 13(4): 112-133.

[36] 张中祥. 碳达峰、碳中和目标下的中国与世界——绿色低碳转型、绿色金融、碳市场与碳边境调节机制 [Z]. 2021.